明理
—与—
致用

Criminal judicial review
of
forensic psychiatric appraisal

By Jin Changwei

司法精神病鉴定的刑事司法审查

金昌伟　著

法律出版社 LAW PRESS · CHINA ｜ 北京

图书在版编目(CIP)数据

司法精神病鉴定的刑事司法审查 / 金昌伟著. -- 北京 : 法律出版社, 2024
("明理与致用"丛书)
ISBN 978 - 7 - 5197 - 9169 - 8

Ⅰ. ①司… Ⅱ. ①金… Ⅲ. ①精神病 - 司法鉴定 Ⅳ. ①D919

中国国家版本馆 CIP 数据核字 (2024) 第 100013 号

司法精神病鉴定的刑事司法审查
SIFA JINGSHENBING JIANDING DE XINGSHI SIFA SHENCHA

金昌伟 著

策划编辑 朱海波 杨雨晴
责任编辑 朱海波 杨雨晴
装帧设计 汪奇峰 臧晓飞

出版发行 法律出版社
编辑统筹 法律应用出版分社
责任校对 蒋 橙
责任印制 刘晓伟
经 销 新华书店

开本 710 毫米 × 1000 毫米 1/16
印张 19.25 **字数** 320 千
版本 2024 年 8 月第 1 版
印次 2024 年 8 月第 1 次印刷
印刷 北京建宏印刷有限公司

地址:北京市丰台区莲花池西里 7 号(100073)
网址:www.lawpress.com.cn
投稿邮箱:info@lawpress.com.cn
举报盗版邮箱:jbwq@lawpress.com.cn

销售电话:010 - 83938349
客服电话:010 - 83938350
咨询电话:010 - 63939796

书号:ISBN 978 - 7 - 5197 - 9169 - 8
定价:68.00 元

凡购买本社图书,如有印装错误,我社负责退换。电话:010 - 83938349

北京市第二中级人民法院

明理与致用文丛
编审委员会

前言

司法精神病鉴定作为法定证明手段,在刑事诉讼中扮演着重要角色,鉴定结果直接关系到行为人刑事责任能力的认定,影响甚至决定案件的定罪量刑。然而,司法精神病鉴定囿于现代医疗水平,尚难以借助科学仪器进行有效的病理检测,鉴定意见的得出更多的是依靠鉴定人的主观判断,缺乏客观的标准和依据。而不同的鉴定人由于教育背景、从业经历、知识水平等不同,对同一鉴定对象的精神状态分析,很可能得出不同的鉴定结果。司法实践中的重新鉴定结果不一致率居高不下,使司法精神病鉴定的科学性和可靠性备受质疑,公信力大打折扣。

司法精神病鉴定意见的低信度和低效度,给司法审判带来巨大的风险和挑战。然而,司法实践却对鉴定意见高度依赖,法官往往不加审查或仅作形式审查就加以采信,极易导致有争议的鉴定意见最终成为定案根据。司法裁判结果难以令人信服,司法的公信力受到挑战。近年来的"邱兴华故意杀人案""郑民生故意杀人案""张扣扣故意杀人案"等均涉及司法精神病鉴定问题,且一度成为案件审理和社会舆论关注的焦点问题。如何通过司法程序设置和证据规则规制来规范鉴定程序,过滤不具有证据能力和证明力的司法精神病鉴定意见,把好证据风险关,达致法律与科学的完美结合,便成为当下重要的研究课题。

本书以司法审判为视角,着眼于司法实务问题,围绕司法精神病鉴定的启动及鉴定意见的审查与认证问题,系统阐述了司法精神病鉴定的证据基础,以及对司法精神病鉴定意见审查与认证的认识论、价值论和方法论基础。同时以落实司法审查权为主线,以发现案件事实真相为目的,探索构建权力运行结果符合实体公正，权力运行程序符合程序正义的司法精神病鉴定刑事司法审查机制。

本书主要采用比较分析法、实证分析法和文献分析法等研究方法。在比较分析方面，通过对域外国家有关司法精神病鉴定的立法及相关司法实践进行梳理，对比分析不同国家司法精神病鉴定的实践情况，归纳提炼出制度的共性和差异，从而在共性的成功经验和个性特征中甄选出有价值的信息，提炼出值得我国借鉴和吸收的经验与教训，从正反两面为我国司法精神病鉴定理论研究提供借鉴与参考。在实证分析方面，通过中国裁判文书网检索分析数百份裁判文书，调阅数十件案件卷宗，旁听数十件案件庭审，对鉴定人、民警和法官进行访谈，并与鉴定机构、司法机关多次交流座谈，了解司法精神病鉴定实务运行情况，获取第一手实证资料，为相关研究和论述提供事实依据和数据支撑。在文献分析方面，通过调阅国内外学者有关方面的研究文献资料，系统梳理与归纳理论研究现存的重难点问题，发掘理论研究的不足之处，并提出相对应的解决办法，力求丰富理论研究，为完善我国司法精神病鉴定意见的刑事司法审查机制提供理论支撑。

目录

第四章 司法精神病鉴定的留置措施

第五章 司法精神病鉴定意见的审查

表目录

第一章

司法精神病鉴定的证据之本

司法精神病鉴定是一项科学认识活动，其结论性意见作为法定证据种类，对案件事实的认定具有重要的证据价值。对司法精神病鉴定意见的审查与认证，首先需要厘清司法精神病鉴定的证据内涵、证据内容和证据形式，以便更好地把握司法精神病鉴定的证据基础，阐释其在诉讼过程中的应用价值。

第一节

司法精神病鉴定的证据内涵

一、司法精神病鉴定的证据概述

（一）司法精神病鉴定的证据概念

司法精神病鉴定（Forensic Psychiatric Expertise）是指具有鉴定资质的鉴定人，运用精神医学和法学等方面的专业知识、技术和经验，对涉及法律问题的被鉴定人的精神状态、法定能力、精神损伤程度等专门性问题进行鉴别和判断，并提供鉴定意见的活动。[1] 司法精神病鉴定是司法鉴定活动的一个重要方面，在我国法律文件中被归为法医类鉴定范畴。[2] 其是运用司法精神病学的理论和方法，对被鉴定人及其行为进行的司法精神病学调查和分析，旨在服务司法，助力解决诉讼过程中精神障碍者所涉及的法律问题。其中，刑事司法精神病的鉴定主要涉及刑事责任能力、受审能力和服刑能力的鉴定。本书集中关注刑事责任能力方面的鉴定。

司法精神病鉴定以司法精神病学作为理论依据，是司法精神病学的重要组成部分。[3] 司法精神病学是一门独立的学科，是在临床精神病学发展的基础上，结合司法实践和需要而逐步形成和确立起来的学科体系。司法精神病学作为精神医学与法学

---

〔1〕 参见《法医类司法鉴定执业分类规定》（司规〔2020〕3号）第24条第1款规定："法医精神病鉴定是指运用法医精神病学的科学技术或者专门知识，对涉及法律问题的被鉴定人的精神状态、行为/法律能力、精神损伤及精神伤残等专门性问题进行鉴别和判断并提供鉴定意见的活动。"

〔2〕 参见《全国人民代表大会常务委员会关于司法鉴定管理问题的决定》（2015年修正）第2条、第17条规定："二、国家对从事下列司法鉴定业务的鉴定人和鉴定机构实行登记管理制度：（一）法医类鉴定……""十七、本决定下列用语的含义是：（一）法医类鉴定，包括法医病理鉴定、法医临床鉴定、法医精神病鉴定、法医物证鉴定和法医毒物鉴定……"

〔3〕 参见苑杰、李功迎主编：《司法精神病学》（第2版），人民卫生出版社2017年版，第1页、第47页。

的交叉学科，在精神医学领域，涉及精神病学、神经病学、心理学、法医学等学科，与现代精神医学的发展密不可分；在法学领域，涉及刑法学、刑事诉讼法学等部门法学，与司法实践紧密相连，是为司法实践服务的应用科学。不同学科、机构的工作者、学者从各自的专业特点、用语习惯出发，可能会对司法精神病鉴定冠以不同的称谓，导致相关名称在使用方面比较混乱，即使在有关的法律文件中，相关的措辞也不一致。[1] 目前，较为常见的称谓有司法精神病鉴定、[2]法医精神病司法鉴定、[3]精神病司法鉴定、[4]精神疾病司法鉴定[5]等。本书出于论证需要，统称为司法精神病鉴定。

在大陆法系国家，拥有专门鉴定知识的人一般被称为鉴定人，鉴定人在案件审理过程中就特定问题给出的意见被称作鉴定结论或鉴定意见；司法精神病鉴定旨在确定被鉴定人行为时的精神状态及其刑事责任能力(Criminal Responsibility)。而在英美法系国家，主要是由专家证人来扮演鉴定人的角色，专家证人针对诉讼中的专门性问题给出的证言被称为专家意见或专家证言；精神病学专家的意见旨在服务诉讼中的精神错乱辩护(Insanity Defense)。虽然司法鉴定模式与专家证人模式在具体制度安排上有所差异，但两者在帮助事实审理者发现案件中专门性事实这一基本目标上是相似的。[6] 因此，本书在论述我国司法精神病鉴定相关问题时，会同时涉及或关注大陆法系的司法鉴定制度和英美法系的专家证人制度。

(二)司法精神病鉴定的证据特点

司法精神病鉴定作为司法鉴定的一部分，与其他专业性鉴定具有共性，均是运用专门知识对诉讼中的专门性问题进行鉴定，但司法精神病鉴定结果作为特定的证据种类，其本身又具有不同于其他证据形式的显著特点。

1. 司法精神病鉴定集精神医学和法学于一体。其横跨作为自然科学的精神医学

---

[1] 1989年《精神疾病司法鉴定暂行规定》用语“精神疾病司法鉴定”；《全国人民代表大会常务委员会关于司法鉴定管理问题的决定》(2015年修正)及《法医类司法鉴定执业分类规定》用语“法医精神病鉴定”；2016年《精神障碍者刑事责任能力评定指南》用语“精神障碍者刑事责任能力评定”。

[2] 参见(2021)津0102刑初80号、(2020)渝刑终78号刑事判决书。

[3] 参见(2020)京03刑初113号、(2020)豫刑终326号刑事判决书。

[4] 参见(2020)京03刑初18号、(2021)粤刑终246号刑事判决书。

[5] 参见(2020)沪刑终51号、(2021)陕刑终65号刑事判决书。

[6] 参见汪建成：《专家证人模式与司法鉴定模式之比较》，载《证据科学》2010年第1期。

与作为人文社会科学的法学两大学科领域,兼具自然科学与人文社会科学的双重内容。一方面,其需要借助精神医学知识对被鉴定人的精神状况作出诊断,判断被鉴定人是否存在精神障碍,也即在生物、心理和社会交互作用下导致的心理功能紊乱,致使其个体认知、情感或意志行为异常。[1] 另一方面,其需要借助法学知识对被鉴定人的刑事责任能力作出评定,判断被鉴定人在行为时是否具有辨控能力,也即行为人是否能够正确认识自己行为的性质和意义,并能够自主地决定为或者不为一定的行为,进而具备对其所实施的危害社会行为承担刑事责任的能力。[2] 前者是纯粹的精神病学问题,而后者则是法律判断问题,但后者是以前者作为判断依据和基础的,两者是一种因果关系。司法精神病鉴定既是一种精神医学诊断活动,也是一种具有司法性质的诉讼活动,这过程中精神病学知识与法学知识交叉应用,共同致力于解决刑事责任能力这一法律问题。也正因如此,司法精神病鉴定较单纯的临床精神病诊断或单一法律问题的解决更为复杂,任何一个环节出现偏差都可能导致鉴定意见不准确。正是这样一门交叉学科,"导致了建立犯罪和精神疾病之间的因果联结的问题,导致了在法庭上使用医学术语的问题。结果是专家作证宣判有关法律责任这个非医学的'最后问题'(Ultimate Issues)"。[3]

2. 司法精神病鉴定的客观性与主观性并存。司法精神病鉴定的客观性来源于其知识性和程序性。其知识性体现在,其是具有鉴定资质的专业人员,依据精神病学的专业知识,遵循和采用精神病学的专业标准和技术方法作出的,是知识性权力的外在表现形式,具有为人们所信服的知识基础。"求助于专家的权威往往为自己的主张提供了理由,也为理性的信念奠定了基础。"[4] 其程序性体现在,其是依据规范程序作出的,程序的正当过程使人们能够接受其结果。正是程序的规范与公正,保证了鉴定结

[1] 参见2016年司法部颁布的《精神障碍者刑事责任能力评定指南》(SF/Z JD0104002-2016)第3.1条规定,精神障碍(Mental Disorder),又称精神疾病(Mental Illness),是指在各种因素的作用下造成的心理功能失调,而出现感知、思维、情感、行为、意志及智力等精神活动方面的异常。

[2] 参见2016年司法部颁布的《精神障碍者刑事责任能力评定指南》(SF/Z JD0104002-2016)第3.2条规定,刑事责任能力也称责任能力,是指行为人能够正确认识自己行为的性质、意义、作用和后果,并能够根据这种认识而自觉地选择和控制自己的行为,从而到达对自己所实施的刑法所禁止的危害社会行为承担刑事责任的能力,即对刑法所禁止的危害社会行为具有的辨认和控制能力。

[3] [英]Ronald Blackburn:《犯罪行为心理学:理论、研究和实践》,吴宗宪、刘邦惠等译,中国轻工业出版社2000年版,第217~218页。

[4] John Hardwig, *Epistemic Dependence*, The Journal of Philosophy, Vol. LXXXII, No. 7 (Jul., 1985), p. 336.

果的客观性和可信性。

同时，司法精神病鉴定具有主观性，一方面，作为基础科学的精神病学、心理学等具有主观性和不确定性，人类的精神活动、心理现象具有很强的主观性，虽然客观存在，有时也以一定的客观行为表现出来，但囿于人类认知能力和科技发展水平，迄今为止人类仍无法从技术层面解读、监测人类的各种精神活动，多数异常精神活动发生的原因、精神病理表现与大脑结构、神经系统等身体器官的生理、生化机理尚难以确切地剖析。“科学界对多数神经精神性疾病的病因还不了解，缺乏预防、临床诊断和治疗、干预与康复的技术手段。”〔1〕这也造成我们对精神疾病的诊断难以应用科学、客观、有效的诊断手段和方法，司法精神病鉴定还只是“停留在描述性的水平，很多高科技的检测手段尚难以对精神疾病诊断提供更多帮助”。〔2〕另一方面，司法精神病鉴定的主观性还体现在鉴定方法的局限性和经验性上。司法精神病鉴定意见是建立在相关精神病学专业知识和临床经验基础之上的描述与诠释，其属于自然科学的范畴。然而，除少部分器质性病变引起的精神病可以通过仪器设备进行鉴定外，大部分精神病鉴定并非依赖专门的物理性方法，而是由精神病鉴定专家凭借专业知识和经验，进行分析判断。“很多在法庭科学各领域中使用的程序方法，实际上是科学的经验性应用”，〔3〕不同于 DNA 鉴定、指纹鉴定等科学证据，精神病鉴定几乎难以借助科学实验、精密仪器等物理检验、检测技术手段，目前检测方法仍停留在晤谈、精神检查等主观性较强的检测手段上，鉴定过程难以定量化、程式化。“当今的精神病的鉴定或诊断，主要是通过对疑似精神病人的精神病史、精神病临床表现来进行的。”〔4〕而不同的精神病鉴定专家，由于知识背景、阅历等不同，对同一问题可能会产生不同的认识，得出的结果也会截然不同。司法精神病鉴定是一种主观性的判断，难免会受到鉴定人主观因素的影响，所获得的认识成果，不再只是一种单纯的、客观的应然性反映，而表现出了客观性和主观性并存的本质特征。“对大多数评估报告而言，由于时间压力、明显缺乏知识或

〔1〕 阮梅花、袁天蔚、王慧媛等：《神经科学和类脑人工智能发展：未来路径与中国布局——基于业界百位专家调研访谈》，载《生命科学》2017 年第 2 期。

〔2〕 纪术茂、高北陵、张小宁主编：《中国精神障碍者刑事责任能力评定案例集》，法律出版社 2011 年版，序言二。

〔3〕 邢学毅：《〈加强美国法庭科学之路〉的反响和启示》，载《证据科学》2011 年第 4 期。

〔4〕 李从培：《司法精神病学鉴定的实践与理论》，北京医科大学出版社 2000 年版，第 13 页。

技能,以及遇到不符合法律要求的做法,能力评估具有挑战性。"[1]为了使司法精神病鉴定意见中的主观性成分具有可靠性和可信性,就需要在司法实践中进行全面审查与判断,严把证据审查关。

3. 司法精神病鉴定的确定性与非确定性交织。19 世纪以前,由于精神医学和心理学的发展并不成熟,对人类精神状态的认识能力十分有限,各国刑法普遍采取"二分法",将精神障碍者的责任能力划分为完全有责任能力与完全无责任能力,对于精神障碍者的责任能力的有无,按照"非此即彼"的原则进行判断,两者必择其一,立法上并不设置中间状态。也就是说,司法精神病鉴定结果是确定性的,要么具备刑事责任能力,要么无刑事责任能力。但是 19 世纪以后,精神医学和心理学的研究显示,在"正常"与"不正常"精神状态之间,存在边际情形,即精神障碍存在程度差异,并非简单的有或者无的择一关系。责任能力以精神状态为基础,当然也就存在许多边际情形,各国刑法相继增加了限制责任能力的规定。[2] 我国《刑法》规定也经历了类似的发展历程,1979 年《刑法》借鉴苏联模式,将精神障碍者责任能力划分为有责任能力与无责任能力两种情形。1997 年《刑法》吸收精神医学和心理学的研究成果,增设限制责任能力这一中间状态,认为精神障碍程度不同对人的辨控能力的影响程度也就不同,相应的责任能力也要作出区分。也即司法精神病鉴定除了有无责任能力的确定性结果外,还可能是限制责任能力的程度性结果。据统计,司法实践中,司法精神病鉴定结果为完全有刑事责任能力、限制刑事责任能力和完全无刑事责任能力的比重维持在 4∶3∶3 的状态。[3] 可见,限制责任能力的程度性结果已成为司法精神病鉴定常见的结果。

应当注意,司法精神病鉴定结果不管是完全有责任能力或完全无责任能力的确定性结果,还是限制责任能力的程度性结果,其鉴定的结论性意见都应该是明确的、具体的,不能是模棱两可的倾向性意见。在严肃、规范的司法精神病鉴定意见书中,不能使用"原则上认为""倾向于认为""评定为……较为妥当"等模糊性用语。诚然,司法精神病鉴定是一种事后的回溯性推理和判断,是在犯罪行为发生时,对行为人作案时的

---

〔1〕 Mark Jayes, Rebecca Palmer, Pamela Enderby, *An Exploration of Mental Capacity Assessment Within Acute Hospital and Intermediate Care Settings in England: A Focus Group Study*, Disability and Rehabilitation, 2017.

〔2〕 参见黄丽勤:《精神障碍者刑事责任能力研究》,中国人民公安大学出版社 2009 年版,第 64 ~ 70 页。

〔3〕 参见陈卫东、程雷:《司法精神病鉴定基本问题研究》,载《法学研究》2012 年第 1 期。

精神状态的判断。鉴定人只能根据自己在鉴定时所拥有的证据资料以及有关的信息来进行判断。而人的精神状态并不是一成不变的,处于发作期的精神状态与处于间歇期、缓解期的精神状态可能存在很大差异,鉴定时的查体所见精神状态并不能说明作案时的精神状态。鉴定间隔时间长短,也会对鉴定结果的准确性产生一定的影响。回溯性判断的准确性依赖于鉴定是否及时,鉴定所依据的证据材料是否充分、准确、全面等。通常情况下,回溯性判断很难做到百分之百的确定,但这并不意味着司法精神病鉴定意见不可靠、不可信,更不能成为否定司法精神病鉴定科学性的理由。"数十年的研究和鉴定实践证明,司法精神病学是能够经得起实践检验的科学,是国家法治必不可少的司法鉴定学科。"〔1〕

二、司法精神病鉴定的证据属性

司法精神病鉴定作为法庭科学(Forensic Science)或鉴定科学(Evaluation Science)的分支,〔2〕既不属于行政行为,也不属于司法行为,同时还有别于单纯的科学技术行为。司法精神病鉴定是运用精神医学和法学的专门知识、职业技能和方法,为司法活动的进行提供技术保证和专门服务的司法证明活动,法律性和科学性的统一是其基本属性。

同时,司法精神病鉴定将人的认识、判断、推理作为证据的存在和表现的具体形态,认识结果主要通过鉴定意见或专家证言的形式得以呈现,表明其所具有的言词证据的属性。司法精神病鉴定结果无论是表现为书面的鉴定意见或鉴定结论,还是口头的专家证人证言,其呈现的均是鉴定人依据专门知识或技术对诉讼中的专门性问题所作出的分析判断,是一种建立在科学原理和逻辑推理基础上的主观意向性表达,本质上属于言词证据。诚然,司法精神病鉴定是建立在对其他证据材料的分析基础之上的,但这并不意味着司法精神病鉴定意见是实物证据,鉴定意见本质上系鉴定人基于其专业知识和临床经验,对被鉴定人的精神状态所作出的分析判断,是一种结论性意

---

〔1〕 纪术茂、高北陵、张小宁主编:《中国精神障碍者刑事责任能力评定案例集》,法律出版社2011年版,第4页。

〔2〕 参见陈立成:《司法精神病学实务研究》,中国人民大学出版社2012年版,第175页。

见。正如《布莱克法律词典》对 Opinion Evidence 所解释的那样,“某种意义上,所有对事实的证词都是意见证据,也就是说意见证据是由现象和心理印象形成的结论”。[1]诚然,关于鉴定类证据的规定,英美法系国家和大陆法系国家有不同之处,然而,如果就专家意见的定位而言,其对于 Opinion Evidence 的界定,明确了专家意见的言词证据属性。

此外,虽然司法精神病鉴定结果通常在形式上表现为书面材料,也是通过语言文字所记载的内容和表达的思想来证明案件事实,具有书证的某些属性,但其与书证有着本质区别。书证在诉讼开始之前即已形成,是对案件事实的记载,但鉴定意见是在诉讼过程中制作的,是对鉴定人鉴定过程和结果的记载,因此鉴定意见不同于书证。其形成过程融入了鉴定人的主观分析和判断,与证人证言等言词证据类似,均存在失真的可能性。司法精神病鉴定结果仅是以书面形式记载,本质上仍属于鉴定人的个人认识和意见。

(一)司法精神病鉴定的法律性

司法精神病鉴定的法律性集中体现在其诉讼活动的参与性上,其目的是为司法审判活动提供解决专门性问题的证据材料,某种意义上司法精神病鉴定活动也是司法证明活动的一部分,理应遵循相应的证据规则。司法精神病鉴定结果表现为一种证据材料,其在诉讼过程中要转化为定案的根据,就应当具有证据能力和证明力,也即拥有法定的证据资格,对案件待证事实具有实质性的证明价值。

1. 司法精神病鉴定结果的证据能力。证据能力强调的是司法精神病鉴定意见能否转化为定案根据的法律资格。[2] 证据能力并非证据固有的内在品质,而是法律基于特定诉讼价值的考虑,对某项证据能否进入诉讼证明过程而作出的直接规定或干预。司法精神病鉴定意见的证据能力源于法律的“赋能”,法律为查明行为人的精神状态及刑事责任能力,实现惩罚犯罪与保障精神障碍者人权相结合的诉讼价值,而赋予司法精神病鉴定意见以证据能力,准许其作为证据使用来证明案件中的专门性问

[1] *Black's Law Dictionary*, *Tenth Edition*, Thomson West, 2014, p. 677.

[2] 参见龙宗智:《证据法的理念、制度与方法》,法律出版社 2008 年版,第 11 页。

题。同时,为防止证据滥用,确保证据质量,法律以消极形式对证据能力作出诸多限制性规定。司法精神病鉴定是精神医学与法学的交融产物,其结果中所包含的专门知识和科技要素,极易导致盲目推崇科技可靠性而损害证据法的基本价值。[1] 故司法精神病鉴定意见的取得必须符合法定的证据能力要件,具有合法性。这就要求司法精神病鉴定要严格依法进行,鉴定程序的启动主体和条件、鉴定事项的委托和受理、鉴定主体的资质和回避、鉴定方法和依据等,均需要符合法律规定,遵循"程序法定原则"。

2. 司法精神病鉴定意见的证明力。证明力是指证据对案件待证事实所具备的证明价值,也即证据资料与待证事实间的关联性、充分性问题。[2] 证据所具有的使要素性事实更有可能或更无可能的趋向性,重在测量概率的影响程度。[3] 司法精神病鉴定意见的证明力体现在,其对判断行为人的精神状态以及精神状态与危害行为之间的关系具有的证明效果。与证据准入资格的外在"法定性"不同,司法精神病鉴定意见的证明力是证据本身所固有的内在属性,法律通常并不预先予以规定,而是由事实裁判者依据自由心证原则加以判断。司法精神病鉴定意见的证明力源于其自身证据的相关性和可靠性。鉴定材料的真实性和全面性、鉴定人的知识水平和临床经验、鉴定方法与标准是否恰当、鉴定论证与推理是否合乎逻辑等,均是影响其可靠性的重要因素。而对司法精神病鉴定意见证明力的认定,应当坚持法官自由心证的裁判原则,由法官依据良心和理性自由作出认定。

(二)司法精神病鉴定的科学性

司法精神病鉴定是对人类精神活动进行科学认识的重要手段和方法,科学性是其本质属性。司法精神病鉴定以精神医学的科学原理和技术为基础,其鉴定结果的形成过程就是科学认识和决策的过程。司法精神病鉴定的科学性决定了其属于科学证据的范畴,具有科学证据的属性,且在诉讼过程中因循科学证据的规则。

1. 司法精神病鉴定科学性的分析。科学是一种智力活动,它要求客观地观察和有

---

〔1〕 参见邱爱民:《科学证据基础理论研究》,知识产权出版社 2013 年版,第 195 页。

〔2〕 参见毕玉谦:《证据制度的核心基础理论》,北京大学出版社 2013 年版,第 388 页。

〔3〕 参见[美]罗纳德·J. 艾伦、理查德·B. 库恩斯、埃莉诺·斯威夫特:《证据法:文本、问题和案例》(第 3 版),张保生、王进喜、赵滢译,高等教育出版社 2006 年版,第 166 页。

计划地进行试验，以了解物质世界和各种现象，探求普遍真理和基本规律。[1] 科学是一种能够认识特定现象规律的知识体系，是严格地从观察和实验得来的经验事实中推导出来的规律。司法精神病鉴定的科学性源于精神医学自身所具有的知识体系，以及鉴定程序的标准化设计。

首先，精神医学经过多年的临床实践和经验积累，已形成以精神病理学的症状学为基础的系统的诊疗技术体系和标准，为司法精神病鉴定奠定了良好的科学基础。[2] 精神障碍与大多数生理性疾病一样，通常外显为异常的精神活动，如仪表动作、言谈举止、神态表情等。正是精神症状的外在显现，为精神障碍诊断提供了可资依据的标准。目前，国内通行的《国际精神与行为障碍分类》第11版（ICD－11）和《精神障碍诊断与统计手册》第5版（DSM－Ⅴ）为精神障碍的诊断提供了可靠的依据和标准。

其次，司法精神病鉴定程序的标准化设计和规范化运行，确保鉴定过程是科学判断和认识的过程。"大多数科学家，在大多数时候，在一个普遍接受的理论与实践框架内工作，他们把这种框架称为范例。"[3] 范例帮助鉴定人开展工作，组织和阐释数据资料。司法精神病鉴定程序的统一和技术操作流程的规范，在一定程度上能够确保鉴定结果具有可检验性或可证伪性，其意义在于对同一鉴定对象的鉴定活动，在相同的环境或条件下，使用同样的检测手段，遵循同样的操作流程，所得出的鉴定结果是一致的。如由司法部颁布的《精神障碍者刑事责任能力评定指南》（SF/Z JD0104002－2016）以及由国内权威司法精神病鉴定专家联合制定的《精神障碍者刑事责任能力评定大纲》等，均是会集大批鉴定专家，经长期的临床研究和文献回顾，反复论证制定出来的，具有良好的规范性、科学性和可操作性，为精神障碍者刑事责任能力的评定提供了框架性规范和标准。

2. 司法精神病鉴定科学性的质疑。理论层面上，司法精神病鉴定是精神病学知识和技术应用的结果，其科学性已为精神医学、心理学、神经生物学等学科知识所验证。

---

[1] 参见《大不列颠百科全书》（国际中文版）（修订版，15），中国大百科全书出版社2007年版，第142页。

[2] 参见赵虎、蔡伟雄主编：《法医精神病司法鉴定理论与实践》，人民卫生出版社2015年版，第60页。

[3] ［美］肯尼斯·R. 福斯特、彼得·W. 休伯：《对科学证据的认定：科学知识与联邦法院》，王增森译，法律出版社2001年版，第30页。

但实操层面上，司法精神病鉴定结果的信度和效度[1]并不高，尤其是重复鉴定结果的不一致率居高不下(30% ~40%)，具有较低的可重复性和可验证性，[2]从而引发人们对其科学性的质疑。究其原因，还是在于其自然科学属性的社会学解释方法的应用。"社会科学如心理学、精神病学、经济学、政治科学和社会学等，可以为理解人类行为提供辅助性的特殊知识。"[3]司法精神病鉴定原则上属于自然科学，但同时受限于现有医疗水平和技术手段，对精神状态的识别和责任能力的判断，仍较多地依赖主观认识因素，缺乏可资依赖的实验室手段和客观性评价指标。

一方面，司法精神病鉴定作为"主观之于客观"的专门性认识活动，呈现出对主观认识高度依赖的技术特点，与以实验室数据检测为主要手段的DNA鉴定、毒物检验不同，其以主观经验判断为主要分析手段，最终的鉴定意见并非科学技术自然形成的结果，这也是人们对其科学性质疑的根源。诚然，司法精神病鉴定是建立在一系列客观证据材料基础之上的，但这些证据材料对被鉴定人的精神状态或主观心理并不能形成直接的或明确的指向或反映，鉴定结果并不是技术性的或解释性的，而是融入鉴定人主观分析和判断的理解性的或推论性的结果。司法精神病鉴定的关键在于对被鉴定人精神症状的识别和分析，对精神症状的识别本身即具有一定的不确定性，精神检查所见是否客观、全面等均会影响鉴定结果，而对精神症状的分析和理解，缺少客观的生物学指标，几乎完全依赖鉴定人的专业能力和经验积累，容易受到鉴定人主观因素的影响。"精神病学诊断仍未'在天然边界处切分事物'，即它们仍然没有与在自然中发现的疾病实体相一致。"[4]这也是司法实践中，司法精神病鉴定结果可重复性或可验证性较差的原因。

另一方面，司法精神病鉴定主要依赖"定性分析"方式进行，缺乏相关量化数据或

---

[1] 信度(Reliability)和效度(Validity)是衡量心理测验工具是否成熟、是否有效及有效程度的两个指标。信度一般是指心理检测工具是否反映了该心理测验方法或工具是否稳定和可靠，效度一般是指该心理测验工具能否真正反映出其所要测量的内容以及测量的准确程度。参见汪向东等编：《心理卫生评定量表手册·增订版》，中国心理卫生杂志社1999年版。

[2] 参见纪术茂、高北陵、张小宁主编：《中国精神障碍者刑事责任能力评定与司法审判实务指南》，法律出版社2012年版，第2页；霍宪丹主编：《司法鉴定学》(第2版)，北京大学出版社2018年版，第2页；陈卫东、程雷等：《刑事案件精神病鉴定实施情况调研报告》，载《证据科学》2011年第2期。

[3] [德]马克斯·韦伯：《社会科学方法论》，韩水法、莫茜译，商务印书馆2013年版，第12页。

[4] [美]爱德华·肖特：《精神病学史——从收容院到百忧解》，韩健平等译，上海科技教育出版社2017年版，第14页。

客观性指标作为支撑。在人们看来,通常意义上的科学应当是以实验、数据等为基础,对自然现象或客观世界进行的描述或解释。在此,人们所理解的科学实际上是指传统意义上的自然科学,而司法精神病鉴定以精神医学为基础,原则上属于自然科学的范畴,但囿于现代医疗技术水平,其所采用的方法或技术以调查研究、主观推论为主,更多地偏向于社会科学研究方法,具有社会科学证据的属性。而自然科学以实验或验证为主要研究方法,具有理论可检验性和错误可证实性。[1] "衡量一种理论的科学地位的标准是它的可证伪性或可反驳性或可检验性"。[2] 而司法精神鉴定过程中可资利用的数据或检验结果很少清晰确切,难以通过对实验结果的因果检验得出单一的、不容置疑的结论。以自然科学证据的科学性标准来衡量或判断颇具社会科学证据属性的司法精神病鉴定意见,自然是南辕北辙。在司法精神病鉴定过程中,对精神症状的识别大多依赖鉴定人的主观经验和判断,晤谈、观察等鉴定方法均需要有丰富的经验和知识,而可量化的工具量表或检测仪器并没有获得普遍性的认可和应用。就司法精神病鉴定手段而言,仍然主要依靠鉴定人的知识和经验对精神病症状进行人工识别,进而直接以定性分析的方式作出判断。

此外,司法精神病鉴定以症状学为主要的检验方法,对于精神病症状的识别基本上是以描述的形式呈现。这不仅使鉴定人所依赖的鉴定经验难以直观表现,而且难以对鉴定结论的精确度进行科学的定量,仅能以定性分析的方式予以表达。尤其是当诉讼中出现多份存在分歧的鉴定意见时,由于缺乏客观量化指标,更是难以进行价值高低的比较。这对于"外行"的司法人员而言,无疑是巨大的挑战。

三、司法精神病鉴定的证据价值

司法精神病鉴定在诉讼过程中的应用由来已久,其已经成为发现案件事实不可或缺的手段和工具。精神疾病因为拥有部分生物的和遗传的基础,与其他躯体性疾病一样,一直为人类所熟知。只不过在 18 世纪以前,精神病学并没有发展成为一门独立的

---

[1] 参见李广友:《科学证据的基本特征——兼谈法医学鉴定意见的审查》,载《中国司法鉴定》2007 年第 5 期。

[2] [英]卡尔·波普尔:《猜想与反驳:科学知识的增长》,傅季重译,上海译文出版社 2015 年版,第 52 页。

学科,精神障碍者的处遇问题也没有受到足够的重视。[1] 但随着社会的进步和精神医学的长足发展,人们越来越认识到精神障碍者的思维和行为方式的特殊之处,更加注重对其人道关怀和基本权利的保护,表现在刑事诉讼中便是对其实施的危害行为减免处罚或允许进行“精神错乱辩护”。此时,用于证明行为人精神状态的司法精神病鉴定或精神病专家证言便应运而生。司法精神病鉴定意见或专家证言作为一种证据形式而在诉讼中被广泛应用,充分说明其已为现代诉讼活动所认可,成为查明案件事实的重要依据。

(一)司法精神病鉴定的证据功能

1. 丰富证明手段,扩大裁判者认知范围。司法活动重视甚至依赖司法精神病鉴定绝非偶然,精神疾病作为人类的一种病理现象长期客观存在,而人类囿于认识能力和科技发展水平,迄今为止尚未能有效探明精神疾病发病机理,对精神疾病的诊断疑难复杂,非专业人员恐怕难以作出准确的判断。在此情况下,对精神障碍者精神状态及责任能力的判断,已然超出裁判者依据日常生活经验和逻辑思维所能认知的范畴。而证明活动作为人类认识世界的重要手段,可以帮助个体获得未经亲历的对客观世界的确定性认识。“以他人的直接认知为依据,在证明活动中,实现了认识主体与认识客体的相对分离,从而更大地拓展了个人认识世界的能力和领域。”[2] 司法精神病鉴定提供了良好的证明方式,丰富了证明手段,畅通了精神医学与法学之间的渠道,帮助裁判者扩大了司法认知范围。在司法精神病鉴定介入司法活动之前,行为人的精神状态究竟如何,往往受限于各种因素而无法为裁判者所准确认知。鉴定人开展精神病鉴定活动,并向法庭提供结论性意见,是利用自身的专业知识和职业技能,对被鉴定人的精神状态及与损害行为之间的因果关系作出的专业判断。而这种认识结果,是建立在专门知识对相关事实的科学解读基础之上的,具有一定的科学性和可靠性,一经提交法庭,便有助于扩大裁判者的司法认知范围。

2. 增强裁判者认知能力,补齐裁判者专门知识短板。认知是指以一定的方式对认

---

[1] 参见[美]爱德华·肖特:《精神病学史——从收容院到百忧解》,韩健平等译,上海科技教育出版社 2017 年版,第 1 页。

[2] 吴宏耀:《诉讼认识论纲——以司法裁判中的事实认定为中心》,北京大学出版社 2008 年版,第 27 页。

知对象进行认识，以期获得关于认知对象的知识和信息。裁判者审理案件的过程，实际上就是运用逻辑思维能力认知案件事实的过程。案件事实一旦发生，便成为不以人的意志为转移的客观存在，进而成为认知对象。理论上，裁判者在诉讼过程中，仅需要依据日常生活经验并运用逻辑思维能力，便可实现对案件事实的认知。但是，随着当今世界的快速发展以及科技的普及，在司法实践中，案件的实际情况所牵涉的知识和信息量已经大大超出日常的生活经验范围，超出裁判者的认识能力。诚然，裁判者是法律方面的专家，理解并能熟练运用法律知识，具有司法经验并能有效应用审判技能，但随着社会分工的不断细化以及专业知识结构的复杂化，裁判者不可能成为各个专业领域的专家。而事实上，当今世界科学技术突飞猛进，影响并改变着人类社会生活的各个方面，在诉讼活动中引入科学技术，运用科技手段和专门知识帮助裁判者解读专业问题已成为必然选择。[1] 裁判者对事实的认知，正是建立在有关证据所体现出来的各种信息基础之上的。其认知范围通常仅限于根据逻辑或经验，能够从证据中获取的信息范畴。对于诉讼中的专门性问题，裁判者通常需要借助专业人员或具有专门知识的人，来增强其自身的认知能力。具体到司法精神病鉴定领域，精神病鉴定活动的开展，即运用超出一般认知范围的精神医学知识，对涉案行为人的精神状态及对行为的影响程度这一专门性问题作出分析和判断，从而以结论性意见来弥补裁判者在专业知识上的不足。

3. 形成证据印证，助推查明案件事实。司法精神病鉴定并非单纯的精神医学诊断行为，其系司法活动与精神医学活动的有机融合。其是具有司法特性的精神医学行为，是一种重要的证据调查和诉讼证明活动。司法精神病鉴定过程中所运用的精神医学知识和诊断技术，使行为人作案时的精神状态得以显现，而此种结论性鉴定意见一经提交法庭，便可为法官查明特定案件事实提供重要依据。而在司法精神病鉴定应用于诉讼之前，法官查明行为人精神状态的手段并不多，周边人的证言、精神病史、诉讼中的表现等能够对行为人的精神状态起到一定的证明作用，但仅凭这些证据能否形成完整的证据链，达到证据确实充分的证明程度，很大程度上存有疑问。也正因如此，借助鉴定人的专门知识，通过精神病鉴定活动对行为人的精神状态作出评定，进而补强其他证据的证明效力，与其他证据形成印证，共同起到对案件事实的证明作用。

---

〔1〕 参见陈学权：《科技证据论——以刑事诉讼为视角》，中国政法大学出版社2007年版，第129页。

（二）司法精神病鉴定的证据态度

司法精神病鉴定意见作为科学证据种类，在诉讼过程中的证明作用毋庸置疑，但司法精神病鉴定也存在一定的缺陷，其结论性意见的得出主要依靠经验性的主观判断，与以实验室数据检测为主要手段的科学证据相比，其科学性和可靠性有所削弱。因此，一方面，我们要充分肯定司法精神病鉴定意见在诉讼中的证明作用，重视对精神医学知识和技术的应用；另一方面，我们应该避免对司法精神病鉴定意见的盲目崇拜，抛弃鉴定意见至上论，树立科学的证据观。法律的最大难题，在于其高度依靠法庭科学证据，却又担心任何特定的“法庭科学”学科究竟在多大程度上是科学的。[1]

1. 司法精神病鉴定证据“拿来主义”。证据拿来主义者过分高估了司法精神病鉴定的科学性和可靠性，而对其局限性认识不足。在他们看来，司法精神病鉴定意见属于科学证据，其科学性的证据基础决定了其具有权威性和可靠性，而作为“外行”或未经专门知识学习和训练的法官，根本不具有认知司法精神病鉴定意见的能力。科学的本质属性是具有客观性、可重复性和普遍接受性，其目的就是以一种系统的和逻辑的方式解释世界，追求真理，正是这些特征为证据拿来主义者提供了正当性理由。其对司法精神病鉴定意见持“科学”理想化的态度，对科学期望太高，而没有批判性地评估它的局限。“大多数的律师，甚至是大多数的法学教授，或者甚至是证据法学者从来没有听说过‘科学研究’（Science Studies）是一门具体的学科，即使听说了，也只是对科学是什么有一个很模糊的概念。”[2]由此导致的结果是，司法实践过分地依赖司法精神病鉴定意见。裁判者在面对精神状态这一专门性问题时，往往采取“拿来主义”，盲从司法精神病鉴定意见。裁判者无形之中将自己所拥有的审判权部分让渡给鉴定人，鉴定人员俨然成为“穿白衣的法官”。为避免审判权的让渡和鉴定权力的滥用，必须对鉴定的内容或范围加以限制。

2. 司法精神病鉴定证据“悲观主义”。当前，司法精神病鉴定意见的信度和效度

---

〔1〕 参见美国国家科学院国家研究委员会等：《美国法庭科学的加强之路》，王进喜等译，中国人民大学出版社2012年版，第88页。

〔2〕 D. Michael Risinger, *The Irrelevance, and Central Relevance, of the Boundary Between Science and Non-Science in the Evaluation of Expert Witness Reliability*, 52 Villanova L. R., 2007, p. 680.

较低,社会公信力不高,有实务者甚至声称,[1]在其办理的刑事案件中,只要存在两次精神病鉴定,最终的鉴定结果必然不一致,这也是人们质疑司法精神病鉴定意见的主要原因。在此情形下,一些司法机关不敢轻易启动鉴定程序,尤其是一些社会影响重大的恶性事件,出于对司法精神病鉴定的不信任,司法机关宁愿承受社会舆论的压力,也不愿启动鉴定程序。这些司法机关"因噎废食"的做法并不可取,使原本模糊不清的事实问题更加扑朔迷离,不利于案件事实的查明和诉讼当事人权利的保护。证据悲观主义者的另一个理由是鉴定人的中立性问题堪忧,他们认为鉴定人不过是司法机关的代言人,受司法机关"长官意志"影响明显,并不能客观公正地进行鉴定。在某种意义上,法庭科学家都屈服于制度压力,仅将自己视为起诉方的助手,而不是公平的事实寻求者和客观的科学知识传播者。[2]

3. 司法精神病鉴定证据"理性主义"。司法精神病鉴定是被实践证明的证据科学,在诉讼过程中具有重要的证明价值,但同时其又具有主观性和不确定性,过分地依赖或忽视司法精神病鉴定证据在诉讼中的证明价值均是不可取的。一方面,裁判者要保持足够的理性,不能盲从司法精神病鉴定意见。司法精神病鉴定意见仅是普通证据中的一种特殊形态,其并不具有天然的证据能力和证明力,也不具有较其他证据种类更高的证据地位。司法精神病鉴定意见并不是终局结论,其仅是为裁判者认定案件事实提供证据材料,其作用是指明调查方向和排除干扰因素,绝不可能决定行为人是否构成犯罪。即使是被认为科学证据"黄金标准"的 DNA 鉴定,也仅是证据链条中的一环,同样存在对样本故意或意外的污染、对混合样本的错误解读、对分型形态的不当解释等证据风险。[3] 另一方面,裁判者对司法精神病鉴定拥有证据评价能力,需要把好证据关。诚然,裁判者对包含专业知识的司法精神病鉴定拥有有限的认识能力,但这并不妨碍裁判者对其拥有证据评价能力。裁判者经过特定的精神医学知识培训和学习,对超出普通认识范围的专业知识,可以拥有一定的认知能力,具备进行证据评价的基础。当然,这种有限的认知能力仅是帮助裁判者更好地理解专门性问题的实质,并

---

〔1〕 参见张军主编:《刑事证据规则理解与适用》,法律出版社 2010 年版,第 17 页。

〔2〕 参见[英]麦高伟、杰弗里·威尔逊主编:《英国刑事司法程序》,刘立霞等译,法律出版社 2003 年版,第 246 页。

〔3〕 See M. Lynch, *God's Signature: DNA Profiling*, the New Gold Standard in Forensic Science, 27 Endeavor 93, 2003, pp. 93 - 97.

不要求也不可能达到专家的知识水平和认知水准。裁判者对证据的评价能力主要源于法律的制度设计和程序安排。鉴定人出庭质证制度、控辩双方的交叉询问制度以及来自同行的具有专门知识的人出庭发表质证意见等制度安排,能够有效地帮助裁判者理解司法精神病鉴定的证据内涵,从而实现对其证据能力和证明力的审查与认证。

第二节

司法精神病鉴定的证据内容

当今世界各主要法治国家均规定精神障碍系影响刑事责任能力的重要事由，其判断标准有医学标准（生物学标准）、法学标准（心理学标准）和混合标准三种。[1] 目前，多数国家的立法例采取混合标准的立法模式，[2]不仅要求行为人具有生物学意义上的精神障碍，而且要求其所患的精神障碍对行为人行为时的辨控能力产生了影响。但是，对于混合标准中的生物学要素和心理学要素的判断主体而言，法官与鉴定人的责任划分并不明确。哪些事项由法官认定，哪些事项由鉴定人来评定，理论上不无争议，各国的立法规定和司法实践也各不相同。

一、司法精神病鉴定证据内容的域外考察

（一）司法精神病鉴定证据内容的立法模式

立法上，有关司法精神病鉴定证据内容的立法模式主要有三种：一是明确规定司法精神病鉴定仅能就医学问题作出评定，不得就刑事责任能力等法学问题发表意见；二是明确规定司法精神病鉴定可以兼就医学问题和法学问题发表意见，并在医学诊断的基础上，就刑事责任能力问题作出评定；三是程序法不作明确规定，交由司法实践探索。

---

〔1〕 参见张爱艳：《精神障碍者刑事责任能力的判定》，中国人民公安大学出版社2011年版，第54～64页。

〔2〕 参见张丽卿：《司法精神医学——刑事法学与精神医学之整合》，中国检察出版社2016年版，第189页。

1. 司法精神病鉴定证据内容仅限医学问题的立法模式。此种立法模式通过立法明确规定，司法精神病学鉴定人或专家的职责仅限于医学诊断，不应对行为能力等犯罪构成要素作出评定。采取此种立法模式的典型国家是美国。

《美国联邦证据规则》规定，[1]专家证人不能就被告人是否具有构成犯罪因素或辩护因素的精神状态陈述意见，因为这属于事实审理者认定范围。该款是在1981年约翰·辛克利（John Hinkley）刺杀里根总统无罪获释后，美国国会于1984年增加的条款，意在限制精神病专家证言在刑事诉讼中的影响力。依照这一规定，专家证人可以证明被告人患有某种精神病或精神障碍，解释其进行诊断的依据，描述被告人的精神状态或状况，说明这种状态或状况在多大程度上会影响被告人理解其行为的性质或过错程度，但不能对被告人有无行为能力或他的行为是否合法作出结论，因为这属于事实审理者决定的事项。

实际上，此种立法模式与美国采取“二元”的法庭构造密不可分。法官就法律问题作出裁判，陪审团成员就事实是否成立作出判断。“法官是法律的仲裁人，陪审员是事实的仲裁人”。[2] 陪审团作为事实审理者，有权对案件事实问题作出最终裁判，享有事实认定权，但同时陪审团又是非专业人员，对案件事实的裁判容易受到专业人员的影响。因此，为防止专家证言左右陪审团对案件事实的认定，美国确立了“最终问题”（Ultimate Issue）规则，规定在精神错乱辩护案件中，专家证人可以从精神医学角度描述被告人的精神状态或状况，但不能从法律角度陈述其对犯罪构成要素的意见。在这种情况下，如果就最后争议问题提出了自己的法律意见，那么这在一定程度上就是对陪审团权力的僭越，同时也超出了专家证人提供证言的专业能力范围。因为关于精神状态的医学诊断与法律评价，属于不同的学科领域，两者评定的原则、方法、目的等均不相同。精神病专家难以超出其专业知识范围就法学问题发表意见。美国精神病学协会关于精神失常辩护的声明（1982年）中指出：精神病学家是医学专家而非法律专家，精神病学家在法庭上的首要义务是对被告的精神状态和动机提供医学信息和意

[1] 《美国联邦证据规则》第704条b规定：“在刑事案件中，专家证人不得就被告人是否具有构成被指控犯罪因素或者辩护因素的精神状态或者状况陈述意见。这些事项仅由事实审理者认定。”

[2] [美]乔恩·R.华尔兹：《刑事证据大全》（第2版），何家弘等译，中国人民公安大学出版社2004年版，第10页。

见,并详细解释其得出医学精神病学结论的理由。[1] 另外,精神病专家就法学问题发表意见会徒增陪审团在最终争点认定问题上的迷惑。精神病专家就其专业领域内问题容易形成一致意见,但就领域外的最终争点问题则容易形成不同意见,而相互冲突的专家证言让缺乏专业知识的陪审团更加无所适从。美国众议院司法委员会指出,"此次修订的目的,是消除相互竞争的专家证人就涉及由事实审理者决定的最终法学问题所作出的直接相反的结论证言所造成的混淆现象"。[2]

2. 司法精神病鉴定证据内容兼具医学问题和法学问题的立法模式。在这种立法模式下,精神医学鉴定人既可以就生物学要素表达自己的观点,也可以对心理学要素进行判断,从而评定行为人的刑事责任能力。采取此种立法模式的典型国家是俄罗斯。

《俄罗斯联邦刑事诉讼法典》规定,鉴定人有权在其权限范围内,就与鉴定对象有关的问题提出鉴定意见,即使该问题没有在指定鉴定的裁决中提及。[3] 在俄罗斯,由司法精神病鉴定来确定行为人的"心理状态",并就刑事责任能力问题提出鉴定意见。"司法精神病学鉴定首先应该查明被鉴定人是否存在精神病。只有在确定医学标准之后方能确定存在还是不存在心理学(法律)标准。法律标准使鉴定人能够作出关于存在或不存在无刑事责任能力的结论。"[4]

3. 程序法不作具体规定的立法模式。此种立法模式,仅是在实体法层面对精神障碍者刑事责任能力的判定标准进行规定,未在程序法层面对司法精神病鉴定的评定对象或评定范围作出具体的规定,而是交由司法实践进行探索。采取此种立法模式最为典型的国家是德国。

《德国刑法典》规定,[5]德国有关精神障碍者刑事责任能力的判定亦采取混合式

---

〔1〕 See Ronald J. Allen, Richard B. Kuhns and Eleanor Swift, *Evidence: Text, Cases, and Problems*, 3rd ed, 2002, pp. 775 – 776.

〔2〕 See Ronald J. Allen, Richard B. Kuhns and Eleanor Swift, *Evidence: Text, Cases, and Problems*, 3rd ed, 2002, p. 775.

〔3〕 参见《俄罗斯联邦刑事诉讼法典》,黄道秀译,中国民主法制出版社 2021 年版,第 142 页。

〔4〕 俄罗斯联邦总检察院编:《俄罗斯联邦刑法典释义》,黄道秀译,中国政法大学出版社 2000 年版,第 41 页。

〔5〕《德国刑法典》第 20 条、第 21 条规定:"行为时因病理性精神障碍、深度意识障碍、智能不足或其他严重精神障碍,致不能辨识其行为违法或欠缺依其辨识而行为之能力者,无罪责。""行为时因第 20 条规定的原因之一,致其辨识行为违法或依其辨识而行为之能力显著减低者,得依第 49 条第 1 项规定减轻其刑。"

标准,也即先要判定行为人是否属于刑法规定的病理性精神障碍、深度意识障碍、智能不足或其他严重精神障碍,再判断其是否能辨识行为违法或欠缺依其辨识而行为的能力,但具体由谁来进行判断并没有明确的立法规定。在司法精神病鉴定实务中,德国形成了相对成熟的判断模式,与刑事责任能力的二阶层判断模式相对应,司法精神病鉴定分为两个步骤:第一步将精神医学诊断结果归入刑法规定的一项或多项具有生物学特征的精神障碍;第二步则是评估精神障碍对行为人辨识和控制能力的具体影响程度,也即个案中行为人实际上的认知与意志能力,用以提供给法官对责任能力进行规范面的判断。也就是说,在德国两步骤鉴定模式中,鉴定人对生物学因素和心理学因素两个层面均参与,鉴定人的任务是对行为人的精神状态尽可能地进行全面的实证调查,以便厘清行为人是否有被刑事法规范处罚的适格性。但同时,鉴定人必须注意不得逾越其权责范围,其只能在以上两个步骤判断的范围内重现行为人行为时的精神状态并进行事实面的评估,而不得在鉴定报告中直接作出行为人是否具备责任能力的结论,因为规范面的判断属于法官的权责。〔1〕

(二)司法精神病鉴定证据内容的理论争鸣

实际上,上述立法模式的区别本质在于鉴定人可否就刑事责任能力的心理学要素进行评价,也即对辨控能力进行评估。对此问题,理论上存在较大争议。“精神状态的分析是类似自然科学的工作,责任能力的判断是规范价值判断的工作,这两者如何妥善调和,实在是刑事法学与精神医学科际整合上的大难题。”〔2〕主要有以下几种观点:

1. 生物学要素评定说。此观点认为,精神医学鉴定人的职责范围仅限于对精神医学问题的判断,而对于心理学要素和刑事责任能力的认定则属于法官的权责。其主要依据是,生物学要素属于经验记述性要素,由精神医学鉴定人依专业知识、经验法则作出评定,而责任能力属于规范评价性要素,属于法规范概念,对辨控能力的判断,也即对行为人意思自治和行为能力程度的识别,目的是确定能否对行为人进行非难以及非

〔1〕 参见吴忻颖:《精神障碍者的刑事责任能力判断与司法精神鉴定——以德国法及实务为借镜》,载《月旦医事法报告》2021 年 10 月。

〔2〕 王敏远:《司法鉴定修改的有关意见》,载《法制日报》2011 年 8 月 31 日。

难的程度，属于规范层面的法律评价，理应由法官来进行。[1] 该观点还从“不可知论”角度，否定站在经验的立场上来解答责任能力问题，认为精神鉴定医师在事后不可能明确察知行为人在犯罪当时是否有采取他种行为之可能性，故精神鉴定在实际说明责任能力程度时，只能依惯例作大概的判断而已。[2] 英国刑事精神医学鉴定人雷瑞德（Richard Latham）认为，“精神科医师作为鉴定专家时，必须和法律人相互合作与尊重，双方都要知道自己的局限与责任，也就是，鉴定人要清楚知道自己不可以回答法学问题”。[3] 德国学者 J. 瓦格纳 – 贾尔格（Wagner-Jauregg J.）认为，“对责任能力有无解答是医生课题范围外的东西，因此不应做出此类发言”。[4]

2. 生物学和心理学要素评定说。此观点认为，精神医学鉴定人不仅需要对生物学要素作出评判，还需要在生物学要素判断的基础上，进一步对心理学要素发表意见。该观点认为，判断行为人行为时的精神状况是否影响辨控能力，属于经验判断问题，现代精神医学能够作出评定。[5] 该观点在责任能力判定的问题上坚持“可知论”，认为经验性和存在科学性使人类对此问题有了认知可能，不管是医学要素还是法学要素的判断都可以从经验的立场来解答。虽然责任能力的判定主体是法官，然而法官的判定也不能妨碍精神医学鉴定人对心理学原因的评定，鉴定人被认为应该解答心理学的原因，只是这种评定对法官不具有必然的约束力。“‘可知论’者则谓不论是生物学或心理学的原因，皆可由经验之立场予以解答。由于精神疾病行为人责任能力的判定，包括现在精神状态与案发当时之精神状态而定。”[6] 德国学者 G. G. 阿希弗伯格认为，“无意识或精神活动的病理性障碍只不过是表现精神状态的单纯标志而已，即使有阅历的精神科医生，有时也难于认定其波及行为的影响。更何况，对于法官来说，这些名称只是一个没有生命的单词而已，所以，只有通过医生的说明才拥有了生命和意

[1] 参见[日]仙波厚、木夏本巧：《精神鉴定的证明力》，郭华、郎治国译，载《研究生法学》2005 年第 2 期。

[2] 参见张丽卿：《司法精神医学——刑事法学与精神医学之整合》，中国检察出版社 2016 年版，第 186 页。

[3] 参见胡慕情：《缺席的问号：当精神鉴定制度残缺》，载 https://theinitium.com/article/20161026-taiwan-Tzeng-Jai-after/，最后访问日期：2024 年 4 月 2 日。

[4] [日]中田修等：《司法精神医学——精神病鉴定与刑事责任能力》（上册），林秉贤、彭华译，天津科学技术出版社 2008 年版，第 166 页。

[5] 参见[德]克劳斯·罗克辛：《德国刑法学》（总论），王世洲译，法律出版社 2005 年版，第 590 ~ 591 页。

[6] 张丽卿：《司法精神医学——刑事法律与精神医学之整合》，中国检察出版社 2016 年版，第 186 页。

义”。[1] 日本学者仙波厚等认为,“在心理学要素当中也同时存在着事实层面上和规范、评价层面上两方面的内容,至于精神障碍对于辨识能力和控制能力的影响,由于多数为精神医学工作者的知识和经验所覆盖,都可以根据经验来加以把握,同时比起法官,精神医学家们显然更加适合这项工作”。[2]

3. 折中说。此观点认为,对刑事责任能力生物学要素的判断应当由精神医学鉴定人来进行,因其涉及专业知识和经验的把握;而对心理学要素的判断则应采取法官和精神医学鉴定人协同作业的方式,因为心理学要素主要是确定事实关系和进行法律评价,应当由法律专业人士来主导,同时兼听精神医学鉴定人的意见,但两者之间并非泾渭分明,区分鉴定人的评定领域与法官的认定领域相当困难。德国学者 H. 宾德尔认为,“否定鉴定人对于责任能力进行直接发言的立场是无法从形式上否定的。因为如果那样的话,无论作出多么优秀的鉴定,法官也会不知所措,误解鉴定人的结论,不能作出适当的解释,无法作出法律性的评价,应该从精神医学、智力障碍等非法律概念出发,站在医学和司法精神病学诊断的基础上进行说明。鉴定人通常将司法精神病学结论纳入与其相当的法律概念中的这个问题,应该算是理性的协同作业”。[3] 德国学者 Blau 提出的“三层楼作业场”理论也很好地诠释了鉴定人与法官之间的协作关系,一楼场长是精神医学鉴定人,其主要职责是对生物学要件进行判定;二楼场长是法官,以一楼的判定结果为依据,对心理学要件作出判断;一楼、二楼场长共同到三楼,共同讨论对被鉴定人的量刑和处遇。[4]

目前,折中说是德国、日本等国家的通说。该观点认为,关于责任能力的判断最终的决定权在法官,这在理论上是毋庸置疑的。同时,对辨控能力等心理因素的考察又离不开精神医学的辅助,基于司法实践观察结果和司法精神病学惯例,应当允许鉴定人明确表示自己对辨控能力的意见,但这种意见对法官而言,仅是参考性意见而不是终局性的,法官可以对鉴定报告采取拒绝的态度。[5]

---

[1] [日]中田修等:《司法精神医学——精神病鉴定与刑事责任能力》(上册),林秉贤、彭华译,天津科学技术出版社 2008 年版,第 165 页。

[2] [日]仙波厚、木夏本巧:《精神鉴定的证明力》,郭华、郎治国译,载《研究生法学》2005 年第 2 期。

[3] [日]中田修等:《司法精神医学——精神病鉴定与刑事责任能力》(上册),林秉贤、彭华译,天津科学技术出版社 2008 年版,第 166 页。

[4] 参见廖锦玉:《责任能力的认定与精神鉴定》,政治大学法律研究所 1997 年硕士学位论文。

[5] 参见[日]中田修等:《司法精神医学——精神病鉴定与刑事责任能力》(上册),林秉贤、彭华译,天津科学技术出版社 2008 年版,第 167 页。

二、司法精神病鉴定证据内容的域内现状

通过对中国裁判文书网相关法律文书进行检视，目前我国针对精神障碍者刑事责任能力的司法精神病鉴定，按证据内容大致可以分为评定刑事责任能力模式、评定辨控能力模式、评定精神状态模式三类。

（一）评定刑事责任能力模式

刑事责任能力评定模式兼评刑事责任能力认定的生物学要素和心理学要素，在精神医学诊断的基础上分析行为人行为时的辨控能力，并对刑事责任能力进行评定。司法实践中，此种评定模式占绝大多数，以至于有学者总结道："精神鉴定人有权进行心理学要素的判断并作出刑事责任能力的评定，这在立法和实践中已经形成共识。"〔1〕主要依据：

1. 规范性法律文件的授权性规定。在当前司法实践中，《精神疾病司法鉴定暂行规定》是开展司法精神病鉴定最直观有效的法律依据。该规定指出，精神疾病司法鉴定是对有无刑事责任能力的评定，并对判定标准进行了明确。〔2〕《精神障碍者刑事责任能力评定指南》（SF/Z JD0104002－2016）系司法部组织专家起草拟定的行业标准，在司法精神病鉴定领域具有普遍的指导意义。该评定指南第4.4条指出，鉴定人进行刑事责任能力评定时，首先应对被鉴定人进行医学诊断，评定其精神状态，在此基础上再对其辨控能力的损伤情况进行评估，根据辨控能力的损害程度评定责任能力等级。可见，该评定指南亦明确规定鉴定人需要评定行为人的刑事责任能力。据此，该模式

〔1〕黄丽勤：《精神障碍者刑事责任能力研究》，中国人民公安大学出版社2009年版，第161页。

〔2〕《精神疾病司法鉴定暂行规定》第9条规定："刑事案件中，精神疾病司法鉴定包括：（一）确定被鉴定人是否患有精神疾病，患何种精神疾病，实施危害行为时的精神状态，精神疾病和所实施危害行为之间的关系，以及有无刑事责任能力……"第19条规定："刑事案件被鉴定人责任能力的评定：被鉴定人实施危害行为时，经鉴定患有精神疾病，由于严重的精神活动障碍，致使不能辨认或者不能控制自己行为的，为无刑事责任能力。被鉴定人实施危害行为时，经鉴定属于下列情况之一的，为具有责任能力：1. 具有精神疾病的既往史，但实施危害行为时并无精神异常；2. 精神疾病的间歇期，精神症状已经完全消失。"

认为,由鉴定人对精神障碍者刑事责任能力作出评定是有法可依、有章可循的。“鉴定人对精神障碍者的某种法定能力进行认定和评价是有明确而充足法律依据的。”[1]

2. 侦查机关、司法机关委托鉴定事项的明确要求。司法实践中,侦查机关、司法机关的精神病鉴定委托书通常会载明格式化的委托事项。此模式认为,侦查机关、司法机关的委托鉴定事项明确要求对行为人的刑事责任能力作出评定,故基于委托事项的要求,应当对行为人的刑事责任能力进行评定。

3. 精神医学知识的专业性要求。通常情况下,鉴定意见不能就法律问题作出评定,但司法精神病鉴定有其特殊之处,如果鉴定意见仅涉及生物学要素而不涉及心理学要素,则与临床诊断并无二致,也就不能称为司法精神病鉴定。[2] 此外,司法人员并不精通精神医学知识,长期以来对司法精神病鉴定形成较大依赖,如果鉴定人仅就生物学要素作出评定,那么就不能为裁判者认定刑事责任能力提供充分的科学依据,也就无法实现司法精神病鉴定的设置初衷。

(二)评定辨控能力模式

辨控能力评定模式,仅是在精神医学诊断的基础上,分析行为人的精神状态是否影响了辨控能力,但不就行为人的刑事责任能力作出评定。此种评定类型主要见于广东省深圳市,由深圳市精神卫生中心司法鉴定所作出。主要依据:

1. 基于《刑法》第 18 条的规定。[3] 该模式认为,《刑法》是司法精神病鉴定的最高法律依据,而第 18 条仅提到“不负刑事责任”,并没有提及“刑事责任能力”,两者在法学上是性质迥异的概念。前者是指行为人因实施犯罪行为所应当承担的不利性法律后果。后者是指行为人具有构成犯罪并承担刑事责任的能力,即行为人实施行为时具有刑法意义上的辨控能力。行为人是否应当承担刑事责任,完全是法官的专属权能,司法精神病学鉴定人不具有判定行为人刑事责任能力的权力。因此,经法定程序

〔1〕 陈立成:《司法精神病学实务研究》,中国人民大学出版社 2012 年版,第 105 页。

〔2〕 参见张爱艳:《精神鉴定的评价范围——基于鉴定人与司法人员职权划分的思考》,载《中国司法鉴定》2012 年第 1 期。

〔3〕 《刑法》第 18 条第 1 款规定:“精神病人在不能辨认或者不能控制自己行为的时候造成危害结果,经法定程序鉴定确认的,不负刑事责任,但是应当责令他的家属或者监护人严加看管和医疗;在必要的时候,由政府强制医疗。”

鉴定确定的内容不可能是“不负刑事责任”,而是确定该条款所指的“精神病人”和“不能辨认或者不能控制自己行为”。[1]

2. “辨控能力”不等同于“刑事责任能力”。该模式认为,责任能力是刑罚适应能力,是行为人被科处刑罚的资格。刑法的机能是针对犯罪人将来再犯的可能性而进行的社会防卫。无论是有责任能力之人还是无责任能力之人,就其行为对社会应负的责任而言,并没有实质区别,只是法律因对象不同而采取不同的处罚方式。对于精神病人,因其不能适应刑罚而采取其他方式,并不是因为他们不应负责任。而辨控能力是犯罪构成要件要素,行为人只有具备辨控能力才能构成犯罪。前者是刑罚适应能力,后者是犯罪行为能力,鉴定人不能直接对责任能力作出判断,只能就犯罪行为能力进行鉴定。[2]

(三)评定精神状态模式

精神状态评定模式,严格来说并不属于完整意义上的种属分类,这是由于它只适用于那些服用精神活性物质而引发精神障碍的人。在这种情况下,对被鉴定人的刑事责任能力暂不予评估,只对其作出精神医学诊断,并说明案发时的精神状态。主要根据:

1. 规范性文件的指引。《精神障碍者刑事责任能力评定指南》(SF/Z JD0104002－2016)第5.2.5条规定,[3]对自愿摄入毒品所致精神障碍者,仅进行生物学要素判断。但该规定有严格的适用条件:首先要求确定被鉴定人的精神障碍系因摄入精神活性物质所引发;其次要求被鉴定人系自愿摄入毒品,并非误食或非自愿摄入;最后要求确定被鉴定人的精神症状已影响到行为人的辨认或者控制能力。如涉嫌贩卖、运输毒

---

[1] 参见高北陵主编:《现代司法精神医学——兼论与伦理学相关问题》,北京大学出版社2018年版,第7页。

[2] 参见侯国云、么惠君:《辨认控制能力不等于刑事责任能力》,载《中国人民公安大学学报(社会科学版)》2005年第6期;胡峰、李毅、高北陵:《精神障碍者刑事责任能力评定的思考》,载《中国法医学杂志》2011年第6期。

[3] 2016年司法部颁布的《精神障碍者刑事责任能力评定指南》(SF/Z JD0104002－2016)第5.2.5条规定:“对毒品所致精神障碍者,如为非自愿摄入者按5.1条款评定其刑事责任能力;对自愿摄入者,如果精神症状影响其辨认或控制能力时,不宜评定其刑事责任能力,可进行医学诊断并说明其作案时精神状态。”

品罪的被告人,经鉴定其精神症状的出现、病程演变符合毒品所致的精神和行为障碍的特点,属于精神活性物质所致精神障碍者,但被告人在贩卖、运输毒品过程中能独立联系买家,选择运输路线,进行毒品交易,这表明被鉴定人认知功能保持良好;鉴定检查时否认作案行为,具有明显自我保护意识;对案件性质能清晰认识,作案行为与精神病症状无关,辨控能力完整,则可评定为完全刑事责任能力。[1]

2. 原因自由行为的理论支撑。自愿摄入毒品所致精神障碍,行为人对摄入毒品具有充分的意思自治,而对于陷入精神障碍后实施的行为缺乏自主意识。此种情形与刑法理论上的原因自由行为相契合,围绕原因自由行为的可罚性,刑法学界存在肯定说与否定说之争,[2]由此也导致对自愿摄入毒品所致精神障碍者刑事责任能力的评定之争。肯定说认为,虽然行为人在实施不法行为时,处于责任能力障碍状态,是不自主的,但是行为人具有决定是否陷入责任能力障碍的自由,因此,处罚自愿摄入毒品所致精神障碍者的犯罪行为,并不违背责任主义同时存在原则。精神障碍者的刑事责任能力既可以存在于实行行为时,也可以存在于与实行行为紧密联系的原因行为之时。同时,从一般人的法感情角度考虑,吸毒为法律所禁止,行为人自愿吸毒,从而使自己陷入丧失辨控能力的状态,其所实施的危害行为仍然为社会所不能容忍,有追究责任的必要。由此,自愿摄入毒品所致精神障碍者对陷入精神障碍后所实施的行为,应评定为完全刑事责任能力。[3] 否定说认为,行为与责任能力不可分割,行为人仅对其具有责任能力的状态下实施的行为承担责任,也即吸毒者仅对陷入精神障碍状态前所实施的行为承担责任,而对于吸毒后陷入精神障碍状态下实施的行为不应承担责任,因为行为人吸毒时的意识与陷入精神障碍状态下实施行为时的心理联系已经断裂,行为人在丧失责任能力的情况下,不可能按照正常精神状态下作出的决定行事。由此,毒品所致精神障碍者对陷入精神障碍后所实施的行为,应评定为无刑事责任能力。[4]

正是基于上述评定理论的巨大分歧,为提高此类案件司法精神病鉴定的一致性和规范性,《精神障碍者刑事责任能力评定指南》(SF/Z JD0104002－2016)对此采取"搁

---

[1] 参见(2019)闽04刑终198号刑事判决书。

[2] 参见张明楷:《刑法学》(第6版),法律出版社2021年版,第401～406页。

[3] 参见林红:《我所2011年—2015年毒品所致精神障碍刑事责任能力评定结果分析》,载《基层医学论坛》2016年第25期。

[4] 参见刘协和主编:《法医精神病学》(第2版),人民卫生出版社2004年版,第140～141页。

置”态度，将毒品所致精神障碍者予以特别规定，要求不予评定刑事责任能力。[1] 但此种“区别对待”的做法并没有法律依据，缺乏合理性和正当性。

总体来看，我国司法精神病鉴定，除个别地区、少数类案外，基本上采取“评定刑事责任能力模式”，对行为人的刑事责任能力通常在鉴定意见书中直接给出评定意见。

三、我国司法精神病鉴定证据内容的评析

（一）立法层面的模糊不清

1.《刑法》用语指代不明。《刑法》第 18 条规定的“经法定程序鉴定确认”的对象和内容指代不明，容易引发争议。有观点认为，上述规定是将刑事责任能力的判断交给了司法精神病鉴定人，由鉴定人负责评定行为人的刑事责任能力。[2] 也有观点认为，单纯从文义解释来看，该规定指向主体并不明确，并不能必然推导出责任能力的判断主体为鉴定人，鉴定人可以就是不是“精神病人”及辨控能力作出评定，但不能直接评定刑事责任能力。[3] 还有观点认为，该条对责任能力的判断主体进行了责任划分，对行为人是否患有精神病的判断，由精神病学专家进行；而对行为人辨控能力的判断，则由司法人员负责。[4]

2. 规范性法律文件的扩张性解释。《刑事诉讼法》规定，[5] 鉴定是借助于具有专门知识的人就案件中的专门性问题，作出事实评定，并没有规定或授权对刑事责任能力等法律问题进行评定。然而，前述的《精神疾病司法鉴定暂行规定》等规范性法律文件，均明确规定司法精神病鉴定内容包括对刑事责任能力这一法律问题的评定，甚至还明确了分类规则和评定标准。可见，上述规范性法律文件对刑事诉讼法有延伸和

[1] 参见张钦廷、李豪喆、陈琛等：《毒品所致精神障碍者刑事责任能力评定存在问题及对策》，载《中国司法鉴定》2018 年第 3 期。

[2] 参见何恬：《重构司法精神医学——法律能力与精神损伤的鉴定》，法律出版社 2008 年版，第 90 页。

[3] 参见陈立成：《司法精神病学实务研究》，中国人民大学出版社 2012 年版，第 105 页。

[4] 参见张明楷：《刑法学》（第 6 版），法律出版社 2021 年版，第 399 页。

[5] 《刑事诉讼法》第 146 条规定：“为了查明案情，需要解决案件中某些专门性问题的时候，应当指派、聘请有专门知识的人进行鉴定。”

突破,在一定程度上作了扩大化解释。

(二)理论层面的应然分工

依据《刑法》规定,我国采取混合式立法模式,将精神障碍者刑事责任能力要件分为前阶的生物学要素和后阶的心理学要素。就生物学要素而言,即是否存在精神障碍,因涉及精神医学专业知识,通常认为应当尊重精神医学鉴定人的意见,由鉴定人作出判断。而就心理学要素而言,因涉及法律评价和价值判断,自然属于法官的专属权能,由法官依法裁判。

司法精神病学鉴定人对生物学要素的判断,依据精神医学专业知识,在其专业领域范围内,对行为人行为时是否存在精神障碍,存在何种精神障碍,以及精神障碍与犯罪行为之间是否具有因果关系,作出判断。

法官对于心理学要素的判断,在充分考虑精神障碍对于犯罪行为的影响之后,应更进一步对行为人的犯罪动机(是否意识到其行为的动机)、犯罪目的(要达到的目的)、犯罪的计划性(为达到目的而准备或采取的手段)、犯罪的异常性(是否违背常理)、犯罪的违法性认识(是否理解行为性质及在法律上的意义)、犯罪后的表现(是否有隐匿罪证行为及悔罪、反省的情节)等进行认定,并从法规范的立场出发对之加以评判,以确定行为人行为时的辨控能力,最后判定其是否具有刑事责任能力。

理论上,前后两个阶段的判断内容、性质不同,理应由不同的主体来进行,这符合"法律的归法律,技术的归技术"的原则。同时,法官与鉴定人各司其职、各负其责,才能够做到既有效补齐法官专门知识的短板,又能防止鉴定人成为事实上的裁判者的弊端。借此分工,似乎可以清楚界分鉴定人与法官的职责范围,明确精神病鉴定的内容。然而,现实情况远比理论复杂,在现实因素的影响下,司法实践呈现出另一番场景。

(三)现实层面的实践难题

如前所述,目前我国司法精神病鉴定基本上采取"刑事责任能力评定模式",直接对行为人的刑事责任能力作出评定,这虽与理论层面上的应然分工相矛盾,却是长期以来刑事诉讼制度实践的结果,已成为我国司法精神病鉴定实践的实然状态。

1. 法官眼中的“烫手山芋”。对精神障碍者刑事责任能力的评定,涉及心理因素的评定,目前缺乏有效的科学技术手段和可资利用的仪器设备,没有统一的评定标准和检验方法,对司法精神病学鉴定人而言,尚且“勉为其难”,遑论不具备精神医学知识的法官。因此,在法官看来,对责任能力的评定,包括对辨控能力等心理学要素的判断,都离不开精神医学知识的加持,由司法精神病学鉴定人来进行更为稳妥。“公安司法办案人员均倾向于在刑事责任能力的问题上服从鉴定人的判断。”[1]应当说,这是目前法官主动让渡刑事责任能力评定权的主要原因。此外,由于司法精神病鉴定具有一定的主观性,容易引发质疑和争议,为了转移案件矛盾和回避司法责任,尤其是对一些舆论关注的、具有重大社会影响的案件,法官更是乐见由司法精神病学鉴定人对刑事责任能力作出评定,常以“这是由中立的专业的鉴定机构作出的评定,我们不是专业人员”来回应当事人及社会的质疑。

2. 鉴定人越俎代庖的“理论误区”。刑事责任能力的评定应当由法官来进行,对此,大多数司法精神病学鉴定人有清楚的认识,“如果是由司法精神病学鉴定人去认定一个自然人(精神障碍者)是否具有某种意义上法定能力,显然是极不恰当的。鉴定人的鉴定意见是不能超越自己的专业领域的,或者说,任何超越自己专业领域的鉴定意见都应该是不合法的”。[2] 然而,由于司法精神病鉴定的传统做法和实践惯性,在刑事责任能力评定问题上仍存在一些误区。有鉴定人认为,长期以来一直由司法精神病学的鉴定人作出刑事责任能力的判断,法官们已经形成“综合依赖症”,因此,如果非要让司法人员来判定精神障碍者的法律能力,因为他们缺少法医精神病鉴定方面的专门知识和技能,所面临的困难和出现的错误将会远远超过法医精神病鉴定人。[3]甚至有鉴定人误以为,评定精神障碍者刑事责任能力原本就属于鉴定人的业务范围和职责所在,想当然地认为应当由鉴定人评定行为人的刑事责任能力,全然不知这已严重超越精神医学的专业范围。[4]

---

[1] 陈卫东等:《刑事案件精神病鉴定实施情况调研报告》,载《证据科学》2011 年第 2 期。

[2] 陈立成:《司法精神病学实务研究》,中国人民大学出版社 2012 年版,第 105 页。

[3] 参见张钦廷等:《法医精神病鉴定内容架构及评定要点解析》,载《中国司法鉴定》2020 年第 1 期。

[4] 参见高北陵主编:《现代司法精神医学——兼论与伦理学相关问题》,北京大学出版社 2018 年版,第 14 页。

四、我国司法精神病鉴定证据内容的界定

对司法精神病鉴定证据内容的界定不是简单的理论划分和模型设计,学科的独特性和鉴定实践的复杂性也一再表明,理想化的完美模式并不存在,各法治文明国家也一直在探索、修正相关的规定。因此,对我国司法精神病鉴定证据内容的探索,也不会有终极答案,而是必须立足于我国的司法精神病鉴定实践和法律文化土壤,充分考虑精神医学发展情况、司法人员知识架构的培育情况、社会大众的法感情因素等,构建相对合理、可行的司法精神病鉴定证据内容制度。

本书主张,在评定精神障碍者刑事责任能力时,应该遵循“法律的归法律,技术的归技术”的基本理念,精神医学鉴定人不能超越其专业领域和职责范围,涉足法学问题,对辨控能力,甚至是刑事责任能力直接作出评定。司法精神病鉴定应当立足于精神医学专业知识,从精神医学角度,对作为刑事责任能力评定前提的生物学要素及精神障碍对作案行为的影响和程度,作出事实层面上的评定,而对辨控能力及责任能力的认定,则属于法规范层面上的评定,应交由法官进行。

(一)生物学要素的评定

毋庸置疑,生物学要素的评定属于司法精神病鉴定的证据内容,对该部分的评定应当坚持以精神病学鉴定人为主导,围绕行为人是否存在精神障碍、存在何种精神障碍及程度,以及精神障碍与作案行为之间的关系而展开。法官对鉴定人的生物学因素评定意见,通常情况下应当予以采纳,如果经审查对该部分证据内容确有异议,也无权直接予以否定,而是应当通过补充鉴定或重新鉴定的形式予以补强,因为对精神生物学要素的评定是纯粹的精神病学问题,涉及精神医学专业知识,属于专门的技术性问题,法官作为“外行人”难以以法学知识和生活经验作出判断,而是应当充分尊重精神病学鉴定人的意见。

在此需要强调的是,司法上对生物学要素的评定不同于精神医学临床诊断,不能将精神医学临床诊断标准无差别地直接适用于司法精神病鉴定活动,因为前者服务于

司法活动，坚持“无病推定”原则；后者服务于患者，坚持“有病推定”原则，两者活动的目的和坚持的原则并不相同。精神医学诊断标准解决的，仅仅是临床领域中存在的问题，难以解决司法鉴定工作中的很多具体而实际的问题，更何况这些标准本身并不完善，也有很多是非常笼统和模糊的。[1]

（二）心理学要素的评定

辨控能力是法学的概念和范畴，理论上，应当由法官对此心理学要素作出评定。但同时，由于辨控能力是行为人自由意志下的责任能力要素，是行为人知、情、意的统一，涉及心理学的认知和意志行为活动，本质上还属于主观经验判断。因此，对心理学要素的判断不能单纯依靠法学知识或生活经验，需要精神医学知识的加持和精神病学鉴定人的帮助才能准确把握。故而，司法精神病鉴定的证据内容应当涉及心理学因素的评定，只不过其涉及的形式并非直接对辨控能力作出评定，而是针对辨控能力的病理、心理特征进行精神医学、心理学分析，通过评定精神障碍对作案行为的影响及程度，来帮助法官对辨控能力作出认定。“在责任能力的判断中，关于精神障碍这一生物学要素是如何影响行为人的心理要素的判断是重要的，对这些事项的诊断的确是临床精神医学上的问题。”[2]

精神障碍对作案行为的影响及程度的评定，有别于辨控能力的法学认定，前者是从精神医学的角度分析判断精神状态对作案行为的主客观影响，是一种事实判断；后者是从法规范的角度分析行为人对违法行为的认识能力和控制能力，是一种规范判断。前者是后者作出规范性法律评价的前提和基础，是法官形成心证的重要依据；后者是对前者的法律评价，是从法规范的角度对前者作进一步的分析。

以辨认能力为例，刑法学上的辨认能力并不是指通常的违法辨认能力，而是行为人对自己所欲实施的行为的意义及违法性的认识能力。也就是说，刑法意义上的辨认能力与精神医学领域所称的辨认能力可能不同，需要作出法学分析。如从精神医学角度分析，部分精神障碍者能够认识到伤害、杀人行为不法，但由于受幻觉、妄想的影响，

〔1〕 参见郑瞻培、汤涛、管唯主编：《司法精神鉴定的难点与文书》，上海科学技术出版社2009年版，第6页。

〔2〕 ［日］桥爪隆：《日本刑法中对责任能力的认定》，赵新新译，载《财经法学》2021年第1期。

行为人在作出伤害、杀人行为时，其主观自认为是正当行为，可以说此时不能期待行为人具有此种认识之外的认识，因此，从刑法学角度分析，行为人对其行为欠缺违法性认识，不具有辨认能力。再如，患有严重抑郁症精神障碍者决定自杀，但想到自己死后，孩子无人照顾，便先将孩子杀死，后自杀未遂，行为人虽然认识到杀害孩子的行为是不法行为，但受强烈幻想症的影响，“不得已”实施了犯罪行为，此时如果仅凭行为人对其行为是不法行为具有认识，就直接评价其具有辨认能力，恐有失妥当。

（三）刑事责任能力的认定

对刑事责任能力的认定属于法官的职责范围，应避免将司法精神病鉴定简单地等同于刑事责任能力认定。当前我国司法精神病鉴定实践存在的最大问题就是法官完全依赖司法精神病鉴定，径直采信鉴定意见，不再进行或仅是简单进行程序性司法审查和判断。司法精神病鉴定意见的极高采信率，导致鉴定人成为事实上的“裁判者”，司法的公信力和权威性受到侵害。

诚然，对刑事责任能力的认定，不单纯是一个医学诊断或法学判断的问题，知识的交叉与多元让责任能力的判断变得错综复杂，但这并不等于说不用再区分医学问题与法律问题。应当明确，司法精神病鉴定的目的是解决诉讼过程中的“专门问题”，处理的是“精神病人”这一事实问题，而不是责任能力这一法学问题。“法律的归法律，技术的归技术”这一基本理念应当一以贯之。

当前，要彻底解决这一问题，最根本的就是要“釜底抽薪”，改变由司法精神病鉴定直接对责任能力作出评定的做法，将司法精神病鉴定证据内容限定在评定精神障碍对作案行为的影响及程度上，让法官“无所依赖”。如此一来，可能有人会担心法官是否能够胜任，担心法官自由裁量权是否会滥用，其实此种担心并无必要。深圳市“评定辨控能力模式”就是一个很好的探索和示例，深圳市精神卫生中心司法鉴定所十多年来未再受理“责任能力评定”的委托事项，只对被鉴定人是否患有精神病、是否因精神病而影响了辨控能力作出司法精神病学评定，在司法机关中没有遇到任何阻力，取得了较好的法律效果和社会效果。[1] 其实,深圳市司法鉴定机构大可更进一步,将对辨控能力的评定限缩在精神障碍对作案行为的影响及程度的评定上,从而将责任能力要素的评定权完全归属于司法机关。“无论从法学家的态度,还是从司法精神病学专业的发展水平,从事本专业的任何成员都不宜再以‘司法人员不懂得如何判定责任能力’而越权作出责任能力的鉴定意见。”[2]

---

〔1〕 参见高北陵主编:《现代司法精神医学——兼论与伦理学相关问题》,北京大学出版社2018年版,第14页。

〔2〕 高北陵主编:《现代司法精神医学——兼论与伦理学相关问题》,北京大学出版社2018年版,第14页。

第三节

司法精神病鉴定的证据形式

一、司法精神病鉴定结果的称谓：结论或意见

2012年《刑事诉讼法》修正时，根据鉴定活动的本质特征，将鉴定结果的称谓修改为“鉴定意见”，以求对鉴定结果的定位更加准确、科学。学界普遍认为，鉴定意见作为法定的证据种类之一，并不因其涉及专门知识而具有特殊性，同样需要经过查证属实，才能作为定案的根据。“鉴定结论”在语义上有终局的意思，折射出的意蕴是“权威性”和“确定性”，容易导致人们盲目的信赖和依从。鉴定意见本质上是一种主观判断，传递的是一种信息，而非终局性的结论，是否科学准确，仍需要审查判断。立法期冀通过称谓上的变化，引导司法实践部门加强对鉴定结果的审查判断，摒弃传统对鉴定意见盲目崇信的观念。按照全国人大常委会法工委的说法，“对整个案件而言，鉴定意见只是诸多证据中的一种……将‘鉴定结论’修改为‘鉴定意见’，有利于摆正这类证据在诉讼中的位置，转变办案人员的观念”。[1]

进一步而言，立法用语上的修订并非单纯是法律术语称谓上的变化，彰显的是诉讼理念的转变，必将推动证据制度系列内容的修改和完善。立法对鉴定人出庭质证制度、具有专门知识的人出庭制度的确立，就是最好的例证。立法用语上的变化绝非仅是称谓上的变化，立法对“鉴定意见”的功能定位，需要相关配套制度予以落实，否则仍是延续由“鉴定结论”出发的制度安排。[2]

“司法精神病鉴定意见”这一用语符合精神病鉴定活动的本质属性，也有利于直

---

〔1〕 王尚新主编：《关于实施刑事诉讼法若干问题的规定解读》，中国法制出版社2013年版，第148～149页。

〔2〕 参见谢澍：《刑事司法证明中的专门知识：从权力支配到认知偏差》，载《法律科学（西北政法大学学报）》2018年第4期。

接言词原则和传闻证据规则的贯彻落实。采用“鉴定意见”的表述,表明鉴定结果不是最终“结论”,而是鉴定人运用专门知识或技能提出的分析判断,是一种基于人的主观推论或判断的证据,将其作为“人”的证据,以人作为证据方法,自然就具有了言词证据的属性,应当纳入言词证据的范畴,进而遵循言词证据的规则,要求鉴定人出庭质证,以口头形式陈述意见。

二、司法精神病鉴定结果的表现形式:书面或口头

对鉴定人或专家证人所提供的意见,是以书面形式呈现还是以口头形式表达,抑或两者兼具之,各国基于不同的法律文化和诉讼构造而作出不同的规定,而这直接关系到诉讼原则的实施和证据规则的适用等一系列问题,在此有必要予以讨论。

(一)域外司法精神病鉴定结果表现形式的考察与分析

1. 大陆法系国家。大陆法系国家重视鉴定结果的书面形式,通常规定鉴定人需要在鉴定活动结束后出具书面的鉴定报告或鉴定书,并且对鉴定文书的格式、要素有明确的要求。

(1)法国司法精神病鉴定结果的表现形式。《法国刑事诉讼法典》规定,[1]鉴定人应该在预审法官所确定的时限之内,递交一份关于鉴定活动的概述以及鉴定结论的报告,鉴定结论应当回答原已向鉴定人提出的并且有可能牵涉受指控人看来真正有罪的问题。鉴定报告应当由每一个鉴定人的签字,以证明鉴定任务是由其本人完成,同时写明协助鉴定人完成鉴定的人的姓名与资格。鉴定报告应当提交给指令进行鉴定的预审法官的书记员手中。书记员应当制作提交鉴定报告的笔录。预审法官应当在鉴定报告提交之后,传唤当事人及律师,通报鉴定结论,并对提交辩解意见或请求的时限进行规定。

上述规定表明,法国采取鉴定报告的形式来呈现鉴定结果,注重书面化形式的运

---

〔1〕 参见《法国刑事诉讼法典》,罗结珍译,中国法制出版社2006年版,第167页。

用。同时还规定，预审法官需要在法庭审理前，向当事人及律师通报鉴定报告，赋予当事人及律师对鉴定活动和鉴定报告提出辩解意见或请求的权利，意图将对鉴定结果的异议解决在法庭审理前，以便减少鉴定人出庭的情形。在他们看来，鉴定人具有较高的威望，鉴定意见代表科学的权威，不能在公开场合展开辩论。“为了避免在审判法庭公开开庭审理案件时，在旁听公众面前提出鉴定中存在的不足并因此发生争论——这样既影响科学的威信（因为在这种情况下，有些很有名望的技术人员将被传唤到法庭上作为证人解释说明有时完全是因为误解而提出的问题），也影响法院的威信。”〔1〕通常情况下，如果当事人及律师未在期限内对鉴定工作和鉴定结论提出任何批评意见或请求，则很难再向审判法庭提出此类批评意见和请求。

（2）俄罗斯司法精神病鉴定结果的表现形式。《俄罗斯联邦刑事诉讼法典》第74条第2款、第80条规定，〔2〕鉴定结果采取复合证据形式——鉴定人的结论和陈述。鉴定结论是由鉴定人提交的关于该研究的内容和成果的一份书面报告，而鉴定人陈述是为明确鉴定结论所作出的进一步说明或解释。鉴定结论和鉴定人陈述相互联系，鉴定结论是鉴定结果的主要表现形式，鉴定陈述是对鉴定结论的继续和补充，依附于鉴定结论，伴随着鉴定结论而生。〔3〕

上述规定表明，俄罗斯采取“书面鉴定结论＋鉴定人陈述”的复合方式来呈现鉴定结果，但就鉴定人陈述是采取书面形式还是出庭作口头陈述并没有明确规定。通常情况下，鉴定结果以鉴定结论的形式呈现，但在对鉴定结论存有疑问或不够明确的情况下，鉴定人有作出说明或进一步明确鉴定结论的义务。同时，《俄罗斯联邦刑事诉讼法典》就鉴定结论的格式、内容作了详尽的规定。〔4〕

（3）日本司法精神病鉴定结果的表现形式。《日本刑事诉讼法》规定，〔5〕鉴定的经过和结果，由鉴定人通过鉴定书或口头作出报告。在使鉴定人通过鉴定书报告鉴定的经过和结果的场合，应当告知鉴定人关于鉴定书记载的事项将会在公审期日受到询

---

〔1〕［法］贝尔纳·布洛克：《法国刑事诉讼法》（第21版），罗结珍译，中国政法大学出版社2009年版，第433页。

〔2〕参见《俄罗斯联邦刑事诉讼法典》，黄道秀译，中国民主法制出版社2021年版，第57～59页。

〔3〕参见［俄］K. Ф. 古岑科主编：《俄罗斯刑事诉讼教程》，黄道秀译，中国人民公安大学出版社2007年版，第228页。

〔4〕根据《俄罗斯联邦刑事诉讼法典》第204条、《俄罗斯联邦国家司法鉴定活动法》第25条规定，鉴定结论是一种书面文件，应该包括序言、研究和结论三部分。

〔5〕参见《日本刑事诉讼法》，宋英辉译，中国政法大学出版社2000年版，第154页。

问的意旨。单纯从立法条文的逻辑结构分析,“鉴定书”与“口头报告”是一种选择性的并列关系,并无唯一性要求,也即鉴定结果既可以表现为书面鉴定书,也可以表现为口头报告,两者并无侧重,均具有证据能力。然而,根据直接言词主义,其原本就是需要“用口头提供鉴定报告”的方式,而鉴定书仅是为了提供口头报告做准备的和理解的便利而制作的。[1] 鉴定结果的呈现究竟是以书面鉴定书为主,还是以口头报告为主,在日本并无定论。

2. 英美法系国家。英美法系国家没有将专家类证据作为独立的证据种类,而是将其作为专家意见纳入证人证言的范畴,通常需要由精神病学专家出庭口头陈述证词或意见,接受控辩双方的交叉询问。“关于精神病问题的有关证据通常由法庭精神病学家或诸如临床精神病医生之类的有关专家的证言组成。”[2]《美国联邦证据规则》第801条c规定,[3]传闻是指作为证据使用的陈述,并非陈述人在当前审判作证时作出的。“传闻证据之所以不可采,不是因为若被采纳将导致错误风险,而是因为,强迫一个人到法庭上但却没有给他提供与指控证人对质的公平机会,不具有政治上的正当性。”[4]精神病学专家作为专家证人具有出庭作证的义务和到场的责任,需要在陪审团面前阐述医学意见,并接受控辩双方的交叉询问。

当然,为了使专家证言更具有说服力,专家证言也会以精神病学报告的形式呈现,只不过精神病学报告是为专家出庭准备的,并不具有证据可采性。“如果是为了更有说服力,专家的证言将以对被告的身体和精神的检查为基础,而这一检查随后将变成一篇书面报告。”[5]

3. 两大法系国家的比较分析。大陆法系国家通常将基于科学技术和专门知识的鉴定意见作为独立的证据种类,赋予其较高的证据地位;鉴定人作为业界专家,其所出具的意见被视为知识权威的体现;鉴定人通常被视为法庭助手,其在诉讼中的地位和身份有别于证人。受此影响,大陆法系国家一般规定以书面鉴定结论或鉴定意见书的

---

[1] 参见[日]上野正吉等编:《刑事鉴定的理论和实践》,徐益初等译,群众出版社1996年版,第78页。
[2] [美]乔恩·R.华尔兹:《刑事证据大全》,何家弘等译,中国人民公安大学出版社2004年版,第469页。
[3] 参见王进喜:《美国〈联邦证据规则〉(2011年重塑版)条解》,中国法制出版社2012年版,第238页。
[4] [美]亚历克斯·斯坦:《证据法的根基》,樊传明、郑飞等译,中国人民大学出版社2018年版,第37页。
[5] [美]乔恩·R.华尔兹:《刑事证据大全》,何家弘等译,中国人民公安大学出版社2004年版,第469页。

形式呈现鉴定结果,鉴定人一般不出庭口头陈述鉴定结果,而是通过宣读书面的鉴定结论或鉴定意见书来完成举证,这使得原本属于言词证据的鉴定意见具有了书证的属性。而现代立法的倾向和理论研究多强调鉴定结果载体的口头形式,在当事人对鉴定结果有异议的情况下,要求鉴定人出庭就书面鉴定结论作出解释或说明(如俄罗斯),抑或直接将口头形式作为鉴定结果呈现的一种表现方式(如日本)。

在英美法系国家,专家证言被归为证人证言的范畴,其与普通证人在诉讼中扮演着相同的角色,具有相同的诉讼地位,同受传闻证据规则的规制,专家需要出庭口头陈述专家意见,并接受控辩双方的交叉询问,充分体现对抗式诉讼模式下通过程序发现案件事实真相的功能。

(二)我国司法精神病鉴定结果表现形式的现状及完善

1. 我国司法精神病鉴定结果表现形式的现状。根据《刑事诉讼法》第 147 条第 1 款规定,[1] 鉴定人进行鉴定后,应当出具书面的鉴定意见,并签名。第 192 条第 3 款规定,[2] 鉴定人应当出庭质证而未出庭的,鉴定意见不得作为定案的根据。这说明我国采取了大陆法系国家的基本模式,以书面鉴定意见为主的形式来呈现司法精神病鉴定结果,同时辅以鉴定异议时鉴定人出庭质证的复合方式。

此种立法模式在司法实践中仍暴露出一些问题。一方面,书面的鉴定意见记载内容不全面,缺乏统一的格式要求和记载要素要求。部分鉴定意见书仅是给出鉴定结论,而不注重对鉴定过程、方法、综合分析、判断推理等内容的记述,尤其是对精神医学知识解释不清,论理不充分。“外行人”很难凭借社会经验和生活常识作全面理解和把握,在鉴定人不出庭作证的情况下,难以对鉴定意见进行实质性审查,容易导致法庭质证虚化,流于形式。另一方面,鉴定人出庭质证制度未落到实处。虽然 2012 年修正的《刑事诉讼法》增加了强制鉴定人出庭质证的规定,但从司法实践来看,效果并不理想。笔者通过检索中国裁判文书网,查找 2015 年至 2020 年涉司法精神病鉴定的刑事

[1] 《刑事诉讼法》第 147 条第 1 款规定:“鉴定人进行鉴定后,应当写出鉴定意见,并且签名。”

[2] 《刑事诉讼法》第 192 条第 3 款规定:“公诉人、当事人或者辩护人、诉讼代理人对鉴定意见有异议,人民法院认为鉴定人有必要出庭的,鉴定人应当出庭作证。经人民法院通知,鉴定人拒不出庭作证的,鉴定意见不得作为定案的根据。”

案件共计20,835件,其中,显示有鉴定人出庭质证的仅44件,占比约为0.21%。书面鉴定意见在诉讼中仍被视为“准书证”,大部分鉴定意见仍是通过直接宣读的形式来完成举证质证。

2. 我国司法精神病鉴定结果表现形式的完善路径。完善司法精神病鉴定结果载体应立足于其言词证据的本质属性,遵循直接言词原则和传闻证据规则,确立以鉴定人出庭口头陈述鉴定意见为原则,以控辩双方无异议同意采用书面形式为例外的总体进路。

(1)以鉴定人出庭口头陈述为原则。立法可明确规定,“鉴定人应当出庭质证,控辩双方对鉴定意见没有异议,同意采用书面形式的除外”。以此促使法庭对鉴定意见进行有效的调查,通过法庭的询问、控辩双方的交叉诘问,来达到发现案件事实真相的目的。因为“我们不仅更倾向于相信当面提供的证词,而且与同一个人的反复互动通常提供了特别好的机会来评估证人的可靠性”。[1] 同时,将鉴定人陈述明确规定为法定证据形式,将法定证据种类中的“鉴定意见”修改为“鉴定意见和陈述”,赋予鉴定人陈述以证据地位。

(2)以书面鉴定意见书为补充和例外。通常情况下,鉴定意见书是为鉴定人出庭质证和便于理解而准备的,为庭前证据开示之必要。而要素齐全、内容详尽的鉴定意见书则有利于消弭分歧,增强鉴定意见的公信力和证明力。在控辩双方对鉴定意见书无异议,同意采用书面鉴定意见书来呈现鉴定结果的情况下,鉴定人可以不出庭作证。此时,鉴定意见书经法庭举证、质证,查证属实,可以作为定案的根据。

而一份制作良好的鉴定意见书,应当是要素齐全和内容详尽的鉴定意见书。鉴定人不仅要明确被鉴定人是否患有精神病,以及患有何种精神病,给出正确的诊断名称,还应该解释其诊断的依据,其在诊断中发现了何种精神病理状态,其性质、频度、严重程度等情况,以及与犯罪行为之间的因果关系等,以便司法人员能够根据经验原理和逻辑法则,判断行为人行为时的辨控能力是否受损以及受损的程度。对此,可以借鉴俄罗斯的立法规定,在刑事诉讼法典中明确鉴定意见书所应当包括的内容,并通过司法行政管理部门制定统一的文书格式规范。

---

[1] Peter Lipton, *The Epistemology of Testimony*, Studies in History and Philosophy of Science, Vol. 29, No. 1, 1998, p. 12.

三、司法精神病鉴定结果不同意见的呈现形式:附属或单独

司法精神病学是一门发展中的科学,对精神病的诊断、识别技术并不成熟,部分疑难、复杂、重大的精神病鉴定病例,需要由多个鉴定机构或多名鉴定人联合进行鉴定或共同进行鉴定。在此情况下,由于鉴定人知识结构、认识能力、从业经历等不同,对同一鉴定对象,可能会产生不同的意见,对鉴定人的不同意见应当如何表达或呈现,是需要明确的问题。

(一)域外鉴定结果不同意见呈现形式的考察与分析

在当事人主义诉讼模式下,专家证人程序主要由当事人自行启动,当事人自行委托的专家间一般不会产生不同意见。职权主义诉讼模式下,鉴定程序主要由国家机关来启动,鉴定机构和鉴定人始终保持中立,在实行多人共同鉴定时,容易产生不同意见。《法国刑事诉讼法典》规定,[1]指定多人鉴定时,参与鉴定的各鉴定人对鉴定结果有不同的见解,或是对大多数鉴定人通过的鉴定结果持保留意见,每一位鉴定人均应当指出其本人的意见或保留意见,并且应当说明保留意见的理由。《俄罗斯联邦刑事诉讼法典》规定,[2]集体司法鉴定至少由同专业的2名鉴定人进行,如果鉴定人对鉴定事项意见一致,则制作统一的鉴定结论;如果出现意见分歧,则每位鉴定人对争议事项提出单独的鉴定结论。

由上述规定可以看出,大陆法系国家允许共同鉴定人出现不同的鉴定意见,赋予各鉴定人独立表达自己见解和意见的权利,体现了鉴定人负责制,不同的是对不同鉴定意见的表达方式,是"附属"于主鉴定意见,还是各自"独立"表达,各国有不同的规定。法国将不同鉴定意见分为多数鉴定人意见和少数鉴定人意见,鉴定意见书的最终结论采纳多数鉴定人意见,但少数鉴定人意见或保留意见需要在鉴定意见书中注明,

〔1〕 参见《法国刑事诉讼法典》,罗结珍译,中国法制出版社2006年版,第167页。

〔2〕 参见《俄罗斯联邦刑事诉讼法典》,黄道秀译,中国民主法制出版社2021年版,第144页。

依附于主鉴定意见。而俄罗斯则从法律上确立不同鉴定意见独立的法律地位，要求各不同鉴定意见人分别提出单独的鉴定结论，也即各不同鉴定意见不存在“附属”“依从”关系，而是相互独立。

（二）我国鉴定结果不同意见呈现形式的现状与完善

依据我国的相关规定，[1]在司法精神病鉴定过程中，对于涉及重大案件或者特别复杂、疑难、特殊精神病问题的鉴定案例，允许存在多家鉴定机构的联合鉴定和多位鉴定人员的共同鉴定；对于多人参与的鉴定，如果对鉴定结果有异议，应在鉴定报告中进行说明。由此可见，我国采取类似法国的做法，对鉴定不同意见采取“附注”的方式，要求予以注明。

但通过考察司法实践，从中国裁判文书网上调阅相关法律文书，却未曾发现记载有不同鉴定意见的鉴定意见书，这说明我国有关鉴定结果不同意见的规定“名存实亡”。立法规定的鉴定人负责制，在不同鉴定意见无从体现的情况下，恐怕也难以落到实处。究其原因，恐怕并非鉴定过程中不存在不同的鉴定意见，典型的反例就是重新鉴定的鉴定结果具有比较高的不一致率。之所以鉴定意见书不附注不同意见，一方面是因为鉴定机构或鉴定人担心一份鉴定意见书上出现几种鉴定意见是否会暴露内部评判矛盾，显得不够科学严谨；另一方面司法机关担心多种鉴定意见并存会增加诉讼争议，要求鉴定机构或鉴定人对鉴定委托事项给出唯一的结论。在司法机关看来，多种鉴定意见会导致控辩双方各取所需、各执一词，从而增加法庭审查判断的难度。

实际上，此种担心并无必要。众所周知，司法精神病鉴定是一门发展中的科学，鉴定技术手段并不成熟，导致鉴定结果带有一定的“主观性”和“非确定性”。正因如此，更需要法庭明确争议焦点，通过法庭调查和法庭辩论，控辩双方的观点交锋，来实现发

---

〔1〕《全国人民代表大会常务委员会关于司法鉴定管理问题的决定》(2015年修正)第10条规定:“司法鉴定实行鉴定人负责制度。鉴定人应当独立进行鉴定，对鉴定意见负责并在鉴定书上签名或者盖章。多人参加的鉴定，对鉴定意见有不同意见的，应当注明。”《司法鉴定程序通则》(2016年修订)第19条规定:“司法鉴定机构对同一鉴定事项，应当指定或者选择二名司法鉴定人进行鉴定；对复杂、疑难或者特殊鉴定事项，可以指定或者选择多名司法鉴定人进行鉴定。”第34条规定:“对于涉及重大案件或者特别复杂、疑难、特殊技术问题或者多个鉴定类别的鉴定事项，办案机关可以委托司法鉴定行业协会组织协调多个司法鉴定机构进行鉴定。”第37条规定:“司法鉴定意见书应当由司法鉴定人签名。多人参加的鉴定，对鉴定意见有不同意见的，应当注明。”

现案件事实真相的目的。再者,隐藏不同鉴定意见并不能从根本上解决问题。实务中,部分鉴定人碍于情面,牵强附会,不愿表达不同意见,“如果合作者或者监督者表明他们希望或者已经取得了一个特定的结果,取悦他人(或者避免冲突)的共同意愿就能够左右我们的判断”。[1] 但科学规律和技术原理是不以人的意志为转移的,有问题的鉴定终究禁不起推敲和检验。

其一,落实鉴定责任制,倒逼鉴定人真实表达不同的鉴定意见。鉴定人负责制最集中的体现是鉴定人必须立足鉴定材料,依照法律规定和科学标准客观、中立地作出自己的判断,而不受任何机关、组织或个人的干扰或影响,更不能受制于人或违心服从他人出具鉴定意见。对鉴定结果实行“谁签字谁负责”,一旦鉴定意见被证否或鉴定过程中鉴定人存在过错或严重过失,就应当启动追责程序,轻则予以通报、罚款,重则吊销执业证书。

其二,明确持不同意见的鉴定人单独制作鉴定意见书。不同鉴定意见的独立表达,对诉讼而言具有重要的实体价值和程序价值。一方面,单独制作鉴定意见书会督促鉴定人更加勤勉尽责,更为审慎、真实地出具鉴定意见,对提高鉴定质量具有重要意义。另一方面,单独制作鉴定意见书,每名鉴定人都是独立的主体,每一份鉴定意见书都是独立的存在,法庭可以分别通知各位鉴定人出庭质证,而不受多数鉴定意见的限制。如果采取“附属”于多数鉴定意见的方式,则少数鉴定意见得不到充分的表达和展示,某种意义上并不具有独立价值。

---

〔1〕 美国国家科学院国家研究委员会:《美国法庭科学的加强之路》,王进喜等译,中国人民大学出版社2012年版,第126页。

第二章

司法精神病鉴定的理论之基

司法精神病鉴定不是无源之水、无本之木，而是根植于辩证唯物主义认识论和价值论的一种科学认识方法。司法精神病鉴定是建立在承认证据事实具有可知性、事实认定具有规律性的认识论基础之上的一种特殊的历史认识，具有社会历史属性。价值论是对人类认识世界活动的评价，对证据意义的把握就属于这种认识。司法精神病鉴定的价值论基础，集中体现在真实、公正、伦理等价值观念上，具有促进发现事实真相和维护社会普遍价值的双重功能。方法论是人类认识世界、改造世界的方法理论，司法精神病鉴定离不开方法论的指导。

第一节

司法精神病鉴定的认识论基础

长期以来,我国证据法学始终将辩证唯物主义认识论作为自己的理论基础。“辩证唯物主义的认识论是指导人们认识客观世界的唯一科学的理论,是我国证据制度的指导思想。”[1]辩证唯物主义认识论是关于人类认识自然、社会和人类思维的一般规律的科学,是普遍性真理。在诉讼过程中,对精神病人的精神状态及其刑事责任能力的判定,本质上是一种认识活动,同样需要遵循认识论原理,在辩证唯物主义认识论的指导下进行。

一、司法精神病鉴定的证据认知

从认识论角度,裁判者对司法精神病鉴定意见的审查与认证,实质上就是对证据的认知过程。证据认知是指在诉讼过程中,裁判者为查明案件事实真相而展开的对证据的认识活动。司法精神病鉴定是刑事诉讼中证据审查与认证的一个子集,理应遵循证据认知的认识论原理。长期以来,对证据的评判学界习惯使用“证据的审查判断”[2]这一概念,包括审查证据与认定证据。前者是后者的先决条件与依据,后者是前者的最终目标与落脚点。[3] 从司法审判的角度出发,对证据的审查与认证是指裁判者依据证据审查规则和认证标准,对证据有无证据资格,以及证明价值大小进行审查判断的一种司法活动,本质上属于一种诉讼认识活动。

---

〔1〕 陈光中主编:《刑事诉讼法学》,中国政法大学出版社2016年版,第169页。

〔2〕 参见卞建林主编:《证据法学》,中国政法大学出版社2000年版,第5页。

〔3〕 参见何家弘主编:《刑事诉讼中科学证据的审查规则与采信标准》,中国人民公安大学出版社2014年版,第2~3页。

这一诉讼认识活动,实际上包括两个环节:裁判者对证据所包含信息的直接识别和对证据信息的再加工。从认识的方式来看,前者属于直接认识,裁判者通过接触认识客体本身,借助于感官,以直接体验的方式加以完成,而无须进行经验判断或逻辑推理。裁判者对司法精神病鉴定的直接认识,可以通过查阅书面鉴定意见书、听取鉴定人的口头证言等直接作用于视觉和听觉的方式,实现对证据信息的初步认识。而后者则属于间接认识,认识客体超出了认识主体的直接感知范围,需要认识主体发挥主观能动性,借助于经验和逻辑,通过思维推理来实现对客体的再认识。裁判者对司法精神病鉴定意见的再认识,在很大程度上是以对鉴定意见中所体现出来的证据信息为基础,判断其是否真实、可靠,与待证事实存在多大程度上的关联等,以实现对其证据价值的判断。

在对司法精神病鉴定意见的审查与认证过程中,裁判者对证据的认知是一种主体对客体的能动反映,根据唯物主义认识论,需要明确以下内容:

1. 司法精神病鉴定意见是一种诉讼视野下的对象化的客观存在。辩证唯物主义认识论中的物质论认为,物质存在决定人的意识和思维。案件事实是客观存在的,而且会以各种形式在客观世界中留下物质性"痕迹"。证据是各种物质性痕迹的反映,也是一种客观存在,存在被认识的基础。司法精神病鉴定结果虽说是一种专家意见,但其所反映的证据事实——被鉴定人在行为时是否患有精神障碍、辨控能力是否受损,却是一种客观存在,故其作为证据事实的载体,一旦制作完毕,就是一种不以人的意志为转移的客观存在。同时,唯物主义认识论认为,只有已经对象化的客观存在才能作为现实的认识客体,为认识主体所感知。从认识论角度分析,客体并不是泛指外在于人的全部客观实在,它需要借助人类的实践活动,才能真正地融入人类的认识系统。[1] 在诉讼过程中,只有进入诉讼程序的证据,才能被纳入认识客体。在司法精神病鉴定作为一种证明手段之前,其证明价值并没有被人们认识或接受,也就不可能被纳入裁判者的认识视野。在现代诉讼中,如果不启动司法精神病鉴定程序,同样不会有对象化的司法精神病鉴定意见进入裁判者的视野。

2. 司法精神病鉴定意见具有可知性,裁判者应当主动认识并如实反映其内容。辩

---

〔1〕 参见古祖雪:《试论认识主体性的三个层次——与何祚庥先生商榷》,载《中国社会科学》1990 年第 6 期。

证唯物主义认识论中的可知论认为,人们能够在实践中认识客观存在的物质世界,但受制于主客观条件,人类的认知是有限的,也是相对的。关于这一点,恩格斯有精辟论述:“一方面,人的认识能力是无限的,人的思维的性质必然被看作是绝对的,另一方面,人的思维又是在完全有限地思维着的个人中实现的。”[1]精神障碍者的精神状态可以被认知,并达到正确的认知结论,但这种认知是相对而言的,不是绝对的客观真实,只可能无限接近客观真实,而不能达到客观真实。司法人员对司法精神病鉴定意见的认知属于认识的“相对实现”,能够在完全有限的个人思维中实现对证据的正确认定,具有可知性。同时,“反映论”是辩证的唯物认识论,它把人的意识或思维看作客观事物的一种反映;主观能够反映客观,并对客观具有能动作用。然而,在裁判者的认识视域内,待证事实并非可以直接感知的客观存在,需要主体对客体的能动反映。认识活动的理想目标是准确地反映客体,并对客体产生能动作用。裁判者对案件事实的认识,对司法精神病鉴定意见进行的审核和确认,是一种人的主观认知对客观存在的一种反映。要想准确认定行为人的精神状态和辨控能力,就应当积极发挥主观能动性,运用各种法律手段和方法,努力使主观认识符合客观存在。“认识不是客体向主体走过来,而是主体向客体走过去。”[2]

3. 裁判者对司法精神病鉴定意见的认知表现为以观念形式存在的证据信息。认识的过程是将客体信息转化为主体观念的过程,通过信息的传递,将客体的物质性存在转化为主体的观念形态。认识活动的最终结果都表现为抽象的观念形态,是客观实在在思想上的复制。“观念的认识只能通过对客体信息的接收,把它们转化为‘意识的事实’,在思维中再进行观念的加工处理(作观念的分析和综合),达到对客体的观念的复制或再现,造成关于客观的观念的映像,使客体的信息转化为主体观念的内容。”[3]对司法精神病鉴定意见的证据认知,是主观对客观的反映,最终的认知结果只能抽象地存在于裁判者的主观意识中。裁判者对行为人精神状态及辨控能力的认定,依据的不是可视的、有形的司法精神病鉴定意见书(证据方法或证据载体),而是关于司法精神病鉴定意见的主观认识,是以观念形态存在的证据信息。

---

[1] [德]恩格斯:《反杜林论》,人民出版社1988年版,第97页。
[2] 陈先达:《漫步遐思》,中国青年出版社1997年版,第268页。
[3] 夏甄陶:《认识的主——客体相关原理》,湖北教育出版社1996年版,第111页。

二、司法精神病鉴定的历史属性

(一)司法精神病鉴定本质上是一种历史认识

在诉讼过程中,案件事实是已然发生的事实。裁判者为查明案件事实而开展的诉讼活动,本质上属于对历史事实的回溯或重构。“当事人犹如历史学家,而诉讼活动很大程度上是一个重建历史事实的过程”(a Process of Recreating Historical)。[1] 为查明行为人的精神状态而组织开展的司法精神病鉴定,同样属于一种历史认识。在此认识过程中,裁判者借助于司法精神病鉴定,试图重塑或回顾行为人的精神状态。而作为认识对象的行为人案发时的精神状态,是一种过往的不以人的意志为转移的客观存在,裁判者只能认识它而不能改变它。

1. 司法精神病鉴定证据认知方式的间接性。认知心理学研究表明,外部刺激和认知经验或智力共同决定着认知主体可能给出的反应。当个体将外界的环境因素融入自己原本的体系中时,就如同消化系统吸收养分一样,存在吸收同化的过程。同化是个体对外界环境刺激的反应。同化有三个层面:在物质层面,将环境的成分或因素同化于体内;在感知层面,将同化于体内的成分加以组织或安排;在逻辑层面,把感知的内容同化为自己的思想观念或认识。[2] 人类的认知过程尽管表现为“刺激—反应”过程,但是如果不将认识主体的认知经验或智力考虑在内,仅仅依靠“刺激—反应”理论将难以对认识活动作出全面合理的解释。信息加工心理学认为,受试者在受到某种外界因素的影响时,会根据自己头脑中的经验来做出相应的反应。受试者的反应是由外界环境和当前心理状态这两个因素所决定的。[3] 而被试者的刺激实际上就是认识主体通过感官体验对外界信息的直接同化,所谓的经验实际上就是对感官体验信息的思维再认识和信息再加工,是一种建立在主体体验认识基础上的间接认知。间接认知本

---

〔1〕 参见吴宏耀:《诉讼认识论纲——以司法裁判中的事实认定为中心》,北京大学出版社2008年版,第18页。

〔2〕 参见[瑞士]皮亚杰:《发生认识论原理》,王宪钿等译,商务印书馆1981年版,中译者序第5~6页。

〔3〕 参见[美]司马贺:《人类的认知》,荆其诚、张厚粲译,科学出版社1986年版,第5页。

质上是一种思维推理活动，是认识主体实现对认识客体有效认识的重要一环。如前文所述，对司法精神病鉴定的认知分为两个环节，对证据信息的初步识别和再认识。对证据信息的初步识别是直接认识，裁判者通过感官体验形成对证据信息的初步认识，具有直接性。但对司法精神病鉴定意见的认知绝不限于初步识别证据信息，更为重要的是通过对证据信息的再认识、深加工，来实现查明案件事实的目的。而在这一认识过程中，行为人作案时的精神状态及辨认、控制能力已然超出裁判者的感官感知范围。司法精神病鉴定之所以必需且重要，原因在于其所提供的证据信息超出了裁判者个人认识所及的范围，通过信息传递能够为裁判者提供有益的指导。为实现对司法精神病鉴定的有效认知，裁判者必须借助于经验和逻辑，通过一系列的逻辑推理和经验判断，来实现对司法精神病鉴定的间接认知。

2. 司法精神病鉴定证据认知目的的特定性。司法精神病鉴定是为了解决具体的司法实务问题而展开的认识活动，其证据认知的目的是寻求单一事实真相而非普遍科学真理。司法裁判中，案件事实的认定指向的是过去发生的事实，每个事实都有其自身独特的事实要素和时间、空间维度，对事实的认定旨在寻求单一事实的真相，而不可能像自然科学那样，就同一类现象或问题通过反复实验来发现隐藏在特殊中的普遍规律。大多数的科学研究探求个性中的共性问题，考察变量之间的一般关系，而审判法庭通常关注特殊个体的具体结果；科学企图发现普遍真理，而审判法庭企图揭露隐藏在普遍中的特殊现象。〔1〕司法精神病鉴定意见虽然说是科学证据，但科学与法律是两种完全不同的认知模式，前者是通过反复的实验验证，探寻普遍规律，而后者则是通过诉讼活动，寻求单一事实问题的真相，解决争议。司法精神病鉴定针对的是特定案件中行为人的精神状态问题，这一问题通常不具备以相同或类似的形式重复或再现的性质，即使该事实问题表现形式有所类同，也不具备认识上的规律性或普遍性。对司法精神病鉴定的证据认知不同于科学研究，裁判者依据司法精神病鉴定意见所获得的认识只是针对单一的案件事实，并不具有普适性和规律性，也无法像科学研究那样接受实践的检验。在这一过程中，裁判者所获得的认识并不是一般性的普遍规律，而是某一特定的事实真相。司法精神病鉴定不可能像科学研究那样具有无限的反复性，通过无数次的实验来探求真相。即使是重复鉴定，检验结果之间也不能像科学研究那样

〔1〕 参见张南宁：《科学证据基本问题研究》，中国政法大学出版社2013年版，第75页。

相互修正,因为每次鉴定都是由不同的鉴定人独立完成,前后的鉴定并不能相互借鉴或参考,只不过对司法精神病鉴定结果的认识,可以因不同认识主体的一致性认识而得以强化。

3. 司法精神病鉴定证据认知的或然性。"或然性"或"似真性"这些词语使人联想到中间值更接近"真",抑或就是一种特殊的"真",强调的是通过合理的途径来接近真相。[1] 就历史认识而言,"历史推论从来都不是强制性的,它至多只是许可性的,或者像人们有时相当含糊地说的,它决不能导致确凿性,而只能导致或然性"。[2] 司法裁判中,对案件事实的认定是一种溯因推理的历史认识过程。在这一过程中,裁判者遵循溯因推理的逻辑模式,以观测事实为前提,以解释项为结论,进行回溯性的推论。溯因推理是一种由果及因的推理过程,前提与结论之间不具有必然的蕴含关系,也就是说,从一个真实的前提,不能必然只能或然推导出一个真实的结论。但溯因推理又称为"最佳解释推理"(Inference to the Best Explanation),其特点是以"最佳说明"为目的进行论证,并将论证的合理性置于对论据的最佳解释之上。[3] 司法精神病鉴定是鉴定人于案发后对行为人案发时的精神状态及辨控能力作出的评定,其鉴定本身就是一种回溯性的历史推论,其主要的推理模式也是溯因推理。裁判者依据司法精神病鉴定进行回溯性的认识,实际上就是从案件的已知或假想的事实进行溯因推理,从而得出一个或然性的或似真性的解释。而这种解释寻求对司法精神病鉴定的最佳说明,为待证事实提供了相信说明的重要理由,接近事实上的"真"。溯因推理在司法实践中被广泛地应用,其认知结果的或然性与司法活动的严肃性并不矛盾,因为这种结果是认识论上特殊的"真",这也为司法精神病鉴定自身的正当性,以及裁判者对其审查与认证的可能性提供了辩护理由。

(二)司法精神病鉴定是一种特殊的历史认识

司法精神病鉴定具有历史认识的本质属性,但同时,作为一种司法认识活动,其本

---

[1] 参见[德]鲁茨·盖耳德塞泽:《解释学中的真、假和逼真性》,胡新和译,载《自然辩证法通讯》1997年第1期。

[2] [英]柯林武德:《历史的观念》,何兆武、张文杰译,商务印书馆1997年版,第364页。

[3] See Harman G., *The Inference to the Best Explanation*, 74 Philosophical Review, 1965, pp. 88–95.

身又具有区别于普通历史认识的自身特点。

1. 司法精神病鉴定是一种时限性认识活动。人类的认识活动具有无限性,对某一现象或事物的观察、认识会随着时间的推移而不断地更新深化。认识无终点,探索无止境。但司法裁判活动具有时限性,要求裁判者必须在有限的时间内作出裁判,定分止争。在此过程中,对精神病人的法医学鉴定就不可能像科学研究那样,为了寻求科学真理或普遍规律而进行经年累月的调查研究,也不可能像科学研究那样不断地更新、补充、完善其科学认识结果。科学寻求的是普遍真理,其通过一个包括许多科学家在内的集体程序来实现。而司法审判的程序和目标与之截然不同,其寻求的是在一个有限的时间内法律争端的解决。[1] 司法精神病鉴定必须在合理的时间内加以完成,而不可能存在超然的、科研式的调查。为了裁判的正义,裁判者必须关注司法精神病鉴定结果的准确性,但正义的时间维度迫使裁判者必须在有限的时间内作出最终的评定。

2. 司法精神病鉴定是一种法律规范下的认识活动。司法精神病鉴定属于诉讼活动的组成部分,不同于其他认识活动,其在认识主体、认识过程、认识结果等方面必然受到相应法律规范的约束和调整。就认识主体而言,因为认识都是特定主体的认识,并且受到其主观能动性的影响,所以要确保认识结果的准确度,对认识主体的选择就变得尤为关键。传统上,两大法系国家在裁判者选任上具有不同的特点,英美法系国家强调事实认定问题的大众化,实行"二元化"审判模式,法官决定法律问题,负责审查证据的可采性问题;陪审团决定事实问题,对证据的证明价值和真实可靠性进行判断。而大陆法系国家注重裁判者的专业知识和裁判经验,更多地选择由职业法官进行裁判,对证据的审查与认证交由职业法官负责。就认识过程而言,认识过程涉及逻辑思维、形象思维等多种思维方式和归纳、演绎等多种方法,其要义是先对现象进行抽象和分析,把复杂对象和过程分解为要素和片段,再加以比较、分类和归纳,找出共同点,经由假说揭示其所以然,再反过来解释原有现象。[2] 这一认识过程存在诸多不确定因素,想在认识过程中准确有效运用上述思维方式和方法并非易事。然而,对司法精神病鉴定意见的认知直接关系到司法裁判结果,具有重大的利害攸关性,为防止裁判

---

〔1〕 参见张南宁:《科学证据基本问题研究》,中国政法大学出版社 2013 年版,第 75 页。

〔2〕 参见吕乃基:《大数据与认识论》,载《中国软科学》2014 年第 9 期。

者认识上的恣意,法律通常将认识过程纳入其调整范围,强调对认识过程的规范化建设。认识过程的规范化主要表现为认识过程的程序化和诉讼参与者的角色化。法律通常会预设固定的程式,要求裁判者严格按照既定的程序开展对证据的审查与认证,如要求鉴定人出庭质证,接受交叉询问等。同时,法律通常会赋予诉讼参与人必要的程序性权利,强化其程序参与者的角色,共同参与证据调查,共同促成诉讼结果的形成,如申请具有专门知识的人出庭就鉴定意见提出意见等。对司法精神病鉴定的规范化建设,实际上是对裁判者认知活动的时空、认知方式作了限制,这样可以避免裁判者在认识上的主观随意性,确保认识结果的客观、全面。就认识结果而言,认识论所关注的是认识结果是否独立于认识主体,并在多大程度上与认识对象相一致,也即认识结果的客观性如何。对证据的认知同样关注结果的客观性,认识表现为认识主体的"观念形态",在对司法精神病鉴定意见的认知过程中,裁判者究竟需要达到何种认识程度,秉持何种认识标准,才能内心确信为真,是证据法历来关注的问题。在诉讼史上,出现过神明证据制度、法定证据制度等。在现代诉讼中,对证据资格或可采性问题,更多的是通过证据规则予以规制,而对证据的证明力或证据价值的判断,通常交由裁判者自由心证。

三、司法精神病鉴定的社会属性

根据历史唯物主义观,人是社会的人,认识是人类社会所特有的现象。任何人类认识,都是特定的社会人,为了特定的社会目标,而在特定的社会背景中,借助于社会性工具和语言符号,而形成的对客观存在的认识。社会属性是人类认识的一种普遍本质和特征。[1] 在司法裁判中,对证据的审查与认证同样是人类认识活动的一部分,与其他具体认识活动一样,也是由特定的社会主体(裁判者),以特定的社会条件(社会认知能力)为现实基础,而展开的对与诉讼相关联的证据的认识。

---

〔1〕 参见欧阳康:《社会认识论导论——探索人类社会的自我认识之谜》,北京师范大学出版社2017年版,第30页。

(一)司法精神病鉴定认知主体的社会属性

辩证唯物主义不否认个体对社会的能动作用,司法精神病鉴定意见要作为定案根据,离不开裁判者个体的认识,具有鲜明的个性化特征。但同时历史唯物主义强调,个体是社会中的个体,其所处的社会生活环境是历史发展既定的状态,个体只能以之为前提开展各种社会活动。也就是说,作为一种独立于个体存在的社会历史条件,社会认知背景潜移默化地影响着个体的信念系统和认知能力。作为一种社会存在,裁判者在司法裁判过程中所开展的认识活动,必然包含着社会因素。

1. 裁判者内在固化社会因素。裁判者作为认识主体,其自身的认识能力或知识来源,绝不限于通过生物学意义上的遗传因素所获得的"先天能力",更重要的是通过后天的习得,也即通过后天的知识传递而吸收、内化社会知识为自身的能力。"人们的知识特别是个体知识,一经产生就内在固化了知识的社会因素。"[1]裁判者对司法精神病鉴定意见的认知,是基于人类社会已有的精神医学知识和司法裁判经验,是建立在一种"既定"的社会认知背景下的认识活动。有学者将既定的社会认知背景称为"认识主体的认知定势",[2]认为主体通过后天的历史承继和社会交往,获取和把握在社会发展历程中积累、传承下来的经验、知识、观念等对象性活动成果,进而转化为认知力量,形成认知定势。也就是说,裁判者的认知定势或信念系统并非先天形成,而是通过后天的知识传递和交往过程而习得。在对司法精神病鉴定过程中,究竟应当遵循和符合什么样的审查规则和认定标准,完全取决于裁判者后天形成的认知定势或信念系统。在此意义上,作为社会的人,裁判者的认知偏见有时难以避免,对证据的审查与认证也不可能像理论所宣扬的那样"绝对没有掺杂任何非理性的因素"。[3]

2. 社会因素外在影响裁判者。人类的认识活动总是处于特定的社会认识背景之中,因此,我们不能简单地把认识归结为单纯的心理学机制上的"刺激—反应",自然化的心理学机制仅是构成了我们认识活动的基础,无法完全揭示认识活动的真谛。人

---

〔1〕 尤洋:《知识社会维度与当代社会认识论研究》,北京师范大学出版社2022年版,第138页。

〔2〕 夏甄陶:《认识的主——客体相关原理》,湖北教育出版社1996年版,第53页。

〔3〕 [美]米尔吉安·R.达马斯卡:《比较法视野中的证据制度》,吴宏耀等译,中国人民公安大学出版社2006年版,第26页。

类的认识活动，很大程度上源于社会世界，更多地受到我们继受的社会认知背景的影响，通过对已有的社会认知环境中所表现出来的知识的把握，可以实现对外在世界的理解和把握。裁判者作为对司法精神病鉴定意见的认识主体，一方面需要从社会认知背景中获取相应的知识（精神医学知识和法学知识），且裁判能力的高低，取决于裁判者通过社会认知背景的内化而在头脑中预存的社会经验知识的多少。另一方面，社会认知背景也为不同的裁判者就特定的司法精神病鉴定意见达成共识提供可能。正是因为社会认知背景的存在，促成了社会个体间的信息流动和共享，个体通过继受社会认识背景而获得了与其他社会成员达成共识的能力，由此个体所获得的认识才能获得他人的认同。

（二）司法精神病鉴定认知客体的社会属性

鉴定意见是鉴定人依据专业知识和技能对被鉴定人的精神状态和辨控能力所作出的意见性认识，作为一种证据材料，其自身形成过程就具有极强的社会属性。事实上，不管是司法精神病鉴定所需要的知识，还是根据这些知识所作出的认知，都取决于知识自身所具有的社会属性和知识主体的社会互动。

1. 司法精神病鉴定本质上是一项社会活动，具有实践理性。司法精神病鉴定是应司法实践的需要而生，是对司法调整社会关系的实践回应，可以说是一种实践理性。“所有知识原初都是服务于实践的目的，这是一个无可置疑的，要着力强调的真理。”[1]但是，实践是一种能动地改造和探索现实世界的社会性活动。因此，服务于司法实践的精神病鉴定活动也具有了社会属性。司法精神病鉴定是立足于历史积淀的经验知识基础之上的认识，基于必须行动的实践理性，其从不用担心随着科技的发展和人类认识能力的提高，那些历史积淀的经验知识可能会被证否或取代。因为在认识实践中，基于现实生产、生活的需要，人类不可能事事等到有了真理，才着手各项认识活动。人类认识活动所依赖的是尚未被人类经验淘汰的知识，而非终局性的真理。迄今为止，人类尚未有效地探明精神疾病的发病机制和原理，对精神疾病的诊断也仅停留在症状学阶段。司法精神病鉴定并非建立在“普遍真理”基础之上的认识，它所依

---

〔1〕［德］石里克：《普通认识论》，李步楼译，商务印书馆2010年版，第125页。

赖的认识基础,在很大程度上指的是历史积累的经验知识,但是,在神经病学和遗传病学的发展过程中,已有的那些经验知识都可能会被证伪或替代。也就是说,在当下社会历史条件下所开展的司法精神病鉴定,其前提可能会包含一定的错误,但我们不能据此拒绝开展对人类精神世界的探索和认识,否定司法精神病鉴定作为一种证明手段所具有的科学性。认识论意义上,司法精神病鉴定必然包含一定程度上的可错性,我们不应回避这种可错性的事实。相反,我们构建和探索司法精神病鉴定机制的目标并不是完全消除这些错误,而是尽量减少这些错误。

2. 司法精神病鉴定是社会交互作用的结果,更多的是一种社会活动。司法精神病鉴定所赖以存在的精神病学知识,往往是通过社会集体生产、历史传承积淀,并在共同体内部不断传递而形成的共有性经验知识。一方面,精神病学知识是一种共有性知识,是人类社会积淀的共同的经验知识。在这里,通过知识传递和教育,鉴定人与其他社会成员不同程度地分享着同样的经验知识和认知传统,并赋予这些经验知识不证自明的真理性。在共有性经验知识背景下,面对同一症状表现或刺激信号,不同个体间的反应方式往往会呈现出某种程度上的一致性,就是这样的一致性,让我们有了预测和推断别人行为的能力。司法精神病鉴定总是以特定的规律性认识为前提,鉴定人通过行为人的精神状态来推断行为人的辨控能力,事实上蕴含了一个被视为理所当然的规律性前提,即精神状态影响甚至决定辨控能力。显然,这一隐含的规律性认识,是司法精神病学界的共有性知识。在某种意义上,共有性经验知识是开展司法精神病鉴定活动的基础和前提。另一方面,精神病学知识是通过语言形式予以表达和传递的。语言作为一种符号工具,是阐释人类活动和构建社会关系的重要纽带。人类通过语言实现个体之间的交流和与社会的互动,从而获得对外在世界的认识。因此,语言所具有的社会性就不可避免地传递到其所承载的内容之中。作为历史、社会和文化的产物,语言始终与社会生活形式紧密地联系在一起,而对关于人类的认识和与其有关的许多观念的哲学解释,则需要将它们置于社会关系的背景中。[1] 司法精神病鉴定的社会属性源于其语言的表达和解构,是社会交互作用的结果。

〔1〕 参见[英]彼得·温奇:《社会科学的观念及其与哲学的关系》,张庆熊等译,上海人民出版社2004年版,第41页。

第二节

司法精神病鉴定的价值论基础

价值论是对人类认识世界活动的评价,其所关注的是客体对主体需要的满足。“在法制史的各个经典时期,无论在古代和近代世界里,对价值准则的论证、批判或合乎逻辑的适用,都曾是法学家们的主要活动。”[1]法律价值体现为法律对主体需要的满足状况,以及由此所产生的人对法律性状、属性和作用的评价。[2] 正是这种价值评价支配着主体的认识活动趋利避害,作出“向善”的价值选择,同时制约着主体肆意妄为。“在价值多元化的社会,证据法不可能仅以发现事实真相为唯一的价值追求,还要以社会成员的共享价值为基础,反映价值的多样性。”[3]司法人员对司法精神病鉴定的认知不仅是一种“求真”活动,而且是一种“向善”活动。这就要求司法人员在作出司法判断时,不仅要考虑如何发现案件事实真相,还要考虑如何实现诉讼价值和保障社会公平正义。

一、司法精神病鉴定的价值关联

(一)司法精神病鉴定并非“价值无涉”

司法精神病鉴定作为一种科学实践活动,讨论其价值问题首先需要明确其价值关涉性问题。曾经科学“价值无涉论”广泛盛行。在“价值无涉论”看来,科学是纯粹追

〔1〕[美]庞德:《通过法律的社会控制:法律的任务》,沈宗灵等译,商务印书馆1984年版,第55页。

〔2〕参见张文显:《法学基本范畴研究》,中国政法大学出版社1993年版,第254页。

〔3〕张保生主编:《证据法学》(第3版),中国政法大学出版社2018年版,第66页。

求真理的活动,主张将与科学实验方法和逻辑论证无关的政治、伦理、情感、态度等与科学严格区分开来,以保持科学研究的客观性和科学性。“科学真理不选择价值,不赞许、也不拒斥价值。”[1]这一观点可以追溯到近代经验主义哲学家大卫·休谟,他提出对“事实认定与价值判断”这两类命题进行严格区分,因为两者分别回答了“是不是”与“该不该”的问题,后来的伊曼努尔·康德、马克斯·韦伯等人对此理论进行了进一步的阐释和发展,从而为科学“价值无涉论”提供了重要的理论支撑。该理论主张,事实认定与价值判断是截然分开的,两者之间存在不可逾越的鸿沟。事实是由理性来判断“真”的问题,科学的任务只是陈述客观事实,进行事实判断,而价值是主观的、功利的情感判断问题,科学研究应当将情感排除在外,不能进行价值评判。从科学发展的历程来看,科学“价值无涉论”具有积极意义,在一定程度上保护了科学事业免受社会其他因素干扰,为科学的发展创造了宽松的环境。[2]

然而,随着科学发展日趋社会化,人们逐渐意识到,科学作为一种社会实践活动,其功能绝不仅是对客观世界的认识,还会对人的思维和行动本身产生影响。科学“价值无涉论”脱离了特定的社会历史条件,单纯评价科学与价值的关系,已不能适应“科学—技术—社会”一体化的发展需要。在当今科学时代,科学作为一种知识体系和社会活动,其中必然渗透着价值因素的判断,将人的社会历史、文化、心理因素排除在外,不符合客观实际和社会发展的需要。“由于科学研究不是在社会真空中进行的,其影响也会渗透到其他社会价值和利益领域之中。”[3]科学的真谛在于其是人类精神的成就,而非物质技术的成品。科学是人类文化最高最独特的成就。[4] 在此意义上,科学是知识体系、研究活动和社会建制的统一体,其价值体现在科学系统内部的各个环节上。司法精神病鉴定依托精神病学知识体系,在司法领域开展具体的科学实践活动,具有科学证据的属性。在司法精神病鉴定过程中,鉴定不可能脱离特定的社会历史条件,鉴定人作为思考着的社会人,其在进行鉴定活动时必然掺杂着个人的价值判断。鉴定并非纯粹的证明手段,而是社会化的司法证明活动。

---

[1] 成中英:《科学真理与人类价值》,台北,三民书局1979年版,第13页。

[2] 参见[英]休谟:《人性论》,关文运译,商务印书馆2016年版;[德]马克斯·韦伯:《社会科学方法论》,李秋零、田薇译,中国人民大学出版社1999年版;庞晓光:《科学与价值关系研究述评》,载《哲学动态》2008年第3期。

[3] [美]默顿:《科学社会学》,鲁旭东、林聚任译,商务印书馆2003年版,第355页。

[4] 参见[德]恩斯特·卡西尔:《人论》,甘阳译,上海译文出版社1985年版,第263页。

1. 精神病学知识体系需要价值预设。科学是由一系列科学概念、假设和理论组成的认知成果，是一个不断提出假设和检验假设的过程。作为知识体系的科学正是通过这些概念、假说和理论体现出认知价值、解释价值、预见价值等。[1] 精神病学知识是以理论的形态呈现出的科学，主要包括建立在观察基础上的描述性理论和建立在临床实验基础上的归纳性理论，如现行的 ICD - 11 和 CCMD - 3 精神疾病诊断标准等，当然也包括建立在理性基础上的原理性理论，如遗传学理论、神经元细胞与分子生物学理论等，这些理论正是以诸如幻觉、妄想、谵妄、心境障碍、应激反应等概念术语作为描述性语言，而开展的对一系列病理学假说的检验和论证。在精神病学知识体系形成的过程中，其自身所具有的对人类精神疾病的识别、解释、诊疗、预防等价值，是开展精神病学知识研究的原动力，而其中专业术语概念的界定、病理学假说的提出、临床检验和理论的形成，每一个环节都不是单纯的观察和临床实验所能逻辑性完成的认识活动，其中必然涉及价值的判断和选择。"求知者与未知事物之间的相互作用是知识中最基本的元素。同其他的人类产品一样，科学知识不是价值中立的，而是渗透着社会利益。"[2]

2. 鉴定活动隐含价值判断。科学是一种由人和物等要素构成的动态的目的性活动。"科学的认识主体和客体都是具体的、历史的，是在特定时空下有着特定关系的人和物，纯粹客观的、脱离于人的事物是不存在的。"[3]科学的价值关涉主要体现在研究主体上，包括主体的科学研究目的、过程以及科学方法的运用等。人的活动总是有目的的，科学研究也不例外。任何时代的历史活动主体都是历史文化的存在，科学家作为个体人，不可避免地将在特定历史文化中形成的思想观念、研究方法、价值准则等个人因素融入科学研究。司法精神病鉴定是一种动态的科学研究活动，其目的是探究被鉴定人的精神状态及辨控能力，被鉴定人作案时的精神状态及辨控能力是一种不以人的意志为转移的客观存在，值得去探索和追求。鉴定结果的可靠性和准确性是司法精神病鉴定孜孜以求的目标，为了达致此目标，鉴定人必须不带偏见、不徇私情，始终保持客观中立的态度。

3. 鉴定的科学共同体承载着价值观念。科学是一种社会建制，是社会构成中的一

[1] 参见李醒民：《论科学的精神价值》，载《福建论坛（文史哲版）》1991 年第 2 期。
[2] [英]约翰·齐曼：《真科学》，曾国屏等译，上海科技教育出版社 2002 年版，第 394 页。
[3] [英]约翰·齐曼：《真科学》，曾国屏等译，上海科技教育出版社 2002 年版，第 128 页。

个相对独立的社会部门和职业门类。在科学共同体范围内，有着约束科学家的共同价值观念，主要表现为普遍主义、公有性、无私利性和有条理的怀疑主义。[1] 司法精神病鉴定作为一种社会建制，也有着体现鉴定活动独特性的价值观念。司法精神病鉴定所依据的标准或原理是客观的、先定的、非个人的，对鉴定活动具有普遍的指导意义；司法精神病学知识是历史知识的传承和积淀，是社会协作的产物，属于社会的公共财富，归属于科学共同体；司法精神病鉴定意见的可检验性使鉴定活动处于同行的严格监督之下，任何欺诈、隐瞒、偏见、滥用专家权威等行为都将为科学共同体所不齿；对司法精神病鉴定意见要持理性的怀疑态度，敢于质疑和批判已有的鉴定结果。

（二）司法精神病鉴定的价值面向

传统价值理论以大卫·休谟的“事实认定与价值判断”的二分法为理论基础，认定事实与价值分属认识论和价值论两个不同的领域，两者似乎永远没有交集。然而，随着近现代实用主义的兴起，人们越发发现“任何经验的科学，都不可能摆脱价值和规范性的实际影响”。[2] 于是，传统的事实与价值之间的界限逐渐被打破。在证据法领域，对真相和价值的追求殊途同归，共同构成一项证据规则的正当理由。证据法是一门重建或发现事实的科学，其以认识论为基本内容，以追求真理或真知为主要任务；作为一种认识活动，司法证明的基本目标在于“求真”，促进事实真相的发现。同时，证据法又是一个法学分支，其以规范为基本使命；作为一种法律活动，诉讼证明必须保持应有的正当性和“向善”趋向，维护普遍的社会价值。[3] 因此，在证据法中，认识活动与价值判断是统一的结合体。“真理和价值的统一，本质上是人类活动的两大尺度——物的尺度和人的尺度的对立统一。”[4]

作为司法证明活动的一部分，对司法精神病鉴定的认知同样离不开价值判断。从证据法的角度分析，当证据事实和待证事实构成了具有法律属性的案件事实时，对证

[1] 参见[美]R. 默顿：《科学的规范结构》，李醒民译，载《科学与哲学》1982 年第 4 期。
[2] 何家弘主编：《证据法学研究》，中国人民大学出版社 2007 年版，第 224 页。
[3] 参见张保生主编：《证据法学》（第 3 版），中国政法大学出版社 2018 年版，第 63 页。
[4] 李秀林、王于、李淮春主编：《辩证唯物主义和历史唯物主义原理》，中国人民大学出版社 1990 年版，第 302 页。

据的审查与认证就具有了一定的诉讼价值取向。首先,裁判者对司法精神病鉴定证据资格的审查,需要严格依据证据审查规则排除不具有证据能力的证据材料,而非法证据排除、直接言词原则等证据规则的确立,均是人权保障、公平正义等诉讼价值的体现。其次,裁判者对司法精神病鉴定证据价值的认定,需要根据自己的良心和理性进行自由评价,而在此过程中,对证据有无证明价值及证明价值大小的认定无不体现着价值判断,法官的人生阅历、知识背景、职业履历等都会对法官心证的形成产生不可忽视的影响。最后,裁判者对司法精神病鉴定,必须接受诉讼程序的规范和制约。而根据程序正义理论,程序本身具有独立于实体结果的程序价值(Procedural Values),这些价值包括尊严、意思自治、平等、参与等。[1]

二、司法精神病鉴定的价值准则

证据法领域中的价值准则由一些理想信念或价值原则组成,体现了人们对某种价值目标的追求,并对司法证明活动产生重要影响。司法作为一种解决纠纷乃至争端的社会裁决机制,具有纠纷解决、社会控制与社会整合的基本功能,是现代国家治理体系的重要组成部分。可以想象,司法想要体现法律上的价值或有用性,获得民众的认可或接受,就必须体现民众的意志或利益,以一种民众能够接受的方式去实现社会的公平正义。在某种意义上,司法认识活动并不单纯以发现案件事实真相为目的,而总是以一定的诉讼价值为基础,包含“向善”的价值选择活动。对司法精神病鉴定的认知具有证据规则的普遍价值,同时也具有其自身的独特价值。

(一)真实价值准则

“在诉讼领域,真实本身就是一种价值。”[2]司法证明活动的首要目的是发现案件

〔1〕 参见陈瑞华:《从认识论走向价值论——证据法理论基础的反思与重构》,载《法学》2001年第1期。
〔2〕 何家弘主编:《证据法学研究》,中国人民大学出版社2007年版,第230页。

事实真相,“为了实现(‘裁决公正’意义上的)正义,真相是必需的”。[1] 司法精神病鉴定意见作为法定证据种类,同样担负着发现真相价值的任务,这也是许可其进入诉讼的前提,因而“真实”是司法精神病鉴定最基本的价值。

1. 实事求是原则集中体现真实价值。所谓实事求是,就是要从客观实际情况出发去调查研究和分析问题,从而得出正确的认识结论。[2] 司法证明的目的就是查明事实真相,只有准确认定事实,才能有效地解决争端,维护诉讼各方的合法权益。“权利和义务取决于准确的事实认定……因而事实认定是更基础性的。没有准确的事实认定,权利和义务就变得毫无意义。”[3] 我国《刑事诉讼法》规定,刑事诉讼必须以事实为根据,这正是实事求是原则在证据制度中的体现。司法人员对证据的审查与认证本质上是一种“求真”的活动,它要求从客观实际情况出发,源于事实,忠于事实,对证据的资格和证明价值作出准确的认定,最终实现查明案件事实真相的目的。坚持实事求是原则,要求司法人员在审查认定司法精神病鉴定意见时,要尊重客观实际,不能想当然,更不能主观臆断。司法实践中,一些司法机关忽视行为人显露出的精神病症状,或出于维护社会安全的需要,或迫于社会舆论压力或“长官意志”,以各种理由拒绝启动司法精神病鉴定程序的情况时有发生。这种回避事实的做法实际上是对实事求是原则的公然违背,损害了当事人的诉讼权利和切身利益,不符合现代法治精神,也不利于事实真相的查明。诚然,从防卫社会和保护公共利益的角度考虑,对精神障碍者从轻、减轻或免除处罚的做法,有违民众的法情感,尤其是精神障碍者所实施的重大刑事案件,往往犯罪手段十分残忍,后果极其严重,公众从情感上难以接受行凶者逃避处罚,但这不应成为拒绝启动司法精神病鉴定的理由。因为现代法治文明要求对精神障碍者予以特别关照,我国法律既然规定对精神病人造成危害的行为减免处罚,司法人员就应当严格依据法律规定,坚持实事求是的原则,对有重大精神障碍嫌疑的犯罪嫌疑人或者被告人启动鉴定程序,而不是脱离实际,主观臆断认为没有必要进行司法精神病鉴定。

---

〔1〕[新加坡]何福来:《证据法哲学——在探究真想的过程中实现正义》,樊传明、曹佳、张保生等译,中国人民大学出版社 2021 年版,第 69 页。

〔2〕参见何家弘、刘品新:《证据法学》,法律出版社 2019 年版,第 83 页。

〔3〕[美]罗纳德·J. 艾伦:《刑事诉讼的法理和政治基础》,张保生、李哲、艾静译,载《证据科学》2007 年第 1、2 期。

2. 直接言词原则服务于真实价值。直接言词原则是为确保证据调查的真实性而设置的证据规则,其目的均是发现案件事实真相,实现诉讼的真实价值。直接言词原则包含直接原则和言词原则。直接原则,又称为“直接审理原则”,要求裁判者亲历审判,在法庭上亲自接触证据,以便获得对证据的鲜活印象,形成内心确信。司法实践中,“审者不判、判者不审”的现象屡禁不止,尤其是对一些疑难、复杂或社会影响重大的案件,“长官意志”或集体决策仍然如影随形。具体到司法精神病鉴定,因司法精神病鉴定直接关系到行为人刑事责任能力的有无和大小,容易成为案件审理的焦点,因此也容易成为院庭长审判管理监督的对象和法官会议讨论的内容,从而使司法精神病鉴定变成院庭长意志或集体决策的对象。然而,院庭长或法官会议上的其他法官并非合议庭成员,未亲历法庭审判,仅通过承办法官的介绍了解法庭上针对该份证据所进行的质证情况,缺乏直观感受,其给出的意见未必就比法官准确。因此,诉讼中就个案证据的审查与认证,应当严格遵循直接审理原则,由全程参与法庭审理的合议庭成员进行,而院庭长、法官会议仅能就诉讼中的法律适用问题或类案共性问题进行讨论,绝不能就个案的事实和证据问题发表意见。

言词原则是指法院审理案件,尤其是法庭调查阶段的举证质证,当事人及其他诉讼参与人要在法庭上以言词陈述的方式进行。“所谓直接言词原则乃谓审理程序之进行,原则上应采言词陈述方式。”[1]言词原则要求法庭审查认定证据要在法庭上进行,控辩审三方都应当亲自到庭,所有提供言词证据的证人、鉴定人等都应当在法庭上以口头陈述而非书面的形式提供证词,并接受控辩双方的交叉询问。但当前,我国鉴定人出庭率极低,法庭调查中的举证质证变成了对书面鉴定意见的宣读和出示。鉴定人不出庭已成为常态。在此情况下,法庭根本无法通过交叉询问对司法精神病鉴定意见的真实性、可靠性进行调查。而司法精神病鉴定本身又属于专业性极强的活动,鉴定人不出庭就鉴定意见作出说明,很难让“外行”的法官仅通过对书面鉴定意见的间接审查,形成内心确信。“允许事实裁判者考虑传闻陈述人的陈述,会给我们带来极大的不真实性风险。”[2]

---

〔1〕 林山田:《论刑事程序原则》,载《台大法学论丛》第28卷第2期。

〔2〕 [美]戴维·柏格兰:《证据法的价值分析》,张保生、郑林涛译,载《证据学论坛》2007年第2期。

(二)公正价值准则

公平正义是社会制度的首要价值,[1]也是证据制度的首要价值。司法精神病鉴定作为一种科学实践活动,其本身已不再是目的,而是一种被运用于发现事实真相的证明手段。因此,在诉讼过程中,运用司法精神病鉴定意见认证事实,必须遵循法律的公正价值。公正作为证据制度的首要价值,意味着当在诉讼中与其他价值发生冲突时,其他价值应当让位于公正价值。在证据法领域,公正价值集中体现在证据裁判原则、程序法定原则和证据合法原则的确立上。

1. 公正价值要求遵循证据裁判原则。证据裁判原则的核心要义是对事实的认定只能依据证据,而不能是任何其他的东西。而基于公正价值,证据裁判原则必然暗含控辩双方在证据运用上的机会平等,要求控辩双方享有平等的调查取证权和质证权。当前,我国司法精神病鉴定启动权、委托权等均由司法机关来掌控,作为被鉴定人仅享有对鉴定结果不服而申请重新鉴定或补充鉴定的权利,这无疑是一种权利配置上的失衡,容易造成控辩双方在证据运用能力上的“不平等”。虽然《刑事诉讼法》规定,[2]辩护方可以申请法庭通知有专门知识的人出庭帮助质证,但司法实践中,受制于主客观条件,真正依辩护方的申请而出庭的具有专门知识的人少之又少,“平等武装”任重道远。

2. 公正价值呼唤程序法定原则。程序法定是准确认定事实的要求,同时也是程序正义的要求,而程序正义是通过法律程序本身而不是其所要产生的结果得到实现的价值目标。“现代诉讼与古代野蛮诉讼的最大区别,不是要否查明事实真相问题,而是如何或以什么方式查明事实真相的问题。”[3]程序法定以一种既定的可操作性规范保证裁判结果的正当性,从而对社会公众接受裁判的公正性起到保障作用。就司法精神病鉴定而言,程序法定主要体现在举证、质证和认证这三个阶段。首先是举证,由控辩双

---

[1] 参见[美]约翰·罗斯福:《正义论》(修订版),何怀宏、何包钢、廖申白译,中国社会科学出版社2009年版,第1页。

[2] 《刑事诉讼法》第197条第2款规定:“公诉人、当事人和辩护人、诉讼代理人可以申请法庭通知有专门知识的人出庭,就鉴定人作出的鉴定意见提出意见。”

[3] 陈瑞华:《从认识论走向价值论——证据法理论基础的反思与重构》,载《法学》2001年第1期。

方各自举证,以法院取证作为各自举证的补充。理论上,控辩双方应当享有平等的举证权,均可向法庭申请启动精神病鉴定程序或提交精神病鉴定方面的意见或专家证言。通常情况下,法律会对举证方式予以明确规定,要求言词证据以口头的形式而非书面的形式在法庭上予以呈现。其次是质证,由控辩双方针对对方所举证据的证据资格与证明价值问题,发表质证意见。其中,交叉询问是质证的基本方法。法律通常会赋予控辩双方对对方鉴定人或专家证人进行询问的权利,并允许借助己方专家证人或具有专门知识的人进行有效的发问和质证。最后是认证,由裁判者在考量证据的相关性、可采性、可靠性等因素的基础上,依据相关的证据规则和认定标准,综合审查判断证据。法律通常要求公开证据的审查与认证过程,尤其是认定结果,要求法官在裁判文书中对证据的取舍及心证形成过程予以说明,防止法官任意裁量导致对被追诉者诉讼权利的侵害。

3. 公正价值奠基证据合法原则。证据合法原则要求证据收集程序合法、证据表现形式合法,以及对于违反法律程序收集的证据和不符合法定证据形式的证据,依法予以排除。证据合法性原则体现了法治国家人权保护的价值,“设立非法证据排除规则的唯一正当理由就是公正”。〔1〕大陆法系国家主要通过严格证明原则来实现对证据合法性的把关,英美法系国家则主要通过设置一系列证据排除规则来实现对证据可采性的检验。英国《1984 年警察与刑事证据法》甚至明确规定了不公正证据的排除规则,〔2〕如果采纳公诉方提请依据的证据,将对诉讼结果的公正性产生不利影响,则法庭可以拒绝采纳该证据。我国法律对司法精神病鉴定的证据收集程序、表现形式等均有明确规定,要求鉴定主体具备相应的资质,鉴定结果及时告知被鉴定人,鉴定书要有签名和盖章等,这些规定通过设置证据合法性规则来保障被鉴定人的诉讼权利,背后体现的正是公正价值。

---

〔1〕 张保生主编:《证据法学》(第 3 版),中国政法大学出版社 2018 年版,第 70 页。

〔2〕 英国《1984 年警察与刑事证据法》第 78 条规定:“在任何诉讼中,如果在法庭看来,考虑到包括获得证据的情形在内的各种情形,采纳公诉方提请依据的证据将对该诉讼的公正性造成不利影响,因而法庭不应采纳,法庭可以拒绝允许公诉方提出该证据。”

（三）伦理价值准则

伦理是指人伦之理或做人之理，其处理的是人与人之间的关系，追求的是“善”的价值。[1] 伦理价值反映的是作为主体的人对协调人与社会、自然系统的发展和促进人的全面发展所达到的水平，以及主体对自身所处地位、所负责任的自觉程度。[2] 司法精神病鉴定是以精神医学为基础的科学实践活动，其与伦理之间的关系可以从两个方面来理解：一方面是针对鉴定人或专家证人所提出的道德要求，探讨鉴定主体作为个人所应当担负的道德责任。这些道德责任包括理性精神、感情中立、尊重事实、不弄虚作假等。其要求鉴定人在鉴定过程中，要保持足够的理性，以实际发生的情况为依据，按照事物的本来面目记录和报告，不掺杂个人主观意愿，不为他人意见所左右。另一方面是针对鉴定共同体所提出的道德要求，探讨司法精神病鉴定学科体系所应当遵循的伦理价值观。这些伦理价值观包括服务法律的伦理宗旨、“无病推定”和“疑病从无”的思维方式等。具体表现：

1. 司法精神病鉴定服务法律的伦理宗旨。司法精神病鉴定主要是为司法审判服务的，为法律服务是司法精神病鉴定的基本准则。[3] 司法精神病鉴定是以精神医学手段核实证据的诉讼参与活动，法律性是其基本属性。这就要求司法精神病鉴定从启动、实施到结果的作出，再到法庭的举证、质证和认证，都要有明确的法律规定，遵从法律的基本原则和精神。在此需要区分的是司法精神病学与临床精神病学，两者所遵从的伦理价值准则显著不同。临床精神病学的伦理宗旨是治病救人，强调的是医者仁心、悬壶济世，要求以仁爱之心去关心爱护每一位精神病患者，以实现救治和减轻病痛的医学目的。而司法精神病鉴定以服务法律为宗旨，强调的是查明事实与保障人权，要求以客观公允的态度对待每一位被鉴定人，以实现惩前毖后、治病救人的社会目的。

2. 司法精神病鉴定“无病推定”和“疑病从无”的伦理准则。前者是指鉴定人首先应当将被鉴定人视为“正常人”来看待，以正常人的心理行为特征进行分析解释、逻辑

---

[1] 参见张南宁：《科学证据运用中的价值与伦理》，中国政法大学出版社 2013 年版，第 185 页。

[2] 参见陈爱华：《论科学的伦理价值》，载《淮阴师范学院学报》2004 年第 5 期。

[3] 参见高北陵主编：《现代司法精神医学——兼论与伦理学相关问题》，北京大学出版社 2018 年版，第 74 页；陈立成：《司法精神病学实务研究》，中国人民大学出版社 2012 年版，第 179 页。

推理和判断，直至有确凿的证据证明被鉴定人的心理行为特征符合精神病人为止。后者是指鉴定人经过审阅案卷材料、全面调查和必要的检查，仅发现可疑精神问题，但缺乏足够的证据诊断被鉴定人患有精神疾病时，应当视为无精神疾病。[1] 鉴定人坚持"无病推定"和"疑病从无"的医学诊断思维和伦理准则有其正当性。在刑事司法领域，被鉴定人已经触犯了刑法，造成了危害后果，按照法律公平原则原本就应当受到惩处，因而对其危害行为首先要从"正常人"的角度去考量，在没有充分证据诊断有病的情况下，应当以无精神疾病定论。这与临床精神病学所遵从的"有病推定""疑罪从有"的诊疗思维方式截然不同，因为精神医师以治病救人为天职，面对患者，其理所当然地认为患者是因为精神病痛才来就诊，进而从"有病"的角度去思考问题。

三、司法精神病鉴定的价值竞合

诉讼的价值是多元的，不仅有公平与效率、安全与秩序等法律价值，还有社会价值、伦理价值、经济价值等。这就决定了司法人员在对证据的审查与认证过程中，所要追求和维护的价值也是多方面的。然而，这些价值目标的实现并非总是一致的，有时甚至是相互冲突或矛盾的。因此，司法人员在对证据的审查与认证过程中往往需要权衡各种价值利益或诉求，以便确立符合司法精神病鉴定实际的价值取向。

当前，对精神病人刑事责任的评定不仅是精神医学和法学问题，还是重大的社会问题，关涉社会公共安全和利益。"法律涉及道德、社会价值、社会控制和将抽象原则适用于具体案件的论证过程。"[2] 对精神病人刑事责任能力这一法律问题的解决，涉及多重价值选择，不仅要考虑对精神病人"宽容以待"的人道主义精神，还要考虑社会公共安全和利益，协调追求真相与保障人权、实体公正与程序公正等之间的冲突。如何在司法精神病鉴定过程中做好价值选择和导向，是刑事司法政策所要研究的重要课题。

---

〔1〕 参见高北陵主编：《现代司法精神医学——兼论与伦理学相关问题》，北京大学出版社2018年版，第77页。

〔2〕 [美]劳伦斯·赖茨曼：《司法心理学》，吴宗宪、林遐等译，中国轻工业出版社2004年版，第5页。

(一)维护社会公共利益与保护精神病人权益的价值竞合

刑事诉讼的直接目的是打击犯罪,维护社会公共安全和利益。司法精神病鉴定作为一种证明手段,提高了人们发现事实真相和打击犯罪的能力,能够有效识别诈病、精神障碍伪装等行为,从而有助于实现惩罚犯罪的目的,维护社会公共安全和利益。但与此同时,随着人权理念的发展,保护人权越来越受到重视,尤其是作为社会特殊群体的精神病人,基于人道主义精神,法律规定对其予以特别关照和对待。这种特别规定本身就是一种利益平衡或价值让渡。因为对精神病人犯罪行为的不处罚,即意味着对社会公共安全和利益的损害,惩罚犯罪与保障人权在此是一对矛盾体。对实施犯罪行为的精神病人而言,其人身具有危险性,其所实施的危害行为,损害了国家、集体或他人的利益,而法律对其减免处罚,体现的是社会公共利益对个人利益的让渡和尊重,彰显的是社会公众对精神病人的仁慈和宽容。但这种让渡和宽容充斥着价值冲突和利益博弈,有时并不和谐。尤其是涉及对社会影响重大的刑事命案,司法精神病鉴定"从来不是单纯的司法精神病学意义上的事实认定和标准评定问题,绝非简单的认识论问题,充溢着利益的考虑和平衡"。[1] 在此意义上,司法精神病鉴定绝非单纯的精神医学技术问题,其中必然渗透着各种社会价值和利益,存在价值博弈和利益平衡问题。

(二)追求真实与保障人权的价值竞合

在刑事诉讼中,司法精神病鉴定的运用有助于查明案件事实真相。司法精神病鉴定以精神医学知识和技术为基础,在查明被追诉者精神状态及辨控能力方面具有其他证据无法比拟的优势。然而,司法精神病鉴定也存在侵犯被追诉者人身自由和隐私的可能。因为鉴定主要是通过晤谈、精神检查等方式开展,客观上需要对被鉴定人进行持续性的亲历观察,尤其是对一些疑难复杂的鉴定病例,如共病、间歇性精神病等,由于鉴定当时的症状表现、病理指征等一时难以确定,需要多次晤谈和较长时间的观察

[1] 郭华:《精神病鉴定的实证分析及其制度规则》,载《证据理论与科学——第三届国际研讨会论文集》,中国政法大学出版社2012年版,第152~160页。

才能予以明确，其间必然涉及被鉴定人的人身自由问题。这对处于羁押状态的被鉴定人而言，并不存在侵犯人身自由的问题，因为被鉴定人的人身自由本身就处于被剥夺或限制的状态，但对于未被羁押的被鉴定人而言，其人身自由会因鉴定需要而受到限制或剥夺，存在侵犯被鉴定人人身自由的可能。尤其是自2012年《刑事诉讼法》修订增设羁押必要性审查制度以来，取保候审、监视居住等非羁押性措施被广泛地适用，审前羁押占比从2000年的96.8%降至2020年的53%。[1] 审前羁押比例的大幅下降，必然导致未被羁押的被追诉者因鉴定需要而被限制或剥夺人身自由情况的增多，这无形之中加大了鉴定侵犯被追诉者人身自由的风险。

（三）实体公正与程序公正的价值竞合

实体公正与程序公正是司法公正的一体两面，两者相互依存，相互补充，有时却又相互矛盾。坚持程序公正并不必然产生实体公正，获得实体公正也不必然遵循程序公正。程序公正不仅是实现实体公正的手段，还具有独立于实体的价值。司法精神病鉴定的公正价值，一方面在于促进发现案件事实真相，助力法庭查明被追诉者的精神状态及辨控能力，实现实体公正；另一方面在于通过规范性的程序设置来保障鉴定结果的科学性和可靠性，实现程序工具主义价值。但程序公正价值更多地体现在发现事实真相的方式和手段的正当性上，其独立于实体结果，且经常与实体公正相冲突或矛盾。在司法精神病鉴定过程中，鉴定主体要具有法定资质，鉴定启动要符合法定条件，鉴定文书要符合法定证据形式，任何违反程序的行为都可能导致该证据不能在审判中被采纳，排除不具有证据资格的证据虽然不利于查明案件事实，实现实体公正，却是程序公正价值的要求和体现。

---

〔1〕 参见《最高人民检察院工作报告》（第十三届全国人民代表大会第五次会议　张军　2022年3月8日），载中华人民共和国最高人民检察院网站，https://www.spp.gov.cn/gzbg/。

第三节

司法精神病鉴定的方法论基础

在刑事诉讼证明过程中,司法精神病鉴定具有证明价值,这是不可否认的事实。借助于司法精神病鉴定,法官获得了原先不具有的知识,解决了精神障碍者在刑事诉讼中的责任能力问题。然而,司法精神病鉴定是如何起作用的?这种作用有多大?这种作用能否与法官的理智能力相提并论?这些都是值得进一步探讨的理论问题。

一、问题的缘起:经验还原论与基础主义的理论之争

围绕法官依赖鉴定意见进一步探讨,法官采信司法精神病鉴定意见的正当性何在?鉴定人是否值得信任?鉴定人的知识能否传递给法官?当前理论界主要存在两种主导的解决进路:经验还原论与反还原论的基础主义。经验还原论认为,只有当我们拥有他人是可靠的充分证据时,我们才能将他人的陈词作为一种认知证据,而认知是建立在直接经验基础上的。而反还原论的基础主义则认为,相信他人的陈词是一种认识的原初权利,只要没有证据表明他人的陈词是不可靠的,就应当信任他人,而不必建立在经验的基础之上。[1] 法官对司法精神病鉴定意见的确信应当以何种理论为基础,不仅是理论问题,而且直接关系到法官心证的形成和认证程序的立法设计,在此有必要进一步澄清。

〔1〕 参见丛杭青:《陈词证据研究》,人民出版社2005年版,第1页前言部分。

(一)以经验还原论作为认证理论基础的分析

18世纪至20世纪末,以休谟为代表(包括罗素、普莱斯以及当代许多学者)的还原论,一直被学界认为是"公认的常识",并构成了当代认识论"理智自治"的核心。[1]经验还原论充分肯定陈词在认识过程中的证据价值,"我们所拥有的大部分信息,以及我们用来评估信息的许多方法,都依赖于言词。如果我们没有从他人那里获得大量的信息,我们的认知活动就与动物没有区别"。[2]他们将陈词的证据价值还原为观察和经验,进而认为通过知觉发挥作用。人们相信陈词是基于某种经验归纳,陈词本质上是对某一类归纳推理的证实或支持。在经验还原论看来,人们不能对他人的话语有任何根源上的依赖,只有亲自核实言者可信性时,才能相信其陈词。同时认为,人们是自治的认知者,只有个体的知觉、记忆和推理才是可靠的。"陈词不仅是信念的来源,而且是知识的来源,我们相信他人话语的认识论依据必须被展示为基于其他认识资源和原则——感知、记忆和推理。"[3]

经验还原论以经验事实为基础,反映在司法精神病鉴定认知过程中,最直接的体现便是要求法官自由心证时遵循经验法则和逻辑规则。在经验还原论者看来,这里的"经验法则"应当是法官个人的日常生活经验,而不包括"公有经验"(对他人观察的依赖),也即不包括鉴定人的专业经验。如果法官拥有了鉴定人的专业经验,司法精神病鉴定也就失去了其存在的价值。可问题是法官如何将鉴定人的专业经验转化为或还原为日常生活经验,进而依据自己的经验和观察作出判断?鉴定人提供法院所无之专业知识协助法院认知事实,法院既缺乏该项知识,又如何对鉴定人提供资料为评价?而实际上,经验还原论者在否认"公有经验"的同时,又在间接运用他人的经验和观察,因为作为证据形式的司法精神病鉴定意见所依赖的经验本身又是依赖以相同的方式获得的,由此陷入了"循环论证"的怪圈。法官为了知道鉴定人的经验和依据是什么,就不得不认真对待鉴定意见,将鉴定人的经验作为认定的主要理由。"这种对公有

[1] 参见丛杭青:《陈词证据研究》,人民出版社2005年版,第1页前言部分。

[2] Tyler Burge, *Content Preservation*, The Philosophical Review, Vol. 102, No. 4(Oct. 1993), p. 466.

[3] Elizabeth Fricker, *Telling and Trusting: Reductionism and Anti-reductionism in the Epistemology of Testimony*, Mind, Vol. 104, 414, April 1995, p. 394.

经验的诉诸构成了一个恶性循环,因为你只能在他人陈词的基础上知道他人观察到什么。"[1]可接下来的问题是,鉴定专家的经验或理由对于法官来说往往又是深奥难懂的陈述,他们的解释或说明往往超出了法官的直接经验,法官难以直接作出判断。如果法官能够做到这一点,就意味着法官在审查鉴定意见时,首先必须是专家。所以,严格执行经验还原论就会导致鉴定意见或专家证言的无用,法官也会陷入"个人认知"不能的困境。

经验还原论陷入"循环论证"的根源在于,其忽视了鉴定意见所具有的独立知识性和价值,鉴定经验和逻辑不可能完全还原为日常生活经验和法则,否则,就只能是法官自己的知识和经验的扩展,而不可能为法官认知事实提供新的依据和理由。但经验还原论仍具有重要的理论价值,其最大的理论贡献是树立了对个人理智能力的尊重,通过对个人价值的张扬,构成了近代以来"理智自治"的核心思想。[2] 这一点正是当前司法实践中法官面对司法精神病鉴定意见所缺失的内容,法官的理智自治应该是怎样的,以及如何在对司法精神病鉴定意见证明力的认定过程中体现法官的理性,是今后制度构建所应重点考虑的问题。正如弗里克所言,"听者应当永远主动地评价说者的可信性,而相信其所断言的却又不对其进行评价是一种盲目的和不加批评的相信,这是一种轻信"。[3]

(二)以基础主义作为认证理论基础的分析

基础主义者认为,由于无法依靠个人的经验来单独验证其他陈词的真实性,因此只有求助于先验原则,信任才是认识正当性的逻辑出发点。他们认为,当向别人陈词时,存在一个不依赖经验的先验法则,尽管我们没有经验证据来证明说者是可靠的,但我们仍然有权利相信说者,并且只有当存在相反依据时,我们才收回这种权利。"个体先天地有权接受一个被认为是真实的、对他来说是可理解的命题,除非有更强的理由

---

〔1〕 Peter Lipton, *The Epistemology of Testimony*, Studies in History and Philosophy of Science, Vol. 29, No. 1, 1998, p. 16.

〔2〕 参见丛杭青:《陈词证据研究》,人民出版社2005年版,第176页。

〔3〕 Elizabeth Fricker, *Against Gullibility*, in B. K. Matilal, & A. Chakrabarti, eds., Knowing from Words, Kluwer Academic Publishers 1994, p. 145.

不这样做。"[1]

基础主义将信任他人建立在先验性基础之上,认为信任他人是一种默认的认识权利。某种意义上,信任比经验数据或逻辑论证更基本,因为数据和论证只有通过信任才能获得。"科学研究在许多方面是有关人类活动最具争议和怀疑的领域,但它却依赖于个人信任,这似乎是矛盾的。但事实上,没有信任,科研活动将无法开展……研究是一项集体活动,要求其从业者信任同行的诚信。"[2]具体到司法精神病鉴定,其先验性体现在知识的先验性和论证的先验性上,法官采信鉴定意见,不必拥有特殊的见地或理由。法律规定对诉讼中的专门性问题诉诸鉴定专家,实际上也就是诉诸专家的先验性知识,当先验性知识通过鉴定意见的形式得以呈现,在缺乏怀疑的理由时,法官应先验授权地接受鉴定意见。同时,司法精神病鉴定意见是鉴定人科学论证的结果,虽然论证的逻辑和理由法官不能直接把握,但这一论证是先验性的,是经过科学实验和临床经验证明为真的内容。

基础主义将有相反的证据或充分的理由作为信赖他人陈词的例外,也即只要没有证据表明他人的陈词是不可靠的,相信他人的陈词就是一种认识权利。与此相对应,法官对司法精神病鉴定意见的认证,如果采信鉴定意见,则不需要说明理由,因为这属于一种认识权利,只有在拒绝采信鉴定意见时,才需要说明理由。这与当前司法实践中法官径行采信鉴定意见而不作说理的现状似乎"不谋而合"。

可见,基础主义采取了与经验还原论正好相反的认识进路,经验还原论强调从正面去解释和说明陈词的正当性,采取的是一种积极探求的态度,而基础主义则主张从反面以存在否定性证据为例外,采取的是一种消极对待的态度。

(三)局部还原论的改造与确立

客观地说,经验还原论与基础主义均存在一定的缺陷。经验还原论所主张的对个人经验和观察的普遍还原,使司法精神病鉴定意见失去了独立存在的价值和意义;基础主义所强调的先验性认识权利,使法官的理智能力变得可有可无。从法官能动司

---

〔1〕 Tyler Burge, *Content Preservation*, The Philosophical Review, Vol. 102, No. 4(Oct. 1993), p. 469.

〔2〕 John Hardwig, *The Role of Trust in Knowledge*, The Journal of Philosophy, Vol. 88, No. 12(Dec., 1991), p. 693.

法,把好证据关的“守门人”角色考虑,以及程序正义所要求的“心证公开”原则考虑,采取改良的“局部还原论”作为审查与认证司法精神病鉴定意见的理论基础,也许是恰当的。这对构建“积极作为”的司法审查机制,具有重要的指导意义。弗里克是局部还原论最著名的论者,他认为虽然对个人经验和观察的普遍还原行不通,但局部还原是可行的,且可以借助常识和共有经验来确定陈词的可信性。

1. 局部还原的可能。弗里克指出,局部还原的论题并非一般化的还原,它并不需要对陈词性知识进行整体性辩护。“陈词作为知识的来源可以简化为其他来源,只要通过陈词获得的知识信念可以被解释(作为知觉的实例或归纳和演绎推理的正常形式)。”〔1〕这种局部性问题可以经验的方式,非循环地加以核实。弗里克将陈词视为一种特殊的认识联结(Epistemic Link),“陈词的确构成了一种特殊的认识联结。在事态和听者相信这种事态之间,存在特殊联结的陈词。这种联结涉及听者、说者、说者对同一信念的最初获得、说者的精神状态、说者将信念传递给听者的语言行为”。〔2〕在这一过程中,陈词的可信性仅表现为两个条件,一是说者诚实地作出断言,二是说者有依据知识和经验作出断言的能力。“作为陈词,说者在他的话语中是真诚的,他相信他所断言的,并且他所断言的信念是真实的,即说者有能力作出这样的断言。”〔3〕而听者所要做的正是在常识理论的范围内,对这两个条件加以经验性的核实。反映在对司法精神病鉴定意见的认知中,法官要确信鉴定意见为真,一方面要确定鉴定人是诚实可信的,也即审查其是否具有回避、持有偏见等情形;另一方面要确定鉴定人能胜任鉴定任务,也即鉴定人具备相应的鉴定资质,具有从事司法精神病鉴定的专业知识和临床经验。

根据“局部还原论”,在对司法精神病鉴定意见的认知过程中,作为听者的法官,其所需要做的其实就是围绕鉴定人的诚实性和鉴定能力来开展核实性工作或建构解释性工作。而这种核实性或解释性工作并不需要精深的专业知识,凭借经验常识完全可以胜任。法官信赖鉴定人的经验基础不必是建立在个人知识经验的基础之上,完全

〔1〕 Elizabeth Fricker, *Telling and Trusting: Reductionism and Anti-reductionism in the Epistemology of Testimony*, Mind, Vol. 104,414, April 1995, p. 399.

〔2〕 Elizabeth Fricker, *Against Gullibility*, in B. K. Matilal, & A. Chakrabarti, eds., *Knowing from Words*, Kluwer Academic Publishers 1994, p. 137.

〔3〕 Elizabeth Fricker, *Telling and Trusting: Reductionism and Anti-reductionism in the Epistemology of Testimony*, Mind, Vol. 104,414, April 1995, p. 398.

可以运用他人的“公有经验”，包括具有专门知识的人等其他专家的经验。而在建构这一解释性工作过程中，法官不需要像专家一样精通精神病学知识和具备丰富的临床经验，他只需要“听得懂”的极小化知识。“在非循环论证的情况下，正是这种最微弱的弥补鸿沟所需的知识，为解决陈词的正当性问题提供了一条还原论的路径。”[1]

2. 局部还原的推论。弗里克认为，相信他人的陈词总体上是可以通过“推断”的方式实现的。信念或断言的得出应当以推断为基础，符合这样的逻辑命题，如果陈词是建立在可信的恰当的基础之上，那么基于推断，陈词所传递的信念为真。[2] 司法精神病鉴定意见的可信性源于“可信的恰当的基础”，法官并不是凭空采信鉴定意见，而是基于对支撑鉴定意见可靠性的基础材料和信息为真的确信，“一个人不能仅仅从陈词中知道，但是可以从陈词和它的前提中知道”。[3] 法官对鉴定意见的确信，应当建立在鉴定材料可靠的基础之上，这为法官强化对鉴定材料的审查提供了正当性依据。

“局部还原论”主张对陈词进行批评性的接受，不能盲目地、不加审视地信任，“只有在有独立证据支持的情况下，才能够相信人们似乎看到的是这样，或者人们被告知的是这样”。[4] 这一原则与我们所主张的加强对司法精神病鉴定相契合，对破解司法实践中的“盲目信赖”难题有重要帮助。以“局部还原论”为理论基础，构建对司法精神病鉴定意见的审查和认定机制，具有理论正当性和实务可行性。

二、问题的展现：法官对司法精神病鉴定意见的依赖

当前，围绕司法精神病鉴定意见的证明价值问题，存在的最大争议是法官高度依赖鉴定意见，赋予鉴定意见“天然”的证明力，不作审查或仅作形式性审查，即盲目地采信鉴定意见。在这一过程中，法官似乎丧失了应有的理性，失去了独立判断的能力，

---

〔1〕 Elizabeth Fricker, *Against Gullibility*, in B. K. Matilal, & A. Chakrabarti, eds., *Knowing from Words*, Kluwer Academic Publishers 1994, p. 129.

〔2〕 See Elizabeth Fricker, *Against Gullibility*, in B. K. Matilal, & A. Chakrabarti, eds., *Knowing from Words*, Kluwer Academic Publishers 1994, p. 147.

〔3〕 Audi R., *Epistemology: A Contemporary Introduction to the Theory of Knowledge*, London: Routledge, 1998, p. 134.

〔4〕 Elizabeth Fricker, *Telling and Trusting: Reductionism and Anti-reductionism in the Epistemology of Testimony*, Mind, Vol. 104, 414 (Apr. 1995), p. 398.

而一味地迷信"鉴定结论""知识权威"。出现此种局面,除知识的壁垒、法官的不作为等表面的主客观原因外,是否还存在深层次的理论原因?美国学者哈德维格在其《认识的依赖》一文中,从认识论的角度,以"命题推理"的形式对此进行了分析和论证。他指出,外行对内行的信赖是一种不持有证据的信赖,外行并不持有专家的理由,致使外行不能理性地尊重或拒绝专家的意见。

(一)法官不持有"证据"的确信

哈德维格认为,假设专家 A 有恰当的理由(拥有证据)相信 p,外行 B 有恰当的理由相信 A 有恰当的理由相信 p,那么 B 有恰当的理由相信 p。如此就面临一种奇怪的现象:虽然 A 拥有证据证明 p 为真,但 B 相信 p 的理由不是证明 p 为真理的证据,而是一种不构成证明 p 为真理的证据理由。[1] 司法精神病鉴定意见为真的理由何在?对这个问题的回答通常是诉诸证据的概念,因为"诉诸权威的链条必须在某个地方结束,如果整个诉诸链条在认识论上是健全的,就必须以拥有必要证据来结束"。[2] 证据是人们相信某一观点或信息的依据或理由,是确定命题为真的任何依据,如合理的论据及事实信息等。司法精神病鉴定结果之所以为真,是因为它是建立在鉴定人专门知识基础之上的,鉴定人有能力也有条件依据调查所得的证据得出结论,也即鉴定人亲自拥有鉴定意见为真的证据,而法官并不拥有或没有能力拥有这样的"证据"。法官对司法精神病鉴定意见的认证,在认识上是诉诸鉴定人的知识权威和以鉴定人的意见为基础的,实际上并不亲自占有或掌握鉴定意见为真的证据,本质上是不持有"证据"的确信。也许有人会认为,法官完全可以对司法精神病鉴定意见进行研究,以亲自获取鉴定意见为真的证据,然而,在法官能够从事必要的研究之前,专业化训练和特殊知识的习得是必需的。法官在缺乏必要的精神病学知识和临床经验的情况下,是很难在短时间内理解和把握鉴定意见为真的理由的。在此情况下,法官认可司法精神病鉴定意见更多的是基于鉴定人的"知识传递",而不是持有的"证据",也即法官认定鉴定意见

---

〔1〕 See John Hardwig, *Epistemic Dependence*, The Journal of Philosophy, Vol. LXXXII, No. 7 (Jul., 1985), pp. 336 – 337.

〔2〕 John Hardwig, *Epistemic Dependence*, The Journal of Philosophy, Vol. LXXXII, No. 7 (Jul., 1985), p. 337.

的理由与鉴定人作出鉴定意见的理由并不一致。就正当性依据而言,鉴定人将鉴定意见传递给法官时,受制于知识壁垒或专门门槛,鉴定人通常无法将“鉴定理由”完整地传递给法官。事实上,法官也无法独自获取鉴定人所拥有的“鉴定理由”,否则,法官也就不需要借助于鉴定人来解决精神障碍者刑事责任能力这一专门性问题。应当说,法官所拥有的理由是在“知识传递”的过程中产生的,并不具有原初性,也即法官对鉴定意见的确信是不直接持有“证据”的确信。

(二)法官的理由与鉴定人的理由

借助于哈德维格的陈词原则,对法官的理由和鉴定人的理由作进一步的说明。在哈德维格看来,“如果 B 有恰当的理由相信 A 有恰当的理由相信 p,那么 B 就有恰当的理由相信 p”。但问题是 B 如何才能知道 A 有恰当的理由? 显然,B 事先并不知道 p,B 诉诸 A 的目的正是确信 p。B 确信 p 的理由是基于 A 确信 p,也可以说是基于“第二手证据”,而 A 确信 p 是基于 A 的专业性判断,是建立在“第一手证据”基础上的确信,两者的认识路径显然不同。而 B 为什么要诉诸 A? “如果我是理性的,我永远无法避免对专家的认知依赖,因为我相信的东西比我能完全了解的要多。”[1]事实上,在社会分工日益精细的今天,任何人都不太可能是多领域的专家,当法官面对精神医学问题时,最好的解决办法或答案当然是寻求专家帮助,借助于专家的知识和技能,实现法官解决专门性问题能力的最大化。没有哪个科学家能够获得关于其所在领域内所有信息的第一手知识,允许专家证人参酌其他研究者的理论和研究是绝对必要的。[2]至于法官如何才能知道鉴定人有恰当的理由,接下来将予以讨论。

(三)法官的困境:盲目地相信鉴定人

虽然法官确信的理由与鉴定人鉴定的理由不同,两者却是紧密相关的。在哈德维

---

〔1〕 John Hardwig, *Epistemic Dependence*, *The Journal of Philosophy*, Vol. LXXXII, No. 7 (Jul., 1985), p. 340.

〔2〕 参见[美]爱德华·J. 伊姆温克尔里德:《科学证据的秘密与审查》,王进喜等译,中国人民大学出版社 2020 年版,第 13~14 页。

格看来,B 相信 A 有恰当的理由相信 p,那么从 B 的角度审视,A 应当具备以下条件:第一,A 应当是诚实的,有恰当的理由相信自己所说的 p;第二,A 应当能够胜任工作,在专业领域内,熟知什么是恰当的理由,并能够尽职尽责地工作;第三,A 应当具有良好的品格,有适当的自我评价和不自欺的品质。[1] 上述条件为法官审查司法精神病鉴定意见提供了可资借鉴的依据,给了法官相信鉴定人的“恰当理由”。同时,哈德维格认为,存在两种策略可以帮助 B 去获得“恰当理由”。一种策略是 B 寻求独立于 A,且对 p 有独立见解的专家 C、D 的意见。因为只有拥有专业知识的人,才能准确地评估反对意见或替代方案的价值和有效性。如果 C、D 确证了 A 的陈词,那么 B 就有恰当的理由去相信 A。与此相对应,也就是我们通常所说的“重新鉴定”,通过其他专家的重新鉴定来印证或确信已有的鉴定意见。另一种策略是向那些知晓 A 和他工作质量的“关于专家意见的专家”去核实,也即 B 有恰当的理由去相信 C、D 有恰当的理由去相信 A 有好的理由相信 p。因为他们是唯一完全了解专家训练和调查方法、技术,以及这些如何影响信念形成的人。与此相对应,也就是我们通常所说的“具有专门知识的人出庭作证”,就已有的鉴定意见提出意见。[2] 而无论是对 p 有独立见解的专家 C、D,还是对 A 有较好了解的“关于专家意见的专家”C、D,实际上均没有脱离对专家的依赖,B 并没有恢复认知自主性,而仅仅是扩展和转嫁了这种依赖。在此情况下,作为外行的法官无论通过哪种策略去寻求恰当的理由,均失去了独立判断的认识,而不得不依靠专家。某种意义上,法官无论在何种情况下均不能理性地尊重或拒绝专家的观点,因为在这个过程中均不能消除对他人信任的需要,只不过是重新分配和完善了信任而已。

通过以上分析可知,法官对鉴定意见的依赖在认识论场域具有一定的正当性和合逻辑性,某种程度上也解释了法官高度依赖鉴定意见的深层次原因。“如果我们的认知权威不可靠,我们就别无选择,只能持有不那么理性的信念。”[3]

---

[1] See John Hardwig, *The Role of Trust in Knowledge*, The Journal of Philosophy, Vol. 88, No. 12 (Dec., 1991), p. 700.

[2] See John Hardwig, *The Role of Trust in Knowledge*, The Journal of Philosophy, Vol. 88, No. 12 (Dec., 1991), p. 701.

[3] John Hardwig, *The Role of Trust in Knowledge*, The Journal of Philosophy, Vol. 88, No. 12 (Dec., 1991), p. 701.

三、问题的延伸：司法精神病鉴定意见的拘束力之辨

司法精神病鉴定意见兼具言词证据和科学证据的属性，在讨论其理论基础时，由于经验还原论与基础主义的立论不同，不可避免地引发司法精神病鉴定意见的拘束力问题。

（一）基于理论基础分歧的映射

经验还原论与基础主义的理论分歧，引发了司法精神病鉴定意见对法官心证是否具有拘束力的争议。经验还原论否认陈词具有原初可信性，在经验还原论者看来，只有当拥有他人言词可信性的经验证据时，才能将他人的言词作为知识予以接受。相应地，司法精神病鉴定意见并不具有先天拘束力，需要经法官经验性地还原或审核，才能作出判断。基础主义肯定陈词作为知识来源的基础地位，在基础主义者看来，无须经验性还原或核实，人们就有权相信他人的陈词。相应地，司法精神病鉴定意见具有基础权威，法官无理由采信鉴定意见是一种认识权利，只有在具有相反的理由或否定性证据时，才考虑加以否定。这导致了司法精神病鉴定意见拘束力的三种样态。

1. 肯定说认为，司法精神病鉴定意见对法官心证具有拘束力，通常情况下，法官应当采信鉴定意见。该观点主张，司法精神病鉴定意见是精神病鉴定专家依据自身专业知识和临床经验所作出的知识性判断，具有知识性权威，而法官并不具备这样的专业知识和能力，如果不予认可或采纳，则有“外行否定内行意见”之嫌。在肯定说看来，鉴定的目的就是弥补法官专业知识的不足，如果法官心证不受拘束，那么鉴定也就失去了意义。同时，基于科学技术和方法的鉴定意见具有客观性，如果鉴定结果法官仍可不采，则等于由法官的主观意志来否定科学证据的客观性，容易产生法官心证的恣意。此种观点基于鉴定意见的科学性，主张对法官的自由心证形成拘束，对防止法官心证的恣意具有积极意义。

2. 否定说认为，司法精神病鉴定意见对法官心证不具有先天拘束力，法官有权自由决定是否采纳鉴定意见，否则鉴定人就有越俎代庖，侵蚀司法审判权的嫌疑。该观

点主张，司法精神病鉴定意见仅是一种证据形式，且是一种回溯性的主观推断，缺乏客观的鉴定方法和评价标准，其科学性依据不足，对法官心证并不具有先天拘束力，也不具有较其他证据形式更优的证明力，采信与否应由法官依自由心证原则裁判。如俄罗斯学者认为，“对于司法精神病学鉴定结论中关于刑事责任的内容，法官仅仅将其与案件的其他证据放在一起，予以审议和评估，并无当然的约束力”。[1] 日本最高裁判所在判例中明确指出，“被告人的精神状态是否该当于刑法第39条所规定的心神丧失或心神耗弱，这属于法律判断的问题，应该完全交由裁判所判断，这一点毋庸置疑；就是作为判断前提的生物学、心理学要素，考虑到事关上述法律判断，最终也属于应由裁判所作出判断的问题”。[2]

3. 折中说认为，司法精神病鉴定意见对法官心证应当具有一定的拘束力，但没有必然的拘束力。该观点一方面肯定鉴定人在专门知识问题上的作用，认为通常情况下，法官应当采纳鉴定人的意见；另一方面赋予法官判断鉴定意见的相对自由权，只有在法官拒绝采纳鉴定意见时，才要求其说明理由或公开心证。如德国学者认为，法院对鉴定结果必须再加以独立的判断、确信，不得不经检验即将鉴定结果用于判决中，如果法院不采用鉴定人的意见，则应当表明不同意的理由。[3]

（二）基于科学证据属性的思考

随着法庭科学的发展，医学、化学、生物学等自然科学的原理和方法越来越多地被运用到刑事司法的证明过程中，鉴定科学或刑事技术成为发现案件事实的重要手段。然而，科学证据种类繁多，并不是所有的科学证据都能像DNA鉴定那样具有很高的客观性和精确度，部分科学证据如测谎仪技术等，甚至并不那么“客观可信”，因此不能笼统地说科学证据具有先天拘束力或优先证明力。美国知名学者乔恩·华尔兹在《刑事证据大全》中对DNA分析、指纹分析、枪弹轨迹分析等科学证据内容进行了详

---

〔1〕 俄罗斯联邦总检察院编：《俄罗斯联邦刑法典释义》，黄道秀译，中国政法大学出版社2000年版，第39页。

〔2〕 ［日］西田典之：《日本刑法总论》（第2版），王昭武、刘明祥译，法律出版社2013年版，第252页。

〔3〕 参见［德］克劳思·罗科信：《刑事诉讼法》（第2版），吴丽琪译，法律出版社2003年版，第261页。

细论述,[1]其中不难看出各类科学证据所采用的原理、技术方法等各异,可靠性程度不一。从证明力角度看,以数据分析为基础的科学证据通常优于以专家解释为基础的科学证据。不同种类科学证据的证明力不同,对法官心证的拘束力自然也不能一概而论。“关于鉴定报告,尤其是科学性质的鉴定报告,到底是否属于论理或经验法则,而得以限制法官心证,仍得视此种科学鉴定的精确与客观性来决定。”[2]

考察科学证据的拘束力,可以基于其科学原理或方法的精确度、可靠性程度不同,作以下区分:(1)鉴定原理已被科学法则证明具有客观性,检验程序也已有公认标准。如 DNA 鉴定技术,可用于作为识别同一性的技术手段,此法则已经被证明,且准确率为 99.9% 以上。此时,法官的心证必须受到严格限制,法官所能质疑的不是鉴定结果本身,而是鉴定程序是否合法,如果鉴定程序合法,鉴定结果对法官就具有极大的拘束力。(2)鉴定原理虽已被科学法则证明,但检验过程和标准不够明确。如血型检测,虽然科学法则已经证明血型是由遗传基因决定的,亲代与子代的血型关系取决于遗传因素,但受制于血型分类的局限,同一血型人群并不唯一,在类型化不够精确的情况下,检验结果仅能作类型化排除,不能得出确定性的结论,故对法官心证形成也仅是一种参考资料。(3)鉴定原理虽已被科学法则证明,但鉴定结果势必会融入鉴定人的主观判断。如笔迹鉴定,虽然科学法则已经证明个体的书写习惯具有一贯性和相对稳定性,但因目前尚无客观性的检测仪器或手段,故在鉴定过程中通常会融入检测者的主观判断和分析,鉴定结果会兼具客观性和主观性。此类鉴定对法官并不具有当然的拘束力,需要进行甄别判断。[3]

显然,司法精神病鉴定意见或专家证言属于上述第三类科学证据,由于鉴定过程中缺乏客观的检测手段、仪器和设备,最终的鉴定意见难免会融入大量鉴定人的主观判断,其科学性、客观性容易受到质疑和挑战。正如学者所言,[4]目前,大部分精神障碍的发病机制尚不明确,导致其临床诊断主要依赖于医师的“主观性”判断,诊断仍处于以症状学为主的阶段,一般很少使用实验室和影像学的技术手段。因此,从证明力

---

[1] [美]乔恩·R. 华尔兹:《刑事证据大全》(第 2 版),何家弘等译,中国人民公安大学出版社 2004 年版,第 7 页。

[2] 吴景钦:《刑事精神鉴定报告的证据能力与证明力之探讨》,载《台湾法学杂志》2020 年第 394 期。

[3] 参见吴景钦:《刑事精神鉴定报告的证据能力与证明力之探讨》,载《台湾法学杂志》2020 年第 394 期。

[4] 参见高滢等:《1369 例司法精神病学鉴定诊断与临床诊断的一致性分析》,载《法医学杂志》2020 年第 3 期。

角度分析，司法精神病鉴定意见对法官心证并不具有必然的拘束力。

（三）基于司法现状的审视

统计数据显示，[1]我国司法实践对司法精神病鉴定意见的信赖度极高，鉴定意见通常被赋予较高的证明力。这从侧面反映出，司法精神病鉴定意见对法官心证的形成具有较强的拘束力，法官通常无差别地采信鉴定意见。

《刑事诉讼法》（2012 年修订）将所用术语“鉴定结论”修改为“鉴定意见”。立法用语上的变化，体现立法者对以往“鉴定结论”所蕴含的终局性、肯定性观念的摒弃，说明法律对待鉴定意见证明价值观念上的变化，语义上不再预设证明力或拘束力。这对摒弃“鉴定意见即知识权威”的传统司法观念，减少法官心证的依赖，具有积极意义。

然而，司法精神病鉴定意见兼具科学证据的属性，其评定范围包括生物学要素和心理学要素两部分内容，就拘束力而言，不宜一概而论。对生物学要素上精神障碍的有无、程度及其对心理学要素影响的判断，属于精神医学的本责，法官并不具有精神医学专业知识，且现行的精神医学诊断标准具有某种程度上的一致性，除非有对鉴定人的公正性和专业能力产生怀疑、鉴定前提条件存在问题等合理理由，否则应当充分尊重鉴定意见，避免法官心证的自由评价。但对于心理学要素上行为人行为时的辨控能力的判断，因本属于法律判断，且缺乏统一判断标准，就此部分的鉴定结果只能作为法官心证的参考。

---

〔1〕 笔者在中国裁判文书网上随机调取2015 年至2020 年审结的涉司法精神病鉴定的刑事案件175 件，法院采纳鉴定意见168 件，未采纳鉴定意见7 件，采信率高达96%。

第三章

司法精神病鉴定的启动程序

对精神健康问题的重视是社会文明发展的重要标志,而对精神障碍者的刑事处遇政策则是一国刑事法治发展的重要体现。[1]精神障碍者异于常人,其辨控能力可能因精神障碍而受损或不完整,因此,世界各主要法治文明国家均对实施犯罪行为的精神病人规定了异于常人的刑事责任。我国《刑法》亦明文规定,对造成危害结果的精神障碍者减免刑事责任,彰显了国家和社会对精神障碍者这一弱势群体的宽容和人道主义保护精神。只有"经鉴定确认的"精神病人才能不负刑事责任。司法精神病鉴定在发现案件事实和达至正义的过程中,起着至关重要的作用。

---

〔1〕 参见陈卫东、程雷:《司法精神病鉴定基本问题研究》,载《法学研究》2012年第1期。

第一节 司法精神病鉴定启动的现状

我国刑事诉讼模式类似于大陆法系国家的职权主义诉讼模式,在强调法官依职权调查的同时,增加了一些当事人主义元素,注重发挥控辩双方的作用。但就司法精神病鉴定启动机制而言,仍然延续职权主义诉讼模式的构造,视其为一种公权力,由国家权力机关行使,即侦查机关、司法机关均有权决定是否启动司法精神鉴定程序,呈现出职权主义"单向鉴定"[1]的特点。但是,被鉴定人仅享有对在各诉讼阶段获得的鉴定意见不满,而请求进行再次鉴定或补充鉴定的权利。法律甚至没有明确规定当事人享有申请启动鉴定权。[2] 在此机制下,侦查机关、司法机关对精神病鉴定程序的启动,容易出现启动审查权恣意、权利救济不力等问题。

一、真假命题:司法精神病鉴定启动难

司法精神病鉴定的启动是实施鉴定的前提和基础,启动机制是否科学直接关系到鉴定程序的运行效果,关系到当事人的切身利益和司法的公平正义。从 2006 年"邱兴华故意杀人案"到 2010 年"郑民生杀害小学生案",再到 2018 年"张扣扣故意杀人案",接连发生的重大刑事案件一再引发社会公众对司法精神病鉴定的讨论与关注,而公众关注的焦点直指鉴定"启动难"问题。近年来,对司法精神病鉴定启动程序的改革呼声不断,却始终难有进展。2012 年、2018 年先后两次修正的《刑事诉讼法》,以及

---

[1] 参见赵芳:《"第二手猜想"的正当性回归——以刑事审判为中心探析人民法院鉴定职权配置》,载《山东审判》2010 年第 2 期。

[2] 《刑事诉讼法》第 148 条规定:"侦查机关应当将用作证据的鉴定意见告知犯罪嫌疑人、被害人。如果犯罪嫌疑人、被害人提出申请,可以补充鉴定或者重新鉴定。"

2015 年修正的《关于司法鉴定管理问题的决定》,虽对鉴定制度部分内容进行了调整,但对鉴定启动程序问题并未涉及。

(一)真命题:个案司法精神病鉴定启动难

不可否认,司法实践中确实存在个别案件经多重司法审查程序,最终未能启动司法精神病鉴定的情形,尤其是一些性质极其恶劣的暴力性犯罪案件,经媒体渲染性报道,引起舆论轩然大波。如在“张扣扣故意杀人案”中,辩护人在一审、二审期间均申请启动司法精神病鉴定,并向法庭提交了自行委托北京正慧科鉴咨询服务中心出具的精神病学书证审查意见书(张扣扣有急性应激障碍,控制能力减弱,属于限制刑事责任能力),同时申请 3 名鉴定专家出庭作证,可法院最终以辩护人的申请缺乏事实依据,驳回了鉴定申请和专家出庭的请求。[1] 面对媒体铺天盖地的渲染性报道,“精神病鉴定启动难”一时甚嚣尘上,个案所引发的“蝴蝶效应”不容小觑,这不仅关涉个案的公平正义,而且涉及司法的公信力、尊严和权威。

司法机关在个案中未启动司法精神病鉴定程序,承担了巨大的社会压力和舆论压力,既有来自法学界和司法精神病学界的质疑和批评,也有来自民众的不解和指责。司法机关为何甘冒天下之大不韪?为何不“一鉴了之”?这其中既有审查机制方面的原因,也不乏社会方面的问题,恐怕不能单纯归咎于司法机关的不作为或乱作为。就张扣扣案而言,针对精神病鉴定申请,法院组织控辩双方召开庭前会议,并结合张扣扣案前准备作案工具、选择作案时机和对象、作案后逃匿等行为特征,以及张扣扣无精神病家族病史等情形,综合审查判断张扣扣没有精神障碍嫌疑,决定不予启动精神病鉴定,单纯从审查程序上看,难说司法机关有违法或不当之处。司法机关在现有审查机制下,依据审查程序和规则作出处理,程序上并无不当,但结果难以令人信服,引起人们的广泛质疑。这在纯粹程序正义看来不可接受,因为“一种正确的或公平的程序,若被人们恰当地遵守,其结果也会是正确的或公平的,而无论它们可能会是一些什么样

---

〔1〕 参见《张扣扣案二审,庭前会议报告:驳回精神障碍程度鉴定申请》,载澎湃新闻,https://www.thepaper.cn/newsDetail_forward_3287358,最后访问日期:2024 年 4 月 1 日。

的结果”。[1] 而任何一个恰当的事实认定制度,其结构或框架中都必定包含“程序正义”要素。“一项司法裁决之……正义性,在一定程度上,是得出该裁决之过程的正义性问题。”[2]公众对裁判结果的否定,在一定程度上说明我们的审查程序可能出现了问题,正是程序的不公正、不恰当导致了人们对司法审查结果正当性的怀疑。

此外,司法审判是承载多项功能的实践活动,“精神病人”问题任何时候都不是单纯的法律问题或精神病学问题。司法活动除了发现事实真相外,还有节约资源、鼓励信任、支持政策、提高效率及安抚纠纷各方等功能。司法机关在审判过程中,不仅要确定发生了什么,还要兼顾其他诉讼价值的实现。通过对精神病鉴定启动难的个案分析,不难发现此类案件的共性是犯罪性质十分恶劣、犯罪后果极其严重,邱兴华案致10人死亡,郑民生案致8名小学生死亡,张扣扣案致3人死亡。在民众看来,此类犯罪“天理难容”,属于“不杀不足以平民愤”的极端恶性事件。从社会安全和公共利益的分配角度考虑,对此类案件的精神病人减免刑事处罚,难以为民众所接受,与民众朴素的正义情感相悖。“真相和正义必须与外部的价值和关注点相权衡,这些外部价值和关注点常常被表述为‘公平’‘合法’‘程序权利’和‘正直’等。”[3]在此情况下,司法机关基于法律效果与社会效果相统一的考虑,即使行为人在诉讼中表征出部分精神病症状,也不愿意启动司法精神病鉴定。因为一旦鉴定结果为行为人属于无刑事责任能力人或限制刑事责任能力人,司法机关将不得不对行为人减免刑事处罚,如此将难以兼顾社会公共利益和民众的诉求。而现行的司法审查机制又恰恰给了司法机关“裁量”的权力和自由,法律并没有规定特定情形下强制启动精神病鉴定程序,这为司法机关个案的“利益平衡”和法官的任意裁量埋下了伏笔。司法机关在民意和社会舆论的重重压力下,有时不得不作出倾向性的价值选择,但在程序规则不明确的情况下,也难说法院的决定有违法之嫌。

---

[1] [美]约翰·罗斯福:《正义论》(修订版),何怀宏、何包钢、廖申白译,中国社会科学出版社2009年版,第67页。

[2] R. A. Duff, *The Limits of Virtue Jurisprudence*, in Michael Brady and Duncan Pritchars, eds., *Moral and Epistemic Virtue*, Oxford: Blackwell, 2003, pp. 199, 205.

[3] [新加坡]何福来:《证据法哲学——在探究真相的过程中实现正义》,樊传明、曹佳、张保生等译,中国人民大学出版社2021年版,第65页。

(二)假命题:司法精神病鉴定启动难的非普遍性

个案所反映出的精神病鉴定启动难问题,是否具有普遍性?是实务使然还是个案的不当映射?本书拟通过实务调研对此问题加以说明。

通过对中国裁判文书网2020年的刑事裁判文书进行数据检索,共检索到涉司法精神病鉴定的刑事裁判文书1282篇。据不完全统计,在侦查阶段决定启动司法精神病鉴定程序的案件1214件,占比94.7%;在审查起诉阶段这一数字则为12件,占比0.9%(统计显示,检察机关一般不自行委托鉴定机构,如果认为有必要进行司法精神病鉴定,通常以退回补充侦查的形式要求公安机关启动鉴定程序);在审判阶段申请启动精神病鉴定程序的案件56件,占比4.4%,其中法院最终决定启动精神病鉴定程序的案件8件,约占申请案件数的14.3%。上述统计数据可能存在一定的偏差,因为司法实践中有相当一部分裁判文书并不明确表述精神病鉴定启动主体或启动阶段,部分裁判文书甚至对申请进行司法精神病鉴定事项不作表述或不予回应。但整体上,上述统计数据与司法精神病学界的统计结果一致,"公安机关委托者220例(89.8%),法院委托者21例(8.6%),检察机关委托者4例(1.6%)"。[1] 统计数据显示,在审判阶段申请启动司法精神病鉴定程序的案件仅占4.4%,基于我国"侦查—起诉—审判"承继式的诉讼模式,当事人在前一个诉讼阶段权利未获保障的,通常会在后一个诉讼阶段继续主张权利,而审判阶段较少的申请案件数说明司法实践中绝大部分有精神障碍嫌疑的犯罪嫌疑人在侦查阶段既已获得鉴定的机会,仅有少部分未获得鉴定,在进入审判程序后继续主张权利。这表明,在多元审查主体、多重审查程序的把关下,有精神障碍嫌疑的犯罪嫌疑人或被告人在诉讼中基本上能够获得鉴定机会,并不存在大规模或大范围的"应鉴未鉴"情形,个别典型案件所折射出来的"启动难"问题并不具有普遍意义。这与学者以往的调研结果相一致,在涉及司法精神病鉴定的案件中,绝大部分案件的被追诉者获得了鉴定机会,仅有少数例外情况未获得鉴定。[2]

个案司法精神病鉴定启动难的问题之所以被无限放大,给社会造成普遍启动难的

---

〔1〕 张金响等:《245例完全责任能力司法鉴定案例特点分析》,载《精神医学杂志》2009年第5期。

〔2〕 参见郭志媛:《刑事诉讼中精神病鉴定的程序保障实证调研报告》,载《证据科学》2012年第6期;陈卫东、程雷:《司法精神病鉴定基本问题研究》,载《法学研究》2012年第1期。

错觉,与媒体的渲染性、夸张性报道不无关系。媒体基于“吸睛”宣传的需要,有意无意地对热点案件焦点问题进行倾向性、诱导性的报道,无形之中对社会舆论起到了推波助澜的作用。而民众在社会舆论面前,容易丧失独立判断能力和自主意识。“在暗示和传染的影响下,个体的意识人格会消失而无意识人格会变得显著。”[1]民众在舆论的暗示下,容易形成群体无意识,丧失对现实问题的分析判断能力。在媒体对个案启动难的大肆宣传和报道下,民众会不自觉地认为精神病鉴定启动难的问题普遍存在。“群体会永远徘徊在无意识的边缘地带,迅速屈服于所有的暗示,拥有所有无法上溯至理性影响的生命体所特有的暴力感受,同时失去所有的批判能力,而且除了过度轻信以外再无其他能力。”[2]

二、现实问题:司法精神病鉴定启动机制的不足

司法精神病鉴定启动难虽然不具有普遍性,但典型案例所折射出的“启动难”问题,极易导致个案处理的不公,引发“蝴蝶效应”。司法实践中暴露出来的启动权单向配置、启动审查无程序规制、启动审查无标准可循等问题,仍然是制约司法精神病鉴定制度发展的重要因素,这些问题不解决,恐怕难以真正有效解决“启动难”的问题。

(一)鉴定启动权的单向配置

在司法精神病鉴定启动权配置方面,我国法律实行鉴定启动权的单向配置,赋予侦查机关、司法机关完全的鉴定启动权,而当事人无权自行启动鉴定程序,也不享有任何的启动程序参与权。鉴定启动权被视为国家公权力,侦查机关、司法机关在鉴定启动程序上享有绝对的主导权,而当事人的诉讼主体地位被忽略,诉讼主体的程序参与性明显不足,几近沦为诉讼客体。显然,这种“一边倒”的权力配置模式并不符合程序

---

[1] [法]古斯塔夫·勒庞:《乌合之众——大众心理研究》,赵丽慧译,中国妇女出版社2017年版,第18页。

[2] [法]古斯塔夫·勒庞:《乌合之众——大众心理研究》,赵丽慧译,中国妇女出版社2017年版,第27页。

正义的要求,也有违控辩双方平等对抗的诉讼原则。“每个受该决定影响的人都有平等的机会参加到证据收集和考虑证据关联性的过程之中,否则,就是否认一个人和另一个人对同一事项的请求具有同等价值。”[1]控辩双方平等对抗是刑事诉讼的基本原则,法律应当对控辩双方同等对待、平等武装,以实现控辩双方的平等对抗。

1. 侦查机关、司法机关享有绝对的鉴定启动权。我国《刑事诉讼法》规定,侦查机关、司法机关享有独立的司法精神病鉴定启动权,均可在各自的诉讼阶段自行决定是否启动鉴定程序。同时,对决定启动鉴定程序的,还有权指定鉴定机构和选任鉴定人员。尤其是公安机关指定内设鉴定机构进行“自侦自鉴”的问题,仍然没有解决。

2005 年全国人大常委会通过立法对鉴定制度进行改革,规定我国司法精神病鉴定实行鉴定人和鉴定机构登记管理制度,[2]逐步将鉴定机构推向社会化和市场化。同时,特别规定法院和司法行政机关不得设立鉴定机构,[3]但改革留有“尾巴”,保留了公安机关根据侦查工作的需要设立鉴定机构的权力,致使多元鉴定机构并存。以北京市为例,现有具有法医精神病鉴定资质的司法鉴定机构 11 家,具有法医精神病鉴定资质的司法鉴定人共计 62 人。其中,北京市公安局监所管理总队司法鉴定中心系北京市公安局直属鉴定机构,属公安机关内设工作部门,鉴定人员具有行政编制,受公安机关直接领导和管理。鉴定机构的市场化改革初衷是解决“自侦自鉴”“自审自鉴”的问题,可改革畏首畏尾,保留了公安机关自设鉴定机构的权力。从运行效果来看,公安机关基于侦查工作开展上的便利和办案经费上的考虑,往往会优先考虑委托内部鉴定机构,这在刑事司法领域表现得尤为明显。据统计,北京市 2018 年 1 月 1 日至 2021 年 1 月 1 日,涉司法精神病鉴定刑事案件共计 506 件,其中由北京市公安局监所管理总队司法鉴定中心出具鉴定意见的案件共计 173 件,占比约为 34.2%。由此可见,鉴定机构市场化改革的初衷并没有很好地实现,司法精神病鉴定机构和鉴定人的中立性问题并没有得到很好的解决,公安机关“自侦自鉴”的情况在一定范围内仍然存在,鉴定意

---

[1] [美]杰瑞·L.马肖主编:《行政国的正当程序》,沈岿译,高等教育出版社 2005 年版,第 189 页。

[2] 参见《全国人民代表大会常务委员会关于司法鉴定管理问题的决定》(2015 年修正)第 2 条、第 3 条规定:“国家对从事司法鉴定业务的鉴定人和鉴定机构实行登记管理制度……”“国务院司法行政部门主管全国鉴定人和鉴定机构的登记管理工作。省级人民政府司法行政部门依照本决定的规定,负责对鉴定人和鉴定机构的登记、名册编制和公告。”

[3] 参见《全国人民代表大会常务委员会关于司法鉴定管理问题的决定》(2015 年修正)第 7 条规定:“侦查机关根据侦查工作的需要设立的鉴定机构,不得面向社会接受委托从事司法鉴定业务。人民法院和司法行政机关不得设立鉴定机构。”

见的公正性和可靠性仍然广受质疑。

2. 当事人鉴定启动权的缺位。我国《刑事诉讼法》规定，当事人享有知悉鉴定结果权，以及对鉴定结果不服而申请再次鉴定或补充鉴定的权利。而至于鉴定的启动、鉴定机构和鉴定人员的选任、鉴定过程的参与等，均无相关权利规定。《刑事诉讼法》甚至没有明确规定当事人享有启动鉴定的申请权，更不享有任何的事中参与权与救济权。

虽然司法实践中，当事人依据“法无禁止即可为”的法理，常常自行提起启动鉴定的申请，但这种自发的鉴定申请权并不具有完全的权能属性，由于没有明确的法律规定，在权利遭到拒绝或受到侵犯时，缺乏救济手段，难以获得有效的保障。统计案例显示，当事人对法院驳回鉴定申请并无有效的救济和制约手段，当事人不能就拒绝鉴定申请的决定申请复议或申诉，只能听之任之，这显然不是权利应有的样态。也正是因为缺乏强制性的法律规定，司法机关对鉴定启动申请的处理较为随意。

此外，当事人唯一的救济权——申请重新鉴定权，也难以有效实现。“一鉴终鉴”渐成为司法机关内部不成文的规定。统计数据显示，2018 年 1 月 1 日至 2021 年 1 月 1 日，在中国裁判文书网上共检索到存在两次或以上司法精神病鉴定的案件 75 件，而同时间段涉司法精神病鉴定的刑事案件 17, 685 件，占比仅为 0. 42%。较低的重新鉴定比例表明，司法机关过分信赖鉴定意见，轻易不会同意启动重新鉴定程序。在司法机关看来，启动重新鉴定程序是“自寻烦恼”，因为一旦出现鉴定意见不一致的情况，司法机关将难以抉择，陷入两难境地。

鉴定启动权的单向配置剥夺了当事人对正当程序的合理期待，导致当事人对鉴定结果的不信任。当事人没有参与鉴定机构和鉴定人员的选任，更没有参与鉴定过程，如果鉴定结果对其不利，很容易引起当事人对鉴定结果的质疑。当事人会不自觉地认为，这是“暗箱操作”的结果，即使鉴定结果是客观公正的，也难以令人信服，这也是司法实践中当事人动辄申请重新鉴定的重要原因。而前述 75 件存在两次或以上司法精神病鉴定的案件中，鉴定结果不一致的有 33 件，不一致率高达 44%。如此高的重新鉴定结果不一致率又反噬重新鉴定，导致司法机关不敢轻易启动重新鉴定程序。这样的“恶性循环”，使得司法精神病鉴定启动机制的运行更加不畅。

(二)鉴定启动审查缺乏程序规制

《刑事诉讼法》赋予侦查机关、司法机关对司法精神病鉴定的启动权,但规定过于笼统宽泛,缺乏必要的程序规制。在侦查阶段,虽有规定对于有必要开展司法精神病鉴定的,办案人员应该经县级以上公安机关负责人的批准,但这种内部自下而上的行政审批,也仅是行政机关内部的约束程序,并不具有对外效力,且鉴定与否均不需要出具决定书或通知书等任何形式的法律文书。在审查起诉阶段,对于需要进行精神病鉴定的,虽有规定应当由检察院内部有鉴定资格的人员进行鉴定,但对启动的程序性事项几乎未作规定。在审判阶段,司法精神病鉴定申请作为庭前审查事项,不同于非法证据排除申请,并没有专门的强制性法律规定或规范性法律文件用于规制审查程序。

以法院统计案例为例(见表3-1),法院对司法精神病鉴定启动申请的审查存在审查形式随意,审查内容宽泛,审查处理方式杂乱等问题,程序的规范性无从谈起,遑论审查结果的正当性。

1. 法院审查形式随意:以书面审查为主,辅以庭前会议。统计案例显示,法院对司法精神病鉴定申请的审查以书面审查为主,通常不提讯被告人,不听取控辩双方的意见,主要依据当事人提交的书面材料进行审查;仅有少数案件法院组织召开庭前会议,就是否启动鉴定程序,听取控辩双方的意见。而至于在何种情形下需要召开庭前会议,则完全由法官自由裁量。

2. 法院审查内容宽泛:形式审查与实质审查并行。统计案例显示,法院对司法精神病鉴定申请的审查,一方面进行形式审查,对不符合《精神疾病司法鉴定暂行规定》第17条的规定,未提交相关证明材料的,常以不符合规定为由驳回申请(表3-1案例8、案例9);对仅有辩护人申请鉴定,而被告人及其近亲属未申请或放弃申请的,常以主体不适格为由驳回申请(表3-1案例6)。另一方面进行实质审查,通过分析被告人在诉讼中的精神状况,作案时的动机是否明确,是否具有自我保护意识,讯问时是否清醒等,自行作出精神病和责任能力判断,进行没有鉴定的"鉴定"(表3-1案例7、案例8、案例10)。经常以未发现被告人患有精神病或有不能辨认或控制自己行为能力的情形为由,驳回鉴定申请。而临床精神病学表明,上述表征并不能科学地界定被告人是否患有精神病。比如偏执型精神障碍者,这类精神病人仅是部分情感或心理功能受损,而其他功能则相对完整,他们在情感表达、与人接触上通常看不出异常,在实施犯罪前往往会制订周密的犯罪计划。如果仅以被告人有预谋、思维清晰、表现正常为由拒绝启动司法精神病鉴定,则容易以偏概全,出现误判。

3. 法院审查处理方式杂乱:口头告知或一并判决。统计案例显示,法院对精神病鉴定申请的审查结果,通常会在诉讼中以口头形式告知,或者是待到判决时一并在裁判文书中予以说明,而不会出具决定书或裁定书等专门性的法律文书。司法机关不出具独立的法律文书,当事人便无法针对审查结果申请复议或提起申诉,权利救济无从谈起。

表 3－1　审判阶段申请启动鉴定的典型案例

编号	案件	申请人	申请事由	审查形式	启动与否	审查意见
1	(2017)川 01 刑初 175 号	辩护人	向法庭提交医院就诊单证明张某溪患有抑郁症	召开庭前会议	启动	法院召开庭前会议,就精神病鉴定听取控辩双方意见,公诉人发表不需要对张某溪进行精神病鉴定的意见。法院最终依职权启动对张某溪的精神病鉴定。鉴定意见为部分刑事责任能力
2	(2019)鲁 0784 刑初 365 号	被告人	自述患有精神病	书面审查	启动	鉴定意见为李某友作案时患“偏执型精神分裂症”,为限定刑事责任能力
3	(2019)甘 0921 刑初 7 号	辩护人	向法庭提交精神病鉴定申请,自述患有癫痫	书面审查	启动	鉴定意见为王某患癫痫,作案时处于癫痫间歇期,辨认能力存在,控制能力削弱,有部分刑事责任能力
4	(2018)鲁 0112 刑初 306 号	被告人	向法庭提交医院诊断证明,证明其曾患双相障碍	书面审查	启动	鉴定意见为杨某良曾患双相障碍,作案时处于普通醉酒状态,为完全刑事责任能力
5	(2018)川 0822 刑初 49 号	被告人	自述患有精神病	召开庭前会议	启动	法院召开庭前会议,对张某生申请精神病鉴定进行听证,后依职权委托鉴定。鉴定意见为完全刑事责任能力

续表

编号	案件	申请人	申请事由	审查形式	启动与否	审查意见
6	（2019）鄂0103刑初903号	辩护人	王某由患有抑郁症，其本人及其妻子在侦查、审查起诉阶段曾提出精神病鉴定的申请	书面审查	未启动	法院认为，王某由及其妻子在侦查、审查起诉阶段曾向公安机关提出精神病鉴定申请，但在王某由取保候审后又以王某由在案发期间精神正常为由撤回申请，王某由也当庭表示不要求进行精神病鉴定，故不启动鉴定
7	（2020）浙0681刑初586号	辩护人	辩护人提交证明徐某伟患有精神疾病的书面证据	书面审查	未启动	法院认为，有关精神状况的书证虽证明被告人患有精神疾病，但患有精神疾病不等于精神病人，徐某伟作案的思路清晰，归案后直至庭审，认知正确，表达能力通畅；在关押期间，没有发生不能辨认或者不能控制自己行为的情况，具备完全刑事责任能力，辩护人申请缺乏客观事实依据
8	（2018）鲁0781刑初93号	被告人家属及辩护人	杨某存在精神上或智力上的障碍	书面审查	未启动	法院认为，申请人未提交证据证实杨某案发前曾因精神疾病或智力障碍就医或杨某家族存在精神病史的相关证据。通过查看杨某在侦查阶段的供述、在庭审中与杨某进行交流，杨某陈述事实、回答问题均思维清晰、逻辑清楚、语言表达流利、条理分明，未发现精神异常情形，不具备鉴定的条件
9	（2019）鄂1223刑初189号	辩护人	辩护人当庭口头陈述蔡某鹏患有抑郁性精神病	书面审查	未启动	法院认为，辩护人当庭口头陈述蔡某鹏患有抑郁性精神病，未提交任何证据，开庭后经法院告知后仍未提交相关证据，可以视为其放弃申请鉴定
10	（2019）桂0103刑初798号	辩护人	被告人梁某光答非所问，逻辑不清，患精神疾病的可能性极大，申请鉴定	书面审查	未启动	法院认为，梁某光在侦查阶段多次稳定供述与同案犯供述、被害人陈述相互印证，庭审中亦未发现梁某光有不能辨认或控制自己行为能力的情形，故对鉴定申请不予支持

（三）鉴定启动审查无标准可循

侦查机关、司法机关对精神病鉴定启动申请的审查，缺乏统一标准，对于符合什么样的条件或在什么样的情况下应当鉴定，没有明确的规定。目前，侦查机关、司法机关审查判断的主要依据是行为人是否存在明显精神异常、家族及本人是否患有精神病史等情况，但启动鉴定具体需要达到什么样的条件，缺乏明确、规范的参照标准，法律更是没有规定强制性鉴定的情形，致使司法机关在审查过程中随意性很强，“选择性鉴定”问题时有发生。

1. 鉴定启动标准缺失。统计案例显示，司法机关决定启动或不启动精神病鉴定的标准不一，存在将精神病鉴定启动标准混同为责任能力判断标准的情形。如表 3－1 案例 7 和案例 10，法院均以未发现有不能辨认或控制自己行为能力的情形为由，驳回鉴定申请，而这实际上是将责任能力的判断标准确定为鉴定程序的启动标准，无形之中提高了启动的门槛。司法精神病鉴定是为了解决行为人是不是“精神病人”这一专门性问题，首要任务是确定行为人是否存在精神障碍，因此鉴定启动标准应当是围绕是否存在精神障碍来确定，而不能越过“精神病人”这一前置条件，直接以辨控能力的有无作为鉴定启动标准。

2. 鉴定启动缺乏强制性启动规定。我国法律并没有规定强制启动精神病鉴定的情形，即使是可能判处死刑的暴力性犯罪案件，司法机关也可能拒绝启动鉴定程序。正如前述个案“启动难”所暴露的问题，司法机关迫于社会压力，基于“精神病人减免刑事处罚”的担忧，通常会拒绝启动鉴定程序。而实际上司法机关的这种担忧与现行《刑法》对精神病人“宽容以待”的人道主义精神相违背，与实事求是的诉讼原则相矛盾，也不符合司法审查的逻辑规律，不能以后续可能的鉴定“结果”来反向否定鉴定程序的启动。况且，“有病”并不等于“无责”，启动鉴定程序并不意味着必然减免刑事处罚。统计数据显示，2018 年 1 月 1 日至 2021 年 1 月 1 日，在中国裁判文书网上共检索到涉司法精神病鉴定的死刑复核案件 23 件，除 1 件被裁定驳回精神病鉴定申请外，其余案件均进行了司法精神病鉴定。其中，有 3 件案件被告人经鉴定存在精神障碍，作案时属于限制刑事责任能力人，但最终被核准判处死刑，缓期 2 年执行；另有 6 件案件被告人虽经鉴定存在精神障碍，但作案时具有完全刑事责任能力，同样被核准判处死刑，缓期 2 年执行；其余 13 件案件被告人经鉴定并不存在精神障碍，具有完全刑事责任能力，均被核准判处死刑，缓期 2 年执行。这说明行为人有“精神障碍嫌疑”并不等于有“精神障碍”，即使有精神障碍也并不必然导致减免刑事处罚，精神障碍并不是“免死金牌”。

第二节

司法精神病鉴定启动的模式

司法精神病鉴定意见是刑事诉讼中的重要证据材料，如何取得该项证据，谁享有鉴定程序启动权，是首先需要明确的问题。[1] 鉴定启动权配置合理与否，直接关系到诉讼程序规则的设计，影响案件事实的发现和当事人诉讼权利的保护。如前所述，我国在司法精神病鉴定启动权配置方面，采取纯单向配置模式，存在一定的弊端，有必要通过考察域外国家的相关规定，借他山之石，来完善我国司法精神病鉴定启动模式。

大陆法系国家与英美法系国家在诉讼构造、证据制度等方面存在差异，对鉴定意见或专家证言的定位不同，在鉴定启动权配置方面也各异，由此形成了各具特色的鉴定启动模式。

一、大陆法系国家的精神病鉴定启动模式

（一）主要国家鉴定启动模式的考察

大陆法系国家普遍采取职权主义诉讼模式，将发现案件事实真相作为诉讼的首要目标，强调国家权力在查明案件事实真相过程中的主导作用，不仅侦查机关和检察机关有义务依职权查明案件事实，审判机关亦有查明案件事实真相的义务，可依职权主动查明未尽之事实。受职权主义诉讼模式的影响，大陆法系国家视鉴定为侦查手段，将鉴定视为帮助裁判者解决案件中专门性问题的活动。因此，它们将鉴定启动权视为司法权的一部分，并实行司法官授权鉴定制度。通常情况下，由司法机关依职权决定

---

〔1〕 参见郭华：《鉴定结论论》，中国人民公安大学出版社2007年版，第197页。

是否启动鉴定，以及由谁来进行鉴定。

1. 德国的精神病鉴定启动模式。(1)鉴定的申请与决定方面。德国是典型的大陆法系国家，鉴定启动权被视为准司法权，鉴定启动的决定权在法官，由法官主持鉴定工作。[1] 同时，法律赋予检察院与法院同等的鉴定启动权，证人和鉴定人有义务配合传唤前往检察院，就案件作出陈述或鉴定。[2] 针对精神病鉴定启动权，法律还规定了强制性鉴定事项，《德国刑事诉讼法典》第80条a规定："如果预计被指控人将被安置精神病院、戒毒所或被命令保安管束，则在侦查程序中就应当给予鉴定人机会，为在法庭审理中提出鉴定做准备。"此外，被指控人有权申请法院通知自行提名的鉴定人在鉴定时到场，如果法院拒绝申请，被指控人还可以自行通知，只要不妨碍法官指定的鉴定人进行活动，准予参与必要的调查。[3] (2)鉴定人的选任方面。在德国，鉴定人具有较高的诉讼地位，被称为"穿白衣的法官"，法官对鉴定人高度信赖。鉴定人由法官或检察官来选任，并确定其人数。同时，法律亦对法官、检察官享有的选任权作出一定的限制，通常只能在官方指定的鉴定人中进行选任。[4] 一般情况下，鉴定人有接受选任的义务，否则会受到一定的处罚。[5] (3)鉴定启动权救济方面。其一，拒绝权。检察官、自诉人和被指控人享有对鉴定人的拒绝权，如果存在对鉴定人中立性构成不信任的理由，则可因偏袒之虞申请拒绝之，法院应当告知拒绝权人被任命的鉴定人的姓名，拒绝理由应当释明，但是鉴定人曾作为证人接受询问的，不得援引为拒绝理由。[6] 其二，抗告权。对法院在诉讼过程中拒绝启动鉴定程序的裁定或处置，准许提

---

[1] 参见《德国刑事诉讼法典》第78条规定："只要法官认为有必要，应当主持鉴定人工作。"

[2] 参见《德国刑事诉讼法典》第161条a规定："证人和鉴定人有义务依传唤前往检察院，就案件作出陈述或鉴定。除另有规定外，第一编第六章和第七章关于证人和鉴定人的规定相应适用。"

[3] 参见《德国刑事诉讼法典》第168条d规定："被指控人享有申请法院传唤自行提名的鉴定人在鉴定时到场的权利，法官拒绝申请时，被指控人可以自行传唤，只要不妨碍法官指定的鉴定人进行活动，准予参与勘验和必要的调查。"

[4] 参见《德国刑事诉讼法典》第73条规定："选任应延请的鉴定人并确定其人数，由法官为之。对一定种类的鉴定已经有官方指定的鉴定人，则仅当特殊情况要求时，才另选任其他人员。"

[5] 参见《德国刑事诉讼法典》第75条规定："被任命为鉴定人者，如果其由官方指定从事特定种类鉴定工作，或者公营性从事学术、艺术或行业工作，且前述工作知识为鉴定前提，或者其由官方指定或授权从事前述工作，则必须接受选定。"

[6] 参见《德国刑事诉讼法典》第74条规定："(一)鉴定人可以因同于拒绝法官的理由被拒绝。但是，鉴定人曾作为证人接受询问的，不能援引为拒绝理由。(二)检察院、自诉人和被指控人有拒绝权。如果无特别情况相抵触，应当告知拒绝权人被任命的鉴定人的姓名。(三)拒绝理由应当释明；宣誓不得作为释明方法。"

起抗告。[1]

2. 法国的精神病鉴定启动模式。(1)鉴定的申请与决定方面。法国的鉴定决定权由法官统一行使,法官可以依职权、依据检察官要求或当事人的请求决定进行鉴定。鉴定人向法官负责,在法官的监督下开展鉴定工作。[2] 鉴定人须与预审法官或指定的司法官联络,并就有关鉴定人的工作进度进行报告,以便法官能随时采取有效措施。[3] 检察官并不能自行决定启动精神病鉴定,其与当事人一样,仅享有申请进行鉴定的权利而没有决定权,两者享有同等的鉴定申请权,体现了控辩双方在精神病鉴定启动方面的权利对等性。(2)鉴定人的选任方面。预审法官有权指定鉴定人,依据其给予的信任程度选任其需要的鉴定人,但指定范围原则上应当从法院设置的鉴定人正式名单中挑选。[4] 如果受到指定的鉴定人为法人,其法定代表人应当将在本法人内以法人名义进行鉴定的自然人的名字送交法院认可。预审法官也可以借助没有在任何名册上登记的鉴定人,在此情况下,他必须在说明理由的决定中详细地解释作出这一选择的理由;否则决定无效。[5] (3)鉴定启动权救济方面。其一,要求附理由驳回鉴定申请。虽然检察官和当事人的申请对预审法官不具有当然的约束力,但法律同时限制预审法官的任意决定权,要求预审法官作出一项说明理由的裁定,才能驳回要求进行鉴定的申请。[6] 其二,申请间接参与鉴定过程。当事人可以请求法院指示鉴定

---

[1] 参见《德国刑事诉讼法典》第 304 条规定:"只要法律未明确规定排除异议,对法院第一审或上诉程序中作出的所有裁定、对审判长作出的处置、对法官侦查程序中作出的处置以及对受命或受托法官作出的处置,准许抗告。"

[2] 参见《法国刑事诉讼法典》第 156 条规定:"任何预审法官或审判法官,在案件遇有技术问题的情况下,或者应检察官的要求,或者依职权,或者应当事人的请求,得命令进行鉴定。鉴定人在预审法官的监督下进行鉴定,或者在命令鉴定的法院指定的司法官的监督下进行鉴定。"

[3] 参见《法国刑事诉讼法典》第 161 条第 3 款规定:"鉴定人应当与预审法官或受委派的司法官保持联系,完成鉴定任务,并应随时将鉴定的进展情况告知预审法官或司法官,以便其能随时采取有效措施。"

[4] 参见《法国刑事诉讼法典》第 157 条规定:"鉴定人应从最高法院办公厅制作的全国专家名册所列的自然人或法人中选取,或者从各上诉法院与总检察长商定提出的名册中选取",第 159 条规定,"预审法官指定负责进行鉴定的鉴定人。如案情证明有此必要,预审法官可以指定数名鉴定人。"

[5] 参见[法]贝尔纳·布洛克:《法国刑事诉讼法》,罗结珍译,中国政法大学出版社 2009 年版,第 429 页。

[6] 参见《法国刑事诉讼法典》第 156 条规定:"预审法官认为不应同意有关进行鉴定的请求时,最迟应在收到鉴定请求起一个月期限内,作出说明理由的裁定。"

人进行特定调查,或者听取可能为鉴定人提供技术信息的特定人员的意见。[1] 其三,对驳回裁定的上诉权。对预审法官驳回鉴定申请的裁定,可以向上诉法院提出上诉。如果预审法官未在规定的期限内作出是否准许的裁定,当事人还可以直接向上诉法院预审庭提出请求。[2]

(二)大陆法系国家精神病鉴定启动模式分析

1. 大陆法系国家精神病鉴定启动模式的理论根基。大陆法系国家一般由司法机关掌控精神病鉴定启动权,将鉴定启动权赋予法官、检察官(法国检察官例外)。法官、检察官对是否需要进行鉴定,由谁进行鉴定享有决定权,而被追诉方或辩护方并不享有自行启动精神病鉴定的权利。此种单方的精神病鉴定启动模式与职权主义的诉讼理念息息相关,一方面,职权主义强调国家权力机关依职权查明案件事实的作用,"他们将极端能动型国家的一项基本预设——国家利益永远优先于私人利益——传输到司法领域"。[3] 此种模式也称作"政策实施型司法",法律程序的设计应当服务于国家政策,"司法作为政策实施工具的地方,国家必定会保留选择是否启动诉讼的权力"。[4] 鉴定被视为查明案件事实的一种手段或方法,是国家权力机关依职权调查取证的行为,因此,鉴定启动权应当由国家来控制,被作为司法权的一部分予以制度安排。另一方面,职权主义以发现实体真实为诉讼目标,鉴定的目的是弥补法官在相关专业领域的知识和经验的不足,帮助法官查找事实真相。因此,鉴定具有准司法的性质,鉴定人甚至被称为"穿白衣的法官"。

2. 大陆法系国家精神鉴定启动模式的特点。(1)司法机关掌控精神病鉴定启动权,鉴定具有较高的公信力。鉴定通常由法官主导或指挥,鉴定程序的启动、鉴定人的

---

[1] 参见《法国刑事诉讼法典》第156条,2004年3月9日第2004-204号法律第126条、第127条规定,鉴定过程中,各当事人均可请求命令进行鉴定的法院指示鉴定人进行特定的调查,或者点名指出可能为鉴定人提供技术方面的情况的任何人,并请法院指示鉴定人听取这些人对情况的说明。

[2] 《法国刑事诉讼法典》第186-1条规定:"上诉法院预审庭庭长得在收到案卷后8日内以说明理由的裁定认定并无必要向上诉法院预审庭提交上诉。"

[3] [美]米尔伊安·R.达玛什卡:《司法和国家权力的多种面孔》,郑戈译,中国政法大学出版社2015年版,第122页。

[4] [美]米尔伊安·R.达玛什卡:《司法和国家权力的多种面孔》,郑戈译,中国政法大学出版社2015年版,第200页。

选任均由法官来决定,鉴定的开展直接受制于法官,在法官的监督下进行。由此,鉴定人接受指定或委托后只需要服从法官的命令,利用自己的专业知识作出分析判断,而不受控辩双方利害关系的影响,这在一定程度上可以保证鉴定人客观中立地开展鉴定工作。同时,大陆法系国家的鉴定机构或鉴定人设有严格的准入门槛,一般需要经过国家有关部门或机构的审批确认,这在一定程度上可以保证鉴定工作的开展质量。此外,鉴定启动权的公权力属性也有利于提高鉴定的公信力。此种权力配置模式源于国家机关的权威和公众对司法机关的信任,在司法机关具有普遍公信力的情况下,公众对司法机关的信任自然转化为对权力行使的信赖,司法机关主导下的司法精神病鉴定容易得到认可和接受。(2)当事人享有广泛的精神病鉴定启动程序参与权,注重程序公正。在大陆法系国家,当事人享有申请鉴定人回避权或拒绝权,请求鉴定人宣誓权;在法国,控辩双方享有同等的启动申请权,以及享有请求法官指示鉴定人进行特定调查或听取特定人的意见的权利;在德国,辩护方可以延请自行提名的鉴定人,参与必要的调查。此种多流程、多方位的程序参与,充分体现当事人的诉讼主体地位和角色,有利于实现"可得见"的正义,增强程序的公正性,从而提升鉴定的公信力,避免不必要的重复鉴定,提高诉讼效率。(3)当事人享有较完备的精神病鉴定启动程序救济权,注重权利保护。在大陆法系国家,司法机关拒绝启动精神病鉴定程序的,应当作出附理由的裁定,从而限制法官的任意决定权;当事人对驳回申请裁定或处置不服的,享有上诉权或抗告权。"有权利就有救济",此种多方位的权利救济方式,有利于保障当事人的权利落到实处。

3. 大陆法系国家精神鉴定启动模式的不足。(1)容易导致司法机关的专断。公权力在私权利面前具有天然的优势,如果缺乏有效的监督和制约,很容易导致公权力的肆意和专断。司法机关单方享有精神病鉴定启动的决定权,当事人仅享有精神病鉴定启动的申请权,当事人的申请权对司法机关并不具有必然的约束力,此种权利配置上的失衡,需要配备强而有力的监督制约机制,否则容易导致权力行使的肆意和专断。(2)容易侵犯当事人的诉讼权利。采取司法机关主导型的精神病鉴定启动模式,鉴定启动的决定权、鉴定机构或鉴定人的选任权均由司法机关行使,这实际上剥夺了当事人自行获取精神病鉴定意见这一科学证据的取证权和鉴定程序的选择权,当事人的诉讼主体地位得不到充分的体现,诉讼权利容易受到侵犯。(3)容易形成对精神病鉴定的依赖。精神病鉴定具有"准司法"的属性,鉴定专家一般具有较高的诉讼地位,甚至被称为“穿白衣的法官”，而法官由于缺乏精神病方面的专业知识，对精神病鉴定高度信赖，通常情况下不作或稍作审查即采信鉴定意见，最终使法庭举证、质证、认证等诉讼程序流于形式。同时，由于缺乏有效的庭审对抗或对质机制，鉴定意见往往得不到有效的质证，鉴定人很少有“竞争”或“追责”的压力，鉴定人的责任心并不强，鉴定意见的质量有时难以保证。

二、英美法系国家的精神病鉴定启动模式

（一）主要国家精神病鉴定启动模式的考察

英美法系国家采取当事人主义诉讼模式，诉讼由平等对抗的控辩双方来主导和推动。双方依据程序规则和证据规则，各自提出事实主张和证据依据，并在诉讼中交互质询和辩论，共同推动诉讼的进展，而法官居中裁判，消极被动，不主动调查收集证据，仅是依据双方提供的事实主张和证据裁判案件。与此相对应，精神病鉴定的启动一般由控辩双方自行决定，双方均可委托精神病专家独立进行评估。精神病专家在诉讼中是专家证人，鉴定人所出具的评估报告仅是一种专家证词。

1. 美国的精神病鉴定启动模式。(1) 当事人自主启动权。美国在精神病鉴定启动模式上采取当事人主义，控辩双方自行决定是否聘请精神病专家进行鉴定，以及聘请哪位专家进行鉴定。就专家证人的资格而言，美国采取广义的专家概念，专家证人不必是相关领域内声名卓著的专家，一个人可以因知识、技能、经验、训练或者教育而具备专家资格的证人。[1] 这不仅包括医生、物理学家等专业人士，还包括“熟练”(skilled) 证人的庞大群体。[2] 也就是说，在美国精神病专家的范围是宽泛的，通常情况下并没有特定的条件限制。法院有权确定精神病专家资格，且具有很大的自由裁量

〔1〕 参见《美国联邦证据规则》第 702 条规定：“在下列情况下，因知识、技能、经验、训练或者教育而具备专家资格的证人，可以以意见或者其他的形式就此作证：……”

〔2〕 See Fed v. Dannerberg, 906 F. 2d 1253 (8th Cir. 1990).

权。《美国联邦证据规则》第104条a〔1〕规定了证人资格等预备性问题应当由法院裁定的一般原则,关于一个人是否具有作为证人之资格的预备性问题,应当由法院在遵守第104条b〔2〕的情况下作出决定。法院评定专家资格,既是法律问题,也是事实问题。"法官还决定一个被传唤来作证的人是否有专家资格的问题。这是个'证人资格问题',它是事实结论和法律结论的混合,可以概括如下:他有什么样的背景(训练或者教育)? 这是否足以使他成为专家?"〔3〕法院评估时较为自由和灵活,且法院的裁决只有在存在显见错误的情况下才会被推翻。〔4〕(2)法院指定专家证人权。美国判例通常认为法院具有指定专家证人的固有权力,"审判法官有指定其自行选定的专家的固有权力,这实际上是毫无疑问的"。〔5〕《美国联邦证据规则》第706条a明确规定了此项权力,并详细规定了应当遵循的程序和界限。〔6〕尽管如此,美国法院在实践中也很少行使此项权力,因为当事人承担证明案件事实的主要责任。根据《美国联邦证据规则》的规定,法院指定专家证人的程序具有以下特点:其一,法院可以自行启动或者应当事人请求而启动该程序。如果当事人不同意法院指定专家证人,则应当解释不能指定专家的理由。其二,法院仅能指定愿意充任专家证人的人员。换言之,为了得到专家证人最大限度的帮助,法院不能强制性征用专家证人。其三,通常情况下,法院应当以书面形式告知被指定专家证人的职责。〔7〕

2. 英国精神病鉴定启动模式。(1)指令还押进行精神病报告。在英国,控辩双方均有权启动精神病鉴定,但对被羁押的被指控者而言,控辩双方应首先申请法院将被指控者还押至医院,以便报告被指控者的精神状况,因为法院认为如果被指控者被保

〔1〕参见《美国联邦证据规则》第104条a规定:"法院必须就一个人是否具有作为证人的资格、特免权是否存在以及证据是否可采的预备性问题作出决定。在作出决定时,法院不受证据规则的约束,但有关特免权的规则除外。"

〔2〕《美国联邦证据规则》第104条b规定:"取决于某事实的相关性。当证据的相关性取决于某事实是否存在时,必须提出足以支持认定该事实确实存在的证明。法院可以以随后提出该证明为条件采纳该准备提出的证据。"

〔3〕Christoper B. Mueller & Laird C. Kirkpatrick, Evidence, § 1.10(3rd ed. 2003).

〔4〕参见王进喜:《美国〈联邦证据规则〉(2011年重塑版)条解》,中国法制出版社2012年版,第213页。

〔5〕Fed. R. Evid. 706 advisory committee's note.

〔6〕《美国联邦证据规则》第706条a规定:"指定程序。法院可以根据当事人的动议或者自行决定,命令当事人说明不应当指定专家证人的理由,并可以要求各方当事人提出提名。法院可以指定经各方当事人的同意的任何专家证人,也可以指定自行选择的专家证人。但是法院只能指定同意充任专家证人的人。"

〔7〕参见王进喜:《美国〈联邦证据规则〉(2011年重塑版)条解》,中国法制出版社2012年版,第235页。

释还押，就其精神状况提出报告是不切实际的。在被指控者可能不适合答辩时，控方或辩护方应当在传讯之前使法官注意这一事项，虽然人们通常期待辩护方来完成此事，但控方也可能认为这是自身的责任而主动提出。[1] 根据《英国精神健康法》[2]第35条(2)(3)的规定，任何因可判处监禁的罪行而在法院等候审讯的人，或因该罪行而在法院被传讯，或任何已被法庭裁定犯可依简易程序定罪而判处监禁的罪行的人，只要法院确信他“实施了行为或对指控的事实有疏忽(即他实施了不作为的罪行)”，[3]且根据注册有资格的医生的书面或口头证据，确信有理由怀疑被指控者患有精神障碍，法院得指令警员或任何其他人，将被指控人送往法院指明的医院，以便报告被指控人的精神状况。同时，“如果法院根据本节将被指控者还押，如果法院根据负责报告的经批准的临床医生的书面或口头证据，认为需要进一步还押以完成对被指控者精神状况的评估，则可以进一步还押被指控者”[《英国精神健康法》第35条(5)]。

(2)自行选择鉴定医生出具报告。辩护方有权自行选择注册医生或经批准的临床医生，以便获得关于其精神状况的独立报告。“根据本条被还押到医院的被指控者有权自费从其选择的注册医生或经批准的临床医生处获得关于其精神状况的独立报告”[《英国精神健康法》第35条(8)]。就出具报告的医生资格而言，要求出具报告的医生应为国务卿批准，或国务卿授权机构批准的，在精神疾病诊断或治疗方面具有特殊经验的从业者。同时，精神病报告应当向被指控人或其授权人员披露，“如果被指控者有授权人员代表，则应向授权人员提供一份报告副本；如被指控者并无如此代表，则该报告的内容须向被指控者披露，如被指控者是儿童或青少年，则须向其父母或监护人(如在法庭上)披露；除非该报告只关乎他入院的安排，否则被指控者可要求传召该报告的签署人提供口头证据，而反驳该报告所载证据的证据可由该人或其代表传召”[《英国精神健康法》第54条(3)]。

---

[1] 参见[英]约翰·斯普莱克：《英国刑事诉讼程序》，徐美君、杨立涛译，中国人民大学出版社2006年版，第372页。

[2] UK Public Acts: Mental Health Act 2007, in https://www.legislation.gov.uk/ukpga/2007/12/contents.

[3] [英]约翰·斯普莱克：《英国刑事诉讼程序》，徐美君、杨立涛译，中国人民大学出版社2006年版，第231页。

(二)英美法系国家精神病鉴定启动模式分析

1. 英美法系国家精神病鉴定启动模式的理论根基。英美法系国家视鉴定为证明方法,将专家证言纳入证人证言范畴,实行专家证人制度。控辩双方平等享有鉴定启动权,均有权向法庭提出自己的专家证人,鉴定程序的启动通常由当事人主导。此种双向的精神病鉴定启动模式与当事人主义的诉讼理念息息相关,一方面,当事人主义强调意思自由和程序自治,重视当事人在诉讼中的主导作用,认为法律程序的设置应当服务于解决纠纷的目的,证据的提出、事实的发现和程序的进展主要由当事人来推动,此种诉讼理念必然导致诉讼程序的设计当事人化。另一方面,当事人主义强调法庭中心主义,法官中立、消极、被动司法,控辩双方平等武装,公平对抗,“一起诉讼就是一次象征性的竞赛,两造在一种古典的三边关系中尽力说服一位决策者认可自己一方且与对方迥异其趣的主张”。[1] 这就要求将精神病鉴定启动权平等赋予控辩双方,由控辩双方来完成对特定争议事实的举证责任。

2. 英美法系国家精神病鉴定启动模式的特点。(1)控辩双方平等享有精神病鉴定启动权。虽然英国有还押程序,但法院启动还押程序仅需要达到“有理由怀疑”的证明程度,在启动还押程序后,控辩双方均可自行委托精神病专家出具精神病报告,并有权提请精神病专家出庭作证。这符合控辩平等的现代刑事诉讼理念,有助于诉讼主体的平等有效对抗,通过对专家证人的交叉询问、有效质证,推动精神病这一专业问题在法庭面前全方位、多层面的展开,从而使事实审理者能够兼听双方当事人提供的证据,有助于对被指控者的精神状态作出准确的判断。(2)控辩双方实质参与精神病鉴定程序。虽然英国就精神病专家资格设定有一定的条件,但总体而言,控辩双方均可自行选任精神病专家,独立出具精神病报告,并有权决定是否将精神病报告提交法庭或提请精神病专家出庭作证。这充分体现了当事人的意思自治和诉讼主体角色,保障了当事人的诉讼程序参与权。(3)当事人可以多元启动精神病鉴定程序。在英美法系国家,当事人可以不适合答辩、精神病无罪抗辩、不适合监禁等事由,决定启动精神

---

〔1〕[美]米尔伊安·R.达玛什卡:《司法和国家权力的多种面孔》,郑戈译,中国政法大学出版社2015年版,第113页。

病鉴定程序,委托精神病专家出具报告。通常情况下,辩护方以不适合答辩启动精神病鉴定程序的案件居多,大多数涉精神病鉴定案件被消化吸收在诉讼前阶段,这也是美国“因精神错乱而无罪”(Not Guilty by Reason of Insanity,NGRI)抗辩成功率低的原因。[1]

3. 英美法系国家精神病鉴定启动模式的不足。(1)精神病专家的当事人化容易使专家意见带有某种倾向,难以保证专家意见的客观中立。精神病报告或精神病专家意见是评判被追诉者精神状态的主要证据,当事人出于诉讼利益考虑,会竭尽所能聘请有利于自己的专家证人,而专家证人受聘于当事人,出于利益关系,常常会自觉或不自觉地使专家证言带有某种倾向性,从而使专家意见的公正性和可靠性受到质疑。“选购专家的做法,某些专家的受贿行为,以及许多著名专家不愿意涉身诉讼,都引起了深深的忧虑。”[2](2)精神病鉴定启动的当事人主义容易导致诉权的滥用,引发大量不必要的鉴定,不仅浪费鉴定资源,而且拖延诉讼,影响诉讼效率。鉴定专家在法庭上各执一词,陷入无休止的科学争论之中,法庭变成了科学论战场,极大地影响了诉讼效率。(3)冗长的交叉询问程序容易导致法庭成为竞技场,控辩双方各自的专家置身于己方当事人与对方对抗,使专门性的知识问题更加复杂,容易导致相互冲突的专家证言混淆视听,反而不利于事实裁判者发现案件事实。

三、两大法系国家精神病鉴定启动模式的融合

两大法系国家精神病鉴定启动模式各有利弊,正是基于这样的认识,二者在发展过程中,互为借鉴,相互吸收,进行了系列改革,以求克服原有制度存在的弊端。大陆法系国家不断吸收当事人主义的合理因素,强化鉴定程序中的制约机制,注重当事人诉讼权利的保护和增强控辩双方参与鉴定程序的能力。英美法系国家也意识到鉴定完全当事人化的弊端,致力于强化鉴定人的客观中立地位,限制当事人任意启动司法精神病鉴定程序。

---

〔1〕 参见徐声汉:《美国司法精神病学的状况》,载《精神医学杂志》2009 年第 1 期。

〔2〕 Fed R. Evid. 706 Advisory Committee's Note.

(一)大陆法系国家对司法机关精神病鉴定启动权的适当制衡

司法机关主导精神病鉴定,虽然有利于保证鉴定人的客观、中立性,提高诉讼效率,却存在无视当事人的诉讼权利,有违控辩“平等武装”等程序正当性原则。鉴于此,大陆法系国家也在不断地吸收、借鉴当事人主义启动模式的优点,不断地丰富和完善职权主义启动模式。

1. 赋予控辩双方平等的鉴定请求权。较为典型的当数法国,法国实行纯粹的法官令状主义,仅法官享有鉴定决定权,检察官和被指控者平等享有鉴定请求权。同时,法院决定不予启动精神病鉴定的,需要作出附理由的裁定,对此裁定,当事人享有上告权。

2. 增强控辩双方鉴定程序参与权。较为典型的当数德国,在德国,被指控人享有申请法院传唤自行提名的鉴定人在鉴定时到场的权利,只要不妨碍法官指定的鉴定人进行活动,准予参与必要的调查。日本作为改进型大陆法系国家,也准许控辩双方在鉴定时在场。[1]

3. 确立精神病鉴定技术顾问制度。较为典型的当数意大利,意大利通过引进技术顾问制度来削减精神病鉴定启动的职权主义色彩。控辩双方均可以在法院决定鉴定前或决定鉴定后任命自己的技术顾问,技术顾问有权参加鉴定人的选任活动以及精神病鉴定工作,并提出工作要求、评论和保留性意见。[2] “这种技术顾问是在法院垄断或控制鉴定启动权制度下,为充分保障双方当事人对鉴定活动参与权和有效的监督权,形成了‘鉴定人完全服务于法院’和‘技术顾问完全服务于当事人’的双层制约模式。”[3]

---

〔1〕 参见《日本刑事诉讼法》第170条规定:“检察官及辩护人可以在鉴定时在场。在告知审判长后可以询问鉴定人。”

〔2〕 根据《意大利刑事诉讼法典》第225条、第230条、第233条的规定,在未作出鉴定决定的情况下,各方当事人均可任命自己的技术顾问,这些技术顾问可以向法官提出自己的意见。在决定进行鉴定后,公诉人和当事人有权任命自己的技术顾问,各方任命的技术顾问的数目不得超过鉴定人的数目。技术顾问可以参加聘任鉴定人的活动并向法官提出要求、评论和保留性意见;可以参加鉴定工作,向鉴定人提议进行具体的调查工作,发表评论和保留性意见。如果技术顾问是在鉴定工作完成之后任命的,他可以对鉴定报告加以研究,并要求法官允许他询问接受鉴定的人。

〔3〕 郭华:《鉴定结论论》,中国人民公安大学出版社2007年版,第215页。

(二)英美法系国家对当事人精神病鉴定启动权的适度限制

当事人自由启动精神病鉴定程序,虽然保障了当事人的诉权,但容易造成诉权的滥用,导致完全当事人化的专家证人不是基于诉讼的需要而出现,鉴定人的客观中立性难以保证。“随着自由放任精神渐趋式微,人们也越来越难以推定司法的目标可以通过允许诉讼当事人自行选择最符合其利益的程序形式来得到实现。”[1]

英美法系国家显然意识到了这一缺陷,也在通过制度融合限缩当事人的任意启动权。在美国,主要是通过证据法规则来限制当事人启动精神病鉴定的任意性。《美国联邦证据规则》第702条规定,由法官负责对专家证据的必要性进行审查,决定是否使用专家证据。[2] 同时,美国还借鉴大陆法系国家的做法,赋予法官指定专家证人的权力,力求专家证人的客观性和中立性,避免专家证人“当事人化”。英国自2000年成立了鉴定人职业登记委员会(CLFP),对所有的司法鉴定人进行登记和管理,没有登记的人员不得从事司法鉴定。鉴定人的职业登记管理制度实际上提高了鉴定人的从业资格和条件,限缩了鉴定人的范围,这在一定程度上有利于提高鉴定质量,防止当事人精神病鉴定启动权的滥用。

四、我国司法精神病鉴定启动模式的选择

当前,我国的刑事诉讼制度和构造偏向于大陆法系国家职权主义诉讼模式,由司法机关主导刑事诉讼进程,被指控者的主体地位并不突出。因此,将司法精神病鉴定启动权赋予国家机关统一行使,具有一定的制度基础和运行环境。但同时,司法实践表明,此种鉴定启动模式存在一定的弊端,容易导致侦查机关、司法机关鉴定启动权的恣意和当事人诉讼权利保障的不力,需要加以改进。

---

[1] [美]米尔伊安·R.达玛什卡:《司法和国家权力的多种面孔》,郑戈译,中国政法大学出版社2015年版,第130页。

[2] 《美国联邦证据规则》第702条规定:“是否使用专家证据的决定权在于事实审理者。如果事实上审理者认为专家证言对其没有帮助,并纯属多余或浪费时间就将被排除。”

(一)我国司法精神病鉴定启动模式的改革

鉴定启动模式与刑事诉讼构造、证据制度、法律文化等密切相关,是一国法律体系的重要组成部分。大陆法系国家和英美法系国家两种启动模式,都是根植于特定的诉讼制度和法律文化,各自有其独特的运行土壤和环境。因此,改革不是盲目地照搬照抄,更不是全盘地“西化”,而是批判性地借鉴吸收。“没有保守成分的纯粹变革就是从虚无走向虚无,没有变革成分的保守同样不可能持久。”[1]

1. 改革必须立足于我国的诉讼制度和法律文化。“徒法不足以自行”,任何制度的运行都离不开适宜的制度环境和文化土壤。我国的刑事诉讼改革过程中虽然吸收了部分当事人主义对抗制的因素,但整体诉讼构造仍然属于职权主义的诉讼模式。鉴定作为一种侦查措施,被视为侦查机关的职权行为,被列入《刑事诉讼法》“侦查”一章中。鉴定启动权被视为一项公权力,具有“准司法权”的属性,鉴定人被视为“法官的助手”,其职责是辅助法官查明案件事实,实现正义,而不是服务于当事人。英美法系国家采取的当事人主义启动模式,与其诉讼构造及发达的对抗制诉讼规则密不可分,而我国职权主义的诉讼程序和不发达的对抗制文化,难以孕育出控辩平等的种子。虽然我国的庭审程序已呈现当事人主义特点,但整个审前程序,尤其是侦查程序仍呈现出强烈的国家职权主义色彩,控辩双方并不享有平等的调查取证权,控辩平等对抗难以真正实现。因此,在我国现有的职权主义诉讼模式下,当事人主义启动模式难有运行空间。

2. 改革应该有所侧重而不是同时并举。两大法系国家的诉讼模式是基于不同的诉讼理念而形成的诉讼构造,服务于不同的司法体制,具有不同的运行规律和特点。职权主义诉讼模式本质上是一项官方调查,当事人主义诉讼模式其实是一场竞赛。前者由司法官员主导诉讼程序,后者主要由双方当事人来推动诉讼进程。[2] 两种诉讼模式具有根深蒂固的诉讼文化和历史渊源,在价值目标和程序安排方面具有明显的不

---

〔1〕[美]本杰明·J.卡多佐:《法律的成长　法律科学的悖论》,董炯、彭冰译,中国法制出版社2002年版,第88页。

〔2〕参见[美]米尔伊安·R.达玛什卡:《司法和国家权力的多种面孔》,郑戈译,中国政法大学出版社2015年版,第4页。

同,两者在当今司法场域内虽是相互借鉴吸收,但各自制度之根本或主线没有发生变化。两种启动模式的借鉴吸收似乎可以“取长补短”,但实际上在吸纳对方部分优点克服自身缺陷的同时,可能使自身的优势受到削弱。改革不是简单的制度堆砌,更不是制度的“大杂烩”,而是在文化和制度轨道上的精进。失败的教训如法国在早期的刑事司法鉴定改革中曾效仿英美法系国家,采取当事人主义启动模式,即控辩双方均可聘请鉴定专家进行鉴定,双方享有平等的鉴定实施权,但该项改革最终以失败告终,法国随后又恢复了法官委托鉴定制度。

3. 改革不能脱离我国现行的司法体制。在改革的过程中,部分学者曾主张建立“司法审查制度下的鉴定启动机制”,[1]也即确立类似于法国的鉴定启动模式,赋予控辩双方平等的鉴定申请权,由法官统一行使鉴定启动决定权,但该种改革路径与我国的司法体制不相适应,虽然我国司法改革强调“以审判为中心”,也通过一系列的制度设计强化了“庭审中心主义”,但在诉前侦查阶段“行政治罪”的色彩依然浓郁,侦查机关被赋予强大的追诉犯罪和社会控制职能,即便是对犯罪嫌疑人实施逮捕、搜查等强制措施,也无须经过法院授权或进行司法审查。刑事诉讼程序在公检法三机关“分工负责、互相配合、互相制约”原则的指导下,被分割为相对独立、相互接力的三个阶段,法院对诉前阶段的侦查活动并不享有司法审查权,司法审查的制度体系及配套措施根本没有确立。作为公诉机关的检察院,与法院具有同等的法律地位,同被定位为司法机关,在刑事诉讼中不仅是诉讼的一方,而且是国家的法律监督机关,对法院的审判活动享有监督权。在我国现行司法体制下,难以构建出司法审查体系,法院根本不具备统一行使鉴定启动权的条件。

(二)我国司法精神病鉴定启动模式的完善

当前,我国司法精神病鉴定程序存在的主要问题是侦查机关、司法机关鉴定启动权的恣意和当事人鉴定启动权的缺位。因此,改革的方向应当围绕“规制权力”与“增进权利”两个方面展开。在现有诉讼制度和构造框架下,立足于我国司法精神病鉴定

---

[1] 参见叶青主编:《刑事诉讼法学专题研究》,北京大学出版社2007年版,第75页;胡锡庆、蒋琦:《完善我国刑事鉴定启动权新探》,载《政治与法律》2003年第6期;陈瑞华:《刑事诉讼的前沿问题》,中国人民法学出版社2000年版,第561页。

实践,以职权主义启动模式为原则,加强对鉴定启动权的监督、制约和救济,不失为可行的改革路径。

1. 确立诉前精神病鉴定启动的“准司法审查制”。在我国,“自侦自鉴”“控辩不平等”问题一直备受诟病,但囿于我国缺乏落实诉前司法审查的制度体系,有关精神病鉴定启动机制的改革始终难有进展。而检察机关作为法律监督机关,对侦查机关侦查行为的合法性有权进行监督。因此,将侦查机关精神病鉴定启动决定权收归检察机关统一行使,确立检察机关诉前对精神病鉴定启动的审查决定权,具有现实可行性。同时,赋予辩护方诉前向检察机关申请启动精神病鉴定的权利,以增强辩护方的诉讼主体地位。如此一来,在诉前阶段便形成了由检察机关主导审查决定,侦查机关与辩护方平等向检察机关申请启动精神病鉴定程序的“准司法审查制”。

具体来说,侦查机关可以参照提请批准逮捕的相关规定,[1]对在侦查过程中发现需要进行精神病鉴定的犯罪嫌疑人,提请检察机关予以批准启动鉴定程序。辩护方在侦查机关立案后同样可以向检察机关申请启动精神病鉴定程序。检察机关对侦查机关、辩护方的鉴定启动申请应当及时进行审查,并作出决定。侦查机关和辩护方有申请复议的权利。检察机关决定启动精神病鉴定程序的,应当通知侦查机关、辩护方共同选任具有鉴定资质的鉴定机构或鉴定人,侦查机关与辩护方就鉴定机构或鉴定人的选任不能达成一致意见的,由检察机关随机决定聘请的鉴定机构或鉴定人,并签发委托鉴定书,由国家财政统一支付鉴定费用。

在此需要说明的是,由侦查机关与辩护方共同选任鉴定机构或鉴定人的做法也契合我国司法鉴定制度的改革方向,具有现实可操作性。当前我国的司法鉴定机构逐步走向社会化和市场化,就司法精神病鉴定领域而言,社会化的鉴定机构逐步承担起主要的鉴定职责(以北京市近三年统计数据为例,占比约为65.8%),整体运行状况良好,并没有发现“功利性偏袒”等显失公平的情形。经过多年的发展,司法精神病鉴定机构的社会化改革日臻成熟,下一步可以考虑取消侦查机关内部自行设立精神病鉴定机构的权力,彻底根除“自侦自鉴”的弊病。

2. 规范法院“初次鉴定”启动权和赋予法院“重新鉴定”专属权。在职权主义诉讼

[1] 参见《刑事诉讼法》第80条规定:“逮捕犯罪嫌疑人、被告人,必须经过人民检察院批准或者人民法院决定,由公安机关执行。”

模式下,我国法院有依职权主动查明案件事实的义务,因此有必要保留法院依职权启动司法精神病鉴定程序的权力。但司法实践中,法院依申请启动精神病鉴定程序的比例较低(前述统计数据显示,约占申请案件的14.3%),当事人向法院提出鉴定申请后,往往得不到法院的支持和合理答复,使当事人申请启动精神病鉴定程序的权利,继在侦查阶段和审查起诉阶段后,在审判阶段仍得不到有效保障。因此,有必要规范法院庭前对精神病鉴定启动申请的审查程序,明确以召开庭前会议的形式予以审查。此外,司法实践中重复鉴定[1]的情况在一定范围内存在,尤其是侦查机关在同一诉讼阶段,会依不同的申请人(犯罪嫌疑人或被害人)重复启动鉴定程序(经对前述存在两次或以上鉴定意见的案件进行统计,公安机关重复启动鉴定的案件占比为74.6%)。而由同一主体重复委托鉴定,不利于维护司法精神病鉴定程序的确定性和严肃性,也有损司法的权威和尊严。因此,有必要确立侦查机关和检察机关仅能就司法精神病鉴定意见进行补充鉴定权,而不得另行委托鉴定机构重新鉴定。对司法精神病鉴定重新鉴定的申请,交由法院统一审查处理。

具体来说,法院可以参照非法证据排除程序的设计,[2]对辩护方提出的启动鉴定申请或控辩双方提出的重新鉴定申请进行审查,认为符合条件的,应当组织控辩双方召开庭前会议,就精神病鉴定事项听取控辩双方的意见,并就是否启动鉴定或重新鉴定作出决定。决定不予启动或不予重新鉴定的,应当说明理由,控辩双方可以就此决定申请复议。决定启动鉴定程序或重新鉴定的,法院应当及时通知控辩双方共同选任具有鉴定资质的鉴定机构或鉴定人,双方不能达成一致意见的,由法院随机决定聘请的鉴定机构或鉴定人。

3.完善专家辅助人制度。我国虽然规定了具有专门知识的人出庭作证制度,[3]但由于规定的较为笼统,司法实践中专家辅助人并没有发挥其应有的作用。当前,公众对侦查机关、司法机关拒绝启动精神病鉴定的质疑,很大程度上源于司法人员对精神病学问题所作的非专业判断。因此,秉承"专业问题交由专业人员处理"的原则,有

[1] "重复鉴定"不同于"重新鉴定",是指由同一主体在同一诉讼阶段,多次委托鉴定机构进行鉴定的行为。

[2] 《刑事诉讼法》第187条第2款规定:"在开庭以前,审判人员可以召集公诉人、当事人和辩护人、诉讼代理人,对回避、出庭证人名单、非法证据排除等与审判相关的问题,了解情况,听取意见。"

[3] 《刑事诉讼法》第197条第2款规定:"公诉人、当事人和辩护人、诉讼代理人可以申请法庭通知有专门知识的人出庭,就鉴定人作出的鉴定意见提出意见。"

必要在精神病鉴定启动程序中适时地引入精神病学专家的参与,借助其专业知识来帮助司法人员作出判断。具体而言,可以明确规定,司法机关对是否启动精神病鉴定存有疑问时,可以聘请具有精神病学方面知识的专家参与诉讼,听取他们的意见。

此外,应当赋予专家辅助人参与鉴定的权利,在不妨碍鉴定人鉴定的前提下,参与必要的鉴定活动。司法精神病鉴定具有极强的专业性和复杂性,不仅司法人员不具有专门的知识,犯罪嫌疑人、被告人及其辩护人一般也不具有,各自均缺乏足够的专业知识和能力对精神病鉴定过程和意见提出意见。“如果不引进必要的机制,会产生盲目相信鉴定意见的弊端。”〔1〕因此,可以借鉴意大利有关技术顾问制度的规定,明确当事人可以聘请专家辅助人参与诉讼。专家辅助人有权在精神病鉴定时在场,了解鉴定活动,并在不妨碍鉴定人开展鉴定工作的情况下,向鉴定人或被鉴定人提出问题。如此一来,可以增强控辩双方对鉴定意见的认同感,消除意见分歧,减少重新鉴定的情形。

〔1〕 陈光中主编:《刑事诉讼法再修改专家建议稿与论证》,中国法制出版社2006年版,第349页。

第三节

司法精神病鉴定启动的审查内容与规则

何种情况下需要启动司法精神病鉴定,是评定刑事责任能力首先需要解决的问题。通常情况下,启动的依据是行为人表征出精神病症状或征象,具有患有某种精神病的合理怀疑。诚然,对精神病的最终诊断或报告属于精神科医生或精神病鉴定专家的工作,但作为司法精神病鉴定程序启动与否的裁决者,身为"外行"的司法人员负有审查的义务,需要明确所要审查的内容和规则。

一、司法精神病鉴定中的"精神病"界定

(一)精神病学上的精神病与精神疾病、精神障碍

精神病(Psychosis)与精神疾病(Mental Illness)、精神障碍(Mental Disorder)原本属于精神病学上的概念,在不同的历史时期具有不同的指代含义,在司法实践中常被引入法学领域来使用。

1. 精神病。广义的精神病泛指各种以精神活动障碍为临床表现的疾病,按照病情程度的不同可以划分为重性精神病与轻性精神病。而狭义的精神病通常仅指重性精神病。[1] 早期,精神病是作为广义上的概念来使用的,但是随着精神病学的发展,人们对精神病的本质和机理有了更深入的认识,精神病逐渐被限定在狭义范围内使用,仅指重性精神病,而轻性精神病改称为"非精神病性精神障碍"或者"轻性精神障

[1] 参见郑瞻培编著:《司法精神医学基础》,上海医科大学出版社1997年版,第52页。

碍”。[1] 目前，在精神病学领域，精神病仅指传统意义上的重性精神疾病。

2. 精神疾病与精神障碍。随着精神病概念被限定在特定范围内使用，精神病学界普遍开始采用精神疾病或者精神障碍的概念来总称在精神病学上的疾病。目前，精神病学界对精神疾病与精神障碍几乎是作为同一概念使用，两者均泛指精神病学上的疾病总称。“在精神病学临床工作中，术语‘精神疾病’和‘精神障碍’常常作为同义词使用。”[2] 但两者仍有些许区别：就发病机理而言，精神疾病更多地强调生物学因素，而精神障碍更多地强调心理因素和社会因素。从精神病学的发展来看，使用精神障碍这一术语更符合精神病学的发展规律和特点，因为已有研究表明精神疾病的发病机理是生物因素、心理因素和社会因素共同作用的结果，由于缺乏医学意义上明确的疾病类别，在精神病学中更多地使用“精神障碍”一词。

（二）刑法学上的“精神病人”

“如何从法律的角度来定义精神疾病是非常重要的问题”，[3] 在刑事司法领域，我国长期使用“精神病人”这一术语，有关“精神病”概念的界定存在一定的争议。一种观点认为，此处的“精神病”应当作狭义理解，区分精神病性精神障碍与非精神病性精神障碍，只有精神病性精神障碍者才属于《刑法》上的无责任能力人，而非精神病性精神障碍只可能属于限定刑事责任能力人。[4] 另一种观点认为，刑法学上的“精神病人”与精神病学上的“精神障碍者”是同一概念，因为不管是精神病性精神障碍，还是非精神病性精神障碍，都会对人的辨控能力造成影响。[5] 本书赞同后一种观点，主张对“精神病人”作广义的理解，将刑法学上的“精神病人”等同于精神病学上的“精神障碍者”。将精神病人解释为精神方面存在障碍的人，并没有超出文义解释的范围，且有

---

[1] 参见林准主编：《精神疾病患者刑事责任能力和医疗监护措施》，人民法院出版社 1996 年版，第 3 页。

[2] 陆林主编：《沈渔邨精神病学》（第 6 版），人民卫生出版社 2018 年版，第 207 页。

[3] [美]戴维·H. 巴洛（David H. Barlow）、V. 马克·杜兰德（V. Mark Durand）：《异常心理学》，杨霞等译，中国轻工业出版社 2006 年版，第 615 页。

[4] 参见高铭暄、马克昌主编：《刑法学》（第 9 版），北京大学出版社、高等教育出版社 2019 年版，第 87 页；王作富主编：《刑法》（第 6 版），中国人民大学出版社 2016 年版，第 68 页；黎宏：《刑法学总论》（第 2 版），法律出版社 2016 年版，第 175 页。

[5] 参见陈兴良：《规范刑法学》（上册），中国人民大学出版社 2017 年版，第 181 页；张明楷：《刑法学》（第 6 版），法律出版社 2021 年版，第 399 页。

利于实现跨学科概念指代的统一,以便学科间的交流在同一话语体系下展开。

(三)精神障碍的识别

迄今为止,人类对大多数功能性精神障碍,尚未发现确切的精神病因与发病机制,尚未找到明显的、特异的体征和实验室异常指标(生物学指标)。但这并不等于说精神障碍不可诊断、不能发现,同大多数生理性疾病一样,精神障碍也有外在症状,在行为举止、言谈神态、仪容仪表等方面与常人迥异。研究精神症状及其产生机制的学科称为临床精神病学,又称为精神病理学(Psychopathology)。[1] 正是精神病理学的发展,精神症状的外在显现,为精神障碍诊断提供了可资依据的标准。虽然每一种精神症状均具有不同的表现,但具有以下共性:一是精神症状的出现不受患者意志的控制;二是精神症状一旦出现,难以通过主观控制令其改变或消失;三是精神症状表现与所处的环境不符;四是精神症状伴有痛苦和功能损害。[2] 正是精神症状所具有的相对稳定的特点,使得精神障碍诊断成为可能。

有研究表明,[3]严重精神障碍者通常具有以下特点:(1)与周围环境不能保持恰当的接触,不能客观地评价周围事物,丧失了对现实的检验能力,无法与正常人进行正常的沟通和交流。(2)不能恰当地适应和应对日常生活、工作和学习,不能自主料理个人饮食起居。(3)丧失对自己的精神病状态的认识和判断能力,常否认自己有精神病。(4)患者常存在精神病性症状,如幻觉、妄想等。

二、司法精神病鉴定启动的审查内容

不同于精神病鉴定专家所作的精神状态评估报告,启动审查仅限于对行为人精神状态的初步审查,不需要进行专业的分析和判断,更多的是依据一些基本的精神病学知识,通过观察行为人外在的行为表现和直观症状,来初步判断行为人是否具有患有

---

〔1〕 参见郝伟、陆林主编:《精神病学》(第8版),人民卫生出版社2020年版,第12页。
〔2〕 参见胡泽卿主编:《法医精神病学》(第4版),人民卫生出版社2016年版,第82页。
〔3〕 参见张小宁、石美森编著:《司法精神病学》,中国政法大学出版社2019年版,第2页。

某种精神病的合理怀疑。对行为人精神状态的初步审查,主要包括精神病史和精神状态两部分内容。

(一)初步的精神病史审查

1. 既往精神病史和躯体疾病史。司法人员应当注意审查行为人之前所患疾病及手术史,着重审查是否曾患有精神病,是否曾患脑部疾病。医院的精神病诊断证明、住院病历等病史材料是重要的审查依据,必要时可以向医院或诊疗医生了解相关情况。同时,行为人的自述,亲属、邻居、同事等知情人员的证言也是重要的审查材料。审查内容具体包括:(1)既往精神病史:既往精神病症状;症状发生的频率、强度及持续时间;诱发、缓解或恶化因素;接受治疗的日期、地点、方式和效果等。(2)躯体疾病史:审查有无发热、抽搐、昏迷、药物过敏史;有无感染、中毒等躯体疾病史,尤其是有无中枢神经系统疾病,如脑炎、脑外伤等。应当注意躯体疾病与精神障碍之间是否存在时间上的承继或因果关系等。

2. 家族精神病史。精神病的家族史是提示遗传或环境因素影响的重要参考。应当结合行为人提交的医院诊断证明、证人证言等书面证据材料,审查家族精神病史的详情,包括父母、祖父母、同胞兄弟姐妹等具有血缘关系的亲属是否存在精神病患者,包括精神分裂症、双相障碍、抑郁症等。如果多名家属曾患有或正在患有某种精神病,则受遗传因素影响的成分较高,说明行为人患有精神病的可能性较大。

3. 个人史。个人史反映行为人的生活经历、健康状况及人格特点和社会地位等内容。应当根据行为人作案时的年龄或表现出的症状,重点审查其生长发育史、受教育的状况、工作情况、婚姻情况、性格特点、家庭的经济状况、社会背景和生活方式、是否受过重大精神刺激、是否有违法犯罪前科等。值得注意的是,还应当审查行为人是否存在使用或误用酒精、毒品等精神活性物质的情况,对于此类问题,行为人可能会隐瞒或误导,因此需要通过其他知情人或通过尿液、血液检测等来核实相关情况。

(二)初步的精神状态审查

对精神状态审查的目的是尽可能全面、真实地呈现行为人的精神状态。司法人员进行的初步审查是一种“状态”检查而非“功能”判定，对精神功能的描述并不代表精神障碍的评估或报告，并不是结论性的判定。司法人员对精神状态的审查，更多的是根据司法实践经验，将观察到的行为人精神活动异常之处和精神病理症状逐一呈现出来。如果发现行为人具有某些荒诞怪异、不符合逻辑和常理的思想行为，则应怀疑其可能患有精神病。参照司法部《精神障碍者司法鉴定精神检查规范》（SF/Z JD0104001－2011）的相关规定，[1]结合司法实践，司法人员可重点审查以下内容：

1. 行为人的一般精神状况。司法人员可以通过交谈，观察行为人意识是否清晰，对自己的姓名、年龄、职业等基本身份信息，以及对时间、地点、人物的分辨是否清楚；一般常识、计算力、理解力等方面是否有缺陷，是否有明显的记忆障碍或智力障碍。当然，部分精神病人在诉讼过程中，表现为不配合诉讼活动，回答问题词不达意、胡言乱语，难以与之进行有效的交谈；也有部分精神病人对犯罪事实的供认或辩解颠三倒四、反复无常，让人感觉莫名其妙、难以理解。[2]

2. 行为人的感知觉状况。司法人员可以通过与行为人交谈，了解其是否存在歪曲的、虚幻的或错误的感知体验，有无错觉、幻觉、感知综合障碍等情况，如经常“听到”别人对其言行评头论足，讨论其品行，命令其实施危害行为等。

3. 行为人的思维状况。司法人员在与行为人交谈中，要注意观察行为人的语量和语速有无异常，对犯罪事实的陈述是否符合逻辑，主题是否明确，是否存在离题或思维不连贯等情况。围绕犯罪事实，有无妄想或强迫观念，有无坚信不疑的被害妄想、夸大妄想、嫉妒妄想等情况。

4. 行为人的社会功能状况。司法人员可以通过向其亲属、同事等周围的人调查，了解行为人的生活自理能力，包括饮食起居、个人卫生等方面的情况；了解其社会交际能力，是否存在交往障碍；了解其工作能力，工作是否能够胜任；了解其家庭生活状况，家庭关系是否和睦。通常情况下，精神障碍者的社会功能存在不同程度的受损，与常人有异。

5. 行为人的自知力状况。行为人对自己精神状态的认识与判断是否与现实相符；

---

[1] 司法部《精神障碍者司法鉴定精神检查规范》（SF/Z JD0104001－2011）中规定，对精神障碍者的精神检查主要包括一般表现、认知过程、情感表现、意志与行为活动四项内容。

[2] 参见刘春香等：《社区精神病患者暴力行为的多角度观察及预防对策的分析》，载《精神医学杂志》2010年第1期。

对犯罪行为的法律性质和法律后果有无明确的认知。通常情况下，精神障碍者在案发后对自己行为的法律性质和所造成的后果缺乏认识，不具有普通人在犯罪后常会有的紧张、后悔、焦虑、恐惧等内心情绪。

三、司法精神病鉴定启动的审查规则

（一）司法精神病鉴定启动的审查规则

1. 必要性规则。当前，学界普遍关注由个案引发的“启动难”问题，一致的呼声是放宽启动鉴定程序的条件，依照“能鉴尽鉴”“有鉴无害”的原则，尽可能扩大对行为人的精神病鉴定范围。如有学者建议，采取反向规定的方式，在没有相反证据的情况下，侦查机关、司法机关不能拒绝被追诉者的启动申请。[1] 但同时不能忽视的问题是，司法实务中司法精神病鉴定周期较长，[2]一旦启动鉴定，行为人将长期处于羁押待审的不确定状态，诉讼的延滞和诉讼资源的不当耗费，同样不利于程序正义的实现。正如美国学者波斯纳所言，“正义的第二种含义——也许是最普通的含义——是效率”。[3] 因此，司法精神病鉴定应当设定必要的启动门槛，防止滥用鉴定程序，拖延诉讼。

2. 强制启动鉴定规则。司法精神病鉴定直接关系到刑事责任能力的认定，事关定罪量刑，为限制司法机关鉴定启动权的任意裁量，保障行为人应有的鉴定启动权，有必要确立特定条件下强制启动司法精神病鉴定程序的规则。(1)对可能判处死刑的暴力性犯罪案件，强制启动司法精神病鉴定程序。此举可能与行为人应当被推定为“正常人”的司法理念相违背，但死刑不同于其他刑罚，具有极端严厉性和不可逆性，理应受到特别的程序对待。“当涉及生命利益时，程序保障的需要尤其迫切。”[4]同时，统计数据显示，[5]精神病人犯罪案件以故意杀人、故意伤害等暴力性犯罪为主，考虑司

---

〔1〕 参见郭志媛：《刑事诉讼中精神病鉴定的程序保障实证调研报告》，载《证据科学》2012 年第 6 期。

〔2〕 经调研统计，2019 年至 2021 年北京市开展司法精神病鉴定病例 424 例，平均鉴定周期为 123 天。

〔3〕 [美]查理德·A. 波斯纳：《法律的经济分析》，蒋兆康译，中国大百科全书出版社 1997 年版，第 31 ~ 32 页。

〔4〕 Barefoot v. Estelle, 463 U. S. at 913 (Marshall J., dissenting).

〔5〕 经统计，在涉司法精神病鉴定刑事案件中，故意杀人、故意伤害等暴力性犯罪案件占比约为 70%。

法资源的有限性和诉讼效率的程序正义要求，有必要将强制启动鉴定程序的案件范围限定在可能判处死刑的暴力性犯罪案件中。(2)对患有精神病个人史且父母两系三代中有罹患精神病家族史的行为人，强制启动司法精神病鉴定程序。研究结果表明，[1]精神病具有显著的家族聚集性，双相障碍、精神分裂症、抑郁症等呈家族遗传性，具有较高的遗传度。遗传因素不仅可以解释重性精神病自身的家族聚集性现象，而且可以解释重性精神病相关症状在家族中聚集的现象。进一步的家系调查证实，[2]精神障碍者的血缘亲属中，精神障碍的发病率和患病率都明显高于普通人群，且与精神障碍者血缘关系越近，发病率越高。因此，基于对精神病人人权的保障和司法文明的追求，对患有精神病个人史且三代以内直系血亲有罹患精神病史的行为人，有必要强制启动精神病鉴定程序。

3. 单一症状审慎启动鉴定规则。需要明确指出的是，精神病不是单个症状，精神病的诊断有赖于一组确定症状（综合征）的出现。通常情况下，单个症状的发现并非精神病的证据，几乎任何单个症状均可见于正常人，如通常被视为精神病标志的幻觉，有时也短暂地被正常人体验，但如果妄想明确而持久，通常可被视为精神障碍存在的证据。

此外，有效的精神病症状通常应当具备三个基本要素：性质的严重性、频度的高发性和时间的持续性。如果某种异常精神活动不能同时具备以上三个要素，即使是“异常的”，也不能构成精神病症状。[3] (1)性质的严重性。在司法精神病鉴定启动审查中，要注意审查行为人所表征出的异常精神活动的具体表现如何，区分严重精神病性症状和轻微精神病症状。严重精神病性症状是指那些极为不正常，据此可描述为精神病的症状，比如命令性幻听、被害妄想、朦胧状态等。而轻微精神病症状可以存在于精神病人，也可存在于轻性的精神障碍者及正常人的某些状态（如过分疲劳），一般表现为心境恶劣、食欲减退、思维迟钝等。严重精神病性症状一般只见于精神病人，而不会见于神经症等轻性精神障碍者与正常人，可以构成启动司法精神病鉴定程序的理由。

---

〔1〕 参见[美]罗伯特·E. 赫尔斯(Robert E. Hales)等主编：《精神病学教科书》，张明园、肖泽萍主译，人民卫生出版社2010年版，第114~117页。

〔2〕 参见陈立成：《司法精神病学实务研究》，中国人民大学出版社2012年版，第332页。

〔3〕 参见张小宁、石美森编著：《司法精神病学》，中国政法大学出版社2019年版，第138页；胡泽卿主编：《法医精神病学》（第4版），人民卫生出版社2016年版，第82页。

而轻微精神症状在司法精神病学鉴定中一般不能作为认定影响辨控能力的理由和根据,通常也不能单独作为启动鉴定程序的理由。[1] (2)频率的高发性。在启动审查中,要注意审查行为人异常精神活动出现的频率,每天出现的次数,每次持续的时间,是否已对其社会功能造成障碍。通常情况下,精神障碍者的异常精神活动出现的频率较高,对行为人其他精神活动和日常生活、工作产生较大影响,造成一定的精神痛苦。(3)时间的持续性。在司法精神病鉴定启动审查中,要注意审查行为人异常精神活动开始的时间,总共持续的时间,如果是间歇性的,间隔时间和发作时间如何。通常情况下,妄想症状需要在3~5天内持续出现才能确认,幻觉如果每天都出现,持续2~3天即可确认。

4.异常精神活动的非排他性规则。精神病学研究发现,精神病人并不总是外表邋遢、行为乖张、思维混乱、内容天真,大量的精神病人可能保留部分甚至大部分正常的精神活动能力。如偏执型精神障碍患者,如果不涉及受损的精神领域,一般人可能看不出其明显的异常,其所表现出的幻想具有极强的系统性、逻辑性和现实关联性。[2] 司法人员在审查过程中,不能选择性地以偏概全,只要看到行为人某些正常精神功能的存在,就忽视其异常表现,片面地认为其精神正常。如司法实践中,司法机关常以行为人作案计划缜密,具有强烈的自我保护意识,审讯中思维连贯,表达清晰等单方面的事实为由,程式化地认为行为人精神正常。

此外,个人精神病史和家族精神病史是审查判断的重要因素和依据,但并不是必要条件,行为人无个人精神病史或家族精神病史,并不代表其精神状态一定正常。精神病学研究发现,遗传是影响精神疾病的主要生物学因素之一,是某些功能性精神障碍的必要性因素,但是单一生物遗传因素无法解释精神疾病的全部内容,心理、社会等方面的因素也起着重要作用。[3]

5.存疑征询专家意见规则。精神障碍涉及生物、心理、社会等诸多方面,是一种极其复杂的疾病,对行为人精神状态的审查或精神病的初步判断,需要具备一定的精神医学专业知识。尤其是面对疑难复杂病例,司法人员仅凭普通人的常识和司法经验,

---

〔1〕 参见张小宁、石美森编著:《司法精神病学》,中国政法大学出版社2019年版,第138页。

〔2〕 参见吕一:《偏执相关精神障碍的司法鉴定分析》,载《法制博览》2021年第10期。

〔3〕 参见赵虎、蔡伟雄主编:《法医精神病司法鉴定理论与实践》,人民卫生出版社2015年版,第57~60页。

难以科学抉择。因此,有必要确立存疑征询专家意见的规则,在启动程序中,适时引入精神病专家参与,通过其专业的分析和判断来辅助司法人员作出判断。

确立存疑征询专家意见的规则,在我国现行法律体系内具有现实可行性,并能最大限度地解决当前个案司法精神病鉴定"启动难"的问题。依据相关规定,[1]公安机关、检察机关在对被追诉者进行人身检查时,可以指派或聘请具有专门知识的人参与。目前,我国公安机关内部仍设置有精神病鉴定机构,检察机关仍保留有检察技术部门,通过指派或聘请的方式征询精神病鉴定专家的意见,不存在执行或操作上的障碍。尤其是对社会影响重大、公众广泛关注的刑事案件,司法人员应当秉承对科学的尊重和对程序正义的追求,在是否启动精神病鉴定程序存有疑问时,征询精神病鉴定专家的意见。

(二)司法精神病鉴定启动审查项目量表

在司法实践中,为了量化结果,使结果具有可比较性和可操作性,对精神状态审查进行标准化设计或者定式构造具有现实意义。当前,有关此类的标准化方法很多,如国际上的简明精神病评定量表(Brief Psychiatric Rating Scale, BPRS)、精神功能总体评价量表(Global Assessment Function, GAF-Skala)等。虽然此类标准化的精神评定量表在可靠性和一致性方面有待进一步研究,在临床诊断或治疗中使用的频率也不算高,但在司法领域,对不具备精神病学知识的司法人员来说,相较于无工具可用或无标准可循,研制可信而实用的审查工具量表具有一定的现实意义。

对鉴定启动的审查不同于精神障碍诊断,审查的目的是决定是否启动鉴定程序,启动的条件是行为人表征出的精神病症状达到患有精神病的合理怀疑。当前,国际和国内已有的精神状态评定量表偏重于临床诊疗,设置内容专业、项目复杂,非经专业培训难以在司法精神病鉴定启动审查中直接应用。为规范司法精神病鉴定启动审查,在

---

〔1〕《公安机关办理刑事案件程序规定》第213条规定:"侦查人员对于与犯罪有关的场所、物品、人身、尸体应当进行勘验或者检查,及时提取、采集与案件有关的痕迹、物证、生物样本等。在必要的时候,可以指派或者聘请具有专门知识的人,在侦查人员的主持下进行勘验、检查。"《人民检察院刑事诉讼规则》第196条规定:"检察人员对于与犯罪有关的场所、物品、人身、尸体应当进行勘验或者检查。必要时,可以指派检察技术人员或者聘请其他具有专门知识的人,在检察人员的主持下进行勘验、检查。"

借鉴和吸收已有理论和实践研究成果的基础上,[1]结合司法精神病鉴定实践经验,拟定司法精神病鉴定启动审查项目量表,以期对司法实践具有指导意义。

为使司法精神病鉴定启动审查项目量表简明可靠,具有可操作性,本项目量表根据以往的研究成果,在精神障碍诊断量表(DSMD)37 项、简明精神量表 18 项等基础上,借鉴由美国精神医学会所编制的精神症状维度评定量表(Clinician-Rated Dimensions of Psychosis Symptom Severity,CRDPSS),[2]选取因子系数较高的 8 项症状作为司法精神病鉴定启动审查项目量表评定项。

此 8 项症状评定项分别为言语紊乱、动作行为异常、情感障碍、自知力障碍、幻觉、妄想、抑郁、躁狂。[3] 每个症状项目分 0 ~ 4 级评分,0 = 无;1 = 可疑;2 = 轻度;3 = 中度;4 = 重度。各症状项目分别评分后相加,如果总分≥5 分,则提示有必要进行司法精神病鉴定。各症状项目的具体评分标准:

1. 言语紊乱。言语表达是否清晰、符合逻辑等。可疑(个别言语表达不清,缺乏逻辑,严重程度不足以被考虑为紊乱);轻度(部分言语含混不清,缺乏逻辑,言语有一些困难被理解);中度(大部分言语含混不清,缺乏逻辑,言语经常有困难被理解);重度(绝大部分言语含混不清,缺乏逻辑,几乎不能被理解)。

2. 动作行为异常。是否有异常或古怪的动作行为等。可疑(动作行为不自然,严重程度不足以被考虑为精神运动异常);轻度(偶尔的异常或古怪的动作行为或紧张躁动不安);中度(频繁的异常或古怪的运动行为或紧张躁动不安);重度(几乎持续的异常或古怪的运动行为或紧张躁动不安)。

3. 情感障碍。情感反应是否真实、自然等。可疑(在面部表情、语调、姿势等方面

[1] 参见中华医学会精神科分会编:《CCMD-3 中国精神障碍分类与诊断标准》(第 3 版),山东科学技术出版社 2001 年版,第 96 ~ 104 页;美国精神医学学会编著:《精神障碍诊断与统计手册(DSM-5)》(第 5 版),[美]张道龙等译,北京大学出版社 2014 年版,第 729 ~ 731 页;陈彦方:《精神障碍诊断量表简介》,载《上海精神医学》1993 年第 2 期;张明元、王征宇:《精神病简明评定量表 中文版(BPRS-CR)应用说明》,载《上海精神医学》1983 年第 3 期。

[2] See Barch D. M., Bustllo J., Gaebel W. et al., Logic and Justification for Dimensional Assessment of Symptoms and Related Clinical Phenomena in Psychosis: Relevance to DSM-5. Schizophr Res. 2013,150 (1), pp. 15-20; Park S. C., Lee K. U., Choi J., Factor Structure of the Clinician-Rated Dimension of Psychosis Symptom Severity in Patients with Schizophrenia. Psychiatry Investig, 2016,13(2), pp. 253-254.

[3] 参见金金等:《精神病症状维度评定量表中文版的效度和信度》,载《中国心理卫生杂志》2020 年第 11 期。

不自然,基本不影响交流);轻度(在面部表情、语调、姿势等方面缺乏情感反应,稍有难以深入交流);中度(在面部表情、语调、姿势等方面明显缺乏情感反应,明显难以交流);重度(在面部表情、语调、姿势等方面丧失情感反应,严重难以交流)。

4. 认知受损。对自己所实施行为的法律性质和后果是否有认知。可疑(在提示下勉强认识到自己行为的性质,认知功能略有降低);轻度(在提示下难以认识自己行为的性质,认知功能有所降低);中度(基本不能认识自己行为的性质,认知功能明显降低);重度(完全不能认识自己行为的性质,甚至认为是正当的、为民除害,认知功能严重降低)。

5. 幻觉。是否听到或看到他人听不到或看不到的声音或东西等。可疑(偶尔,一周少于2天,严重程度不足以被考虑为精神病);轻度(少见,一周有2~3天,几乎没有压力对幻觉作出反应,也不被幻觉困扰);中度(常见,一周有3~4天,有一定压力对幻觉作出反应,或一定程度被幻觉困扰);重度(频见,几乎每天都有,有严重压力对幻觉作出反应,或严重被幻觉困扰)。

6. 妄想。是否感觉有别人跟踪、辱骂、想谋害自己等。可疑(偶尔,一周少于2天,严重程度不足以被考虑为精神病);轻度(少见,一周有2~3天,几乎没有压力对妄想信念作出反应,也不被信念困扰);中度(常见,一周有3~4天,有一定压力对信念作出反应,或一定程度被信念困扰);重度(频见,几乎每天都有,有严重压力对信念作出反应,或严重被信念困扰)。

7. 抑郁。是否感觉消沉或无望等。可疑(偶尔感到悲伤、消沉、抑郁或无望,但并不沉湎于此);轻度(频繁感到悲伤、消沉、抑郁或无望,有些沉湎于此);中度(频繁感到重度抑郁或无望,沉湎于此);重度(几乎每天都感到重度抑郁或无望;妄想性内疚或不合理地自责,明显与具体情况不成比例)。

8. 躁狂。是否易激惹或愤怒。可疑(偶尔高涨的、扩张的或易激惹的心境或坐立不安);轻度(常见有些高涨的、扩张的或易激惹的心境或坐立不安);中度(频繁广泛高涨的、扩张的或易激惹的心境或坐立不安);重度(几乎每天广泛高涨的、扩张的或易激惹的心境或坐立不安)。

上述评定量表的设计,虽说是以司法实践和精神病学临床经验为基础,但具体实践效果如何,或者说其信度或效度如何,还有待检验,但最起码给司法人员提供了一种可行的审查思路。(见表3-2)

表 3－2　司法精神病鉴定启动审查项目量表

项目序号	项目名称	等级划分值					得分
		0	1	2	3	4	
1	言语紊乱	无	可疑（个别言语表达不清，缺乏逻辑，严重程度不足以被考虑为紊乱）	轻度（部分言语含混不清，缺乏逻辑，言语有一些困难被理解）	中度（大部分言语含混不清，缺乏逻辑，言语经常有困难被理解）	重度（绝大部分言语含混不清，缺乏逻辑，几乎不能被理解）	
2	动作行为异常	无	可疑（动作行为不自然，严重程度不足以被考虑为精神运动异常）	轻度（偶尔的异常或古怪的动作行为或紧张躁动不安）	中度（频繁的异常或古怪的运动行为或紧张躁动不安）	重度（几乎持续的异常或古怪的运动行为或紧张躁动不安）	
3	情感障碍	无	可疑（在面部表情、语调、姿势等方面不自然，基本不影响交流）	轻度（在面部表情、语调、姿势等方面缺乏情感反应，稍有难以深入交流）	中度（在面部表情、语调、姿势等方面明显缺乏情感反应，明显难以交流）	重度（在面部表情、语调、姿势等方面丧失情感反应，严重难以交流）	
4	自知力障碍	无	可疑（在提示下勉强认识到自己行为的性质，认知功能略有降低）	轻度（在提示下难以认识自己行为的性质，认知功能有所降低）	中度（基本不能认识自己行为的性质，认知功能明显降低）	重度（完全不能认识自己行为的性质，甚至认为是正当的、为民除害，认知功能严重降低）	
5	幻觉	无	可疑（偶尔，一周少于 2 天，严重程度不足以被考虑为精神病）	轻度（少见，一周有 2～3 天，几乎没有压力对幻觉作出反应，也不被幻觉困扰）	中度（常见，一周有 3～4 天，有一定压力对幻觉作出反应，或一定程度被幻觉困扰）	重度（频见，几乎每天都有，有严重压力对幻觉作出反应，或严重被幻觉困扰）	

续表

项目序号	项目名称	等级划分值					得分
		0	1	2	3	4	
6	妄想	无	可疑（偶尔，一周少于2天，严重程度不足以被考虑为精神病）	轻度（少见，一周有2~3天，几乎没有压力对妄想信念作出反应，也不被信念困扰）	中度（常见，一周有3~4天，有一定压力对信念作出反应，或一定程度被信念困扰）	重度（频见，几乎每天都有，有严重压力对信念作出反应，或严重被信念困扰）	
7	抑郁	无	可疑（偶尔感到悲伤、消沉、抑郁或无望，但并不沉湎于此）	轻度（频繁感到悲伤、消沉、抑郁或无望，有些沉湎于此）	中度（频繁感到重度抑郁或无望，沉湎于此）	重度（几乎每天都感到重度抑郁或无望；妄想性内疚或不合理地自责，明显与具体情况不成比例）	
8	躁狂	无	可疑（偶尔高涨的、扩张的或易激惹的心境或坐立不安）	轻度（常见有些高涨的、扩张的或易激惹的心境或坐立不安）	中度（频繁广泛高涨的、扩张的或易激惹的心境或坐立不安）	重度（几乎每天广泛高涨的、扩张的或易激惹的心境或坐立不安）	
总计得分							

第四节 司法精神病鉴定启动的审查程序与处理

我国司法精神病鉴定实行职权主义启动模式，司法机关可以依职权自行启动，也可以依当事人申请而启动。而无论何种启动方式，司法机关均需遵循特定的审查程序，在程序规则范围内，依法作出处理。

一、司法精神病鉴定启动的申请

（一）申请的主体

关于申请的主体，目前法律层面上尚无明确规定。司法实践中，存在几种情形：被告人自行申请、被告人亲属代为申请、辩护人独立申请、被害人及其法定代理人重新鉴定申请等。正是由于法律无明确规定，法院在判定主体是否适格时，做法不一。统计数据显示，部分法院在拒绝启动司法精神病鉴定程序时，以主体不适格作为判驳理由，否认辩护人、被害人亲属享有司法精神病鉴定申请权。[1] 此种做法值得商榷，因为"无法定则无权力，无法定不一定无权利"，[2] 司法机关不能以法律没有明确授权，而否定当事人享有鉴定启动申请权。

1. 被追诉者。在现代法治理念下，被追诉者具有独立的诉讼主体地位，而非单纯的诉讼客体。这使刑事诉讼程序更加科学、正当，使刑事司法更加民主、人性。被追诉

---

〔1〕 (2019)鄂0103刑初903号刑事判决书；(2018)豫0122刑初191号刑事判决书；(2018)豫0122刑初460号刑事判决书。

〔2〕 [美]路易斯·亨金、阿尔伯特·J. 罗森塔尔编：《宪政与权利——美国宪法的域外影响》，郑戈等译，生活·读书·新知三联书店1996年版，第3页。

者不仅是司法精神病鉴定的对象,而且是司法精神病鉴定程序的积极参加者和鉴定结果的承担者,他们在司法精神病鉴定程序中,享受诉讼权利,承担诉讼义务,并在一定程度上影响着鉴定程序的启动、发展和结果,是直接的利害关系人。根据程序正义要求,所有与诉讼结果有利害关系的人,都有权参与诉讼,提出有利于自己的主张和证据,并反驳对方。[1] 在司法精神病鉴定程序中,被追诉者与鉴定结果有直接的利害关系,也即鉴定结果对其刑事责任能力的有无和大小会产生直接影响,这个影响可以是有利的,也可以是不利的。正是基于程序正义的要求,被追诉者作为司法精神病鉴定程序的积极参加者和法律后果的承担者,当然有权申请进行鉴定。

2. 法定代理人。被告人在司法精神病鉴定结果作出之前或者在法院作出最终裁判之前,从实体公正角度考量,理应被视为"正常人",但从程序正义角度考量,基于保障被告人的诉讼权利,在特定条件下,应当拟定其为限制刑事责任能力人或无刑事责任能力人,赋予其法定代理人必要的诉讼权利。法定代理人以代理人的身份参与诉讼,保护被代理人的合法权益,是法律赋予的职责,无须被代理人的授权或委托,更不受被代理人意志的约束。在刑事诉讼中,除人身权利和义务外,法定代理人享有与被告人基本相同的权利和义务,法律地位也基本相同。因此,有必要赋予被告人的法定代理人以申请进行司法精神病鉴定的权利。

同时,在此需要明确法定代理人的范围,不宜将其扩大为近亲属,以免因滥用鉴定申请权而影响诉讼效率。依据《刑事诉讼法》的规定,[2] 法定代理人与近亲属的指代范围虽然有重合,但并不完全一致,某种意义上,近亲属的范围更为宽泛。将申请主体限定在法定代理人范围内,足以保障被告人的合法权益,并能有效避免因权利主体过多而出现意见不一致的情形。

3. 辩护人。司法精神病鉴定作为辩护方举证的一种重要手段,是辩护人行使辩护权的一部分,赋予辩护人独立的鉴定申请权有其理论基础和现实意义。在现代刑事诉讼构造中,强调控审分离、控辩平等对抗,辩护方作为"两造"中的一方,被赋予广泛而又独立的辩护权是维系控辩平等对抗,推动刑事诉讼构造良性运转,实现刑事诉讼目

---

[1] 参见[日]谷口安平:《程序正义与诉讼》(增补本),王亚新、刘荣军译,中国政法大学出版社2002年版,第12页。

[2] 参见《刑事诉讼法》第108条第3项、第6项的规定,"法定代理人"是指被代理人的父母、养父母、监护人和负有保护职责的机关、团体的代表;"近亲属"是指夫、妻、父、母、子、女、同胞兄弟姐妹。

的的重要保障。

随着我国刑事案件律师辩护全覆盖试点工作的不断推进,截至2021年9月,全国刑事案件律师辩护率达到了66%,[1]赋予辩护人独立的司法精神病鉴定申请权对于被告人诉讼权利的保障和法治社会的建设具有现实意义。一方面,被告人可能因患有精神病而丧失或缺乏自我辩护的能力,此时,被告人因受精神状态的影响或因缺乏专业知识,根本不知道或不清楚该如何进行精神病辩护,需要借助辩护人的专业知识和丰富的司法经验的帮助,才能有效地行使辩护权。另一方面,赋予辩护人独立的司法精神病鉴定申请权,有助于实现控辩平等对抗,推动庭审实质化,加快推动以审判为中心的刑事诉讼制度的改革。由于控诉方代表国家行使追诉权,在技术能力和调查手段方面具有相当的优势,要想实现控辩双方在诉讼地位上的平等,就有必要赋予辩护人广泛而又独立的诉讼权利。

4. 被害人。有关被害人是否具备对司法精神病鉴定申请的主体资格,理论上存在争议,一种观点认为,有权提出精神病鉴定申请的主体,需要达到"个人亲身权利"标准,也即精神病鉴定直接关涉其切身权利和利益,是精神病鉴定直接的相对人。[2] 另一种观点认为,判断权利主体,应该采取"不利法律后果"的标准,也即精神病鉴定可能会对其造成不利的法律后果或影响。[3]

依据"个人亲身权利"标准,司法精神病鉴定主要是针对行为人自身精神状态的鉴定,直接关系到其自身刑事责任能力的有无和大小,赋予行为人鉴定申请权是为了更好地实现司法精神病鉴定保障人权价值的功能;而被害人作为犯罪行为的直接侵害对象,对行为人的精神病鉴定并不直接关涉或侵犯其切身权利,并不存在权利救济的迫切性。加之,司法精神病鉴定是或然性利己行为,被告人即使是经鉴定为完全刑事责任能力人,也无须承担额外的不利的法律后果。因此,被害人缺乏申请启动司法精神病鉴定的动机和目的,没有必要赋予其鉴定申请权。

依据"不利法律后果"标准,拟进行的司法精神病鉴定可能会对被害人产生不利

---

[1] 2021年9月24日,国新办举行"司法行政服务保障全面建成小康社会"新闻发布会,司法部有关负责人在发布会介绍,从2017年开始,司法部与最高人民法院部署开展了刑事案件律师辩护全覆盖的试点工作,截至目前,全国共有2300多个县(市、区)开展了试点工作,占县级行政区域总数的80%以上,全国刑事案件律师辩护率达到了66%。

[2] 参见汪建成:《理想与现实——刑事证据理论的新探索》,北京大学出版社2006年版,第127~128页。

[3] 参见张智辉主编:《刑事非法证据排除规则研究》,北京大学出版社2006年版,第176页。

影响,因为一旦被追诉者被鉴定为无刑事责任能力或限制刑事责任能力,则意味着减免刑事责任。此时,被害人要求严惩被告人的心理动机和目的将难以实现。为更好地保护被害人的利益,实现对被害人权利的救济,则有必要确立被害人申请重新进行司法精神病鉴定的权利。本书倾向于此种观点,主张赋予被害人重新鉴定申请权。

(二)申请的时间

1. 审前动议。对司法精神病鉴定的申请原则上应当在开庭审理前提出。之所以规定要在开庭审理前动议,一方面,基于集中审理原则的需要,避免庭审因为司法精神病鉴定的申请而中断,影响庭审效率。另一方面,避免程序违法,引发程序回转。如果经鉴定,被告人责任能力受损,则其受审能力存疑。被告人受审时可能受精神病症状影响而丧失对诉讼活动的认识和判断能力,无法有效维护自身权益,不具有受审能力。由此,可能导致已进行的诉讼活动无效。

2. 临时动议。作为庭前动议的例外,特定情况下应当允许被告人在庭审中提请进行司法精神病鉴定,但应当说明理由。法院经审查,如果对被告人的精神状态存有疑问,则应当进行审查。这主要是基于实体正义的考虑,避免因程序闭环导致精神病人受到不公正的对待。

(三)申请的依据

申请人申请进行司法精神病鉴定应当提供可能患有精神疾病的相关证据材料,这是法院受理申请并进行审查的先决条件。在此需要强调的是,要求申请人提供可能患有精神疾病的证据材料,并不是让其承担举证证明被告人患有精神病的责任。申请人承担的仅是初步证明责任,[1]其所提供的相关线索或者材料只要能使法官对被告人可能患有精神病的事实产生合理怀疑,就完成了初步证明责任。至于被告人是否患有精神病及刑事责任能力如何,则需要司法机关启动司法精神病鉴定程序,进一步补充相关证据后,才能作出认定。

---

〔1〕 参见王迎龙:《司法精神病辩护中证明模式的反思与完善》,载《证据科学》2016 年第 4 期。

在此,申请人应当提供的“相关线索或材料”应当作宽泛的解释,只要申请人所提供的线索或材料明确具体,具有可查、可核实性,就应当认为申请人完成了初步证明责任,而不能苛求申请人一定要提供知情人证言、诊断证明、家族精神病史等特定材料。司法实践中,确实存在对“相关线索或材料”严格解释或把握过严的案例,如表3-1案例9,法院认为被告人提出鉴定申请,应当提供被鉴定人及其家庭情况、知情人有关证言、医疗记录等相关材料,未能提供相关证据材料的,视为放弃申请鉴定。此种强加的证明责任并不可取,存在加重申请人举证责任的嫌疑。

二、司法精神病鉴定启动的审查形式

目前,我国法院对鉴定申请通常采取书面审查的形式进行,既不提讯被告人,也不召开庭前会议。法官通过审查案卷证据材料,以及申请人所提交的书面证据材料,就径直作出是否启动司法精神病鉴定程序的决定。这不仅与刑事诉讼要求的直接言词原则相违背,也与精神医学上进行精神状态检查的规则相悖,难以保证最大限度地发现案件事实,准确审查被告人的精神状态。因此,有必要确立“申请—提讯被告人”和“疑问—征询专家意见—召开庭前会议”的审查形式。

(一)“申请—提讯被告人”的审查形式

“申请—提讯被告人”是指法院对提供可能患有精神病相关线索或材料的有效申请,应当履行强制性提讯被告人的审查程序。这是因为刑事诉讼中的直接言词原则,要求裁判者亲历审判,听取当事人的口头陈述,以便形成鲜活印象。[1] 裁判者对被告人精神状态的初步审查,不能停留在书面材料上,因初步审查的内容或事项,大多需要依据被告人的口头陈述和检测观察,只有提讯被告人,裁判者才有机会接触被告人,当面询问和观察,进而形成内心确证。此处的“提讯”重在“交谈”,精神医学上称为“晤谈”,不同于“讯问”,并不需要围绕犯罪事实而展开,而是侧重于精神症状和征象的记

〔1〕 参见宋英辉、李哲:《直接、言词原则与传闻证据规则之比较》,载《比较法研究》2003年第5期。

述和筛查，目的是对被告人的精神状态作出初步判断。“精神科访谈是成功了解一名呈现出精神疾病病征和症状患者唯一的最为重要的方法（Scheiber 2003）。”[1]

（二）“疑问—征询专家意见—召开庭前会议”的审查形式

对提供可能患有精神病相关线索或材料的有效申请，法院在提讯被告人后，对被告人是否患有精神病存有疑问，未能形成被告人患有精神病合理怀疑的心证确信时，法官需要征询精神病鉴定专家的意见，并通过召开庭前会议的形式，解决此项程序性争议问题。

1. 征询专家意见。对专业问题的初步判断，借助于“内行”精神病专家的帮助，是切实可行的方式。但问题是当前我国法律并没有明确的征询专家意见的规定，实践中也多是法官个人口头咨询，形式随意，内容简略，所征询的意见也仅是作为法官裁量的参考，并不具有任何证据效力。因此，有必要通过必要的程序设置，规范法院征询专家意见的形式。

（1）确立书面征询专家意见的形式。法院在决定征询精神病鉴定专家意见后，应当向精神病鉴定机构出具书面的征询意见书，说明征询的要求和目的，并尽可能提供诊疗记录、讯问笔录、证人证言等能够反映被鉴定人精神状态的一切材料。鉴定机构在收到征询意见书后，应当指派特定的鉴定人进行审查，并出具书面意见，必要时可以向法院申请会见被告人。

（2）赋予征询意见书在程序性裁判中的证据效力。作为刑事司法裁判的一种独立形态，程序性裁判具有司法裁判的基本属性，法院需要组织专门的诉讼活动，依据相关的事实和证据材料作出裁判。司法精神病鉴定启动与否作为审前程序性审查事项，依据“程序性事项优先裁判原则”，[2]需要在被告人刑事责任问题形成裁判结论之前，优先审查解决。在此过程中，征询意见书对程序性事项具有证据效力，法院可以将征询意见书作为启动或不启动精神病鉴定程序的依据，控辩双方均可针对征询意见书发表意见。

---

〔1〕［美］罗伯特·E. 赫尔斯（Robert E. Hales）等主编：《精神病学教科书》，张明园、肖泽萍主译，人民卫生出版社2010年版，第1页。

〔2〕参见张军主编：《刑事证据规则理解与适用》，法律出版社2010年版，第320页以下。

2. 召开庭前会议。庭前会议的目的是解决与审判相关的程序性问题，司法精神病鉴定启动与否作为审判前的程序性事项，契合庭前会议的会议主题和功能定位，应当在庭前会议中加以解决。具体而言：

(1)庭前会议的调查方式。程序性裁判应当具备司法裁判基本的诉讼构造，这就要求法院在程序性争议的审理过程中，充分听取控辩双方关于程序性事项的诉讼请求和辩论意见，并据此作出独立的司法裁判。庭前会议作为法院解决程序性争议事项的重要形式，是程序性裁判的重要依托。法院对精神病鉴定申请所作出的裁判，应当建立在充分听取控辩双方意见的基础之上。检察院可以通过出示相关证据材料，对被告人精神状态是否"正常"加以说明；辩护方也可以予以补充出示和说明。必要时，可以通知出具征询意见书的鉴定人或者其他人员参加庭前会议，说明情况。

(2)庭前会议的程序性裁判效力。庭前会议独立于实体性裁判，属于程序性裁判范畴。虽然我国《刑事诉讼法》规定，法院在庭前会议中，只能了解情况和听取意见，不能对程序性事项作出裁决，但这并不影响法院根据庭前会议的情况在庭前会议后或开庭审理中对程序性事项作出裁判，因为庭前会议内容对参与的诉讼双方具有约束力。

三、司法精神病鉴定启动的审查处理

在司法实践中，法院对鉴定启动申请一般有两种处理模式："口头决定"模式和"一并判决"模式。以下围绕两种处理模式的利弊展开分析，并在此基础上倡导建立"中间裁定"模式。

(一)"口头决定"模式

"口头决定"模式，即法院对精神病鉴定启动申请的处理结果仅作口头告知，并不制作任何法律文书，仅是将其作为法院处理程序性事项的过程性证据材料而记录在案。"口头决定"模式省时、省力，简便易行，为法院所青睐，但形式随意，对当事人诉权的救济不足，并不是理想的精神病鉴定启动申请的处理模式。

"口头决定"对法院审判权的拘束力不足,对当事人诉权保护不力。在刑事诉讼中,法院针对诉讼中的实体性事项和程序性事项,可以采取不同的裁判方式。其中,决定主要用于处理诉讼过程中发生的障碍和消除诉讼阻却。[1] 决定与判决、裁定不同之处在于是否涉及上诉、抗诉问题。对判决和裁定,通常情况下可以提起上诉或抗诉,而决定具有浓厚的行政职权主义色彩,是法院行使诉讼指挥权的体现,具有较大的自主性和灵活性,既可以采取书面形式也可以采取口头形式,且一经作出即发生法律效力,不能上诉或抗诉,对法院自身审判权的约束明显不足。对司法精神病鉴定申请的处理适用"决定"形式,也就意味着控辩双方不能就此提出抗诉或上诉,从而丧失诉讼中最为有力的救济手段。此外,由于该"决定"采取口头形式,通常情况下,当事人也不能就此"决定"申请复议或复核,致使该"口头决定"容易成为不可救济的程序性决定。

(二)"一并判决"模式

"一并判决"模式,即法院在判决书中一并对精神病鉴定申请予以处理,将处理结果作为裁判理由。目前,我国《刑事诉讼法》并没有确立"中间裁判"制度,[2] 对诉讼中不会导致案件终结的程序性事项或先决事项的裁决,一般不会出具专门的诉讼文书。而是将此类程序性裁判结果与实体性裁判结果一并在判决书中加以表述,并允许控辩双方将其作为上诉或者抗诉的理由,带有"诉中诉"的性质。此种将程序性问题和实体性问题一并判决处理的方式,源于"程序性裁判附属理论"。[3] 该理论认为,以程序性争议为内容的请求和裁判是刑事诉讼实体裁判的附属性问题,不应过分侵蚀刑事诉讼的主体部分。程序性裁判无法摆脱实体性裁判而独立存在,两者之间不可分割。"程序性裁判附属理论"有其正当性,但忽视了程序的独立性价值,也不利于对被告人诉讼权利的保障。

---

〔1〕 参见陈光中主编:《刑事诉讼法》(第6版),北京大学出版社、高等教育出版社2016年版,第363~366页。

〔2〕 参见傅郁林:《先决问题与中间裁判》,载《中国法学》2008年第6期。

〔3〕 参见万毅、林喜芬、何永军:《刑事证据法的制度转型与研究转向——以非法证据排除规则为线索的分析》,载《现代法学》2008年第4期。

“一并判决”模式相较于“口头决定”模式,最大的优势是赋予控辩双方抗诉权或上诉权,使当事人的诉权有了更加明确的救济途径。但仔细分析“判决理由”模式的“程序性裁判附属理论”及其运行方式,就会发现采用这一模式来处理精神病鉴定启动申请问题,并不能很好地体现程序的独立性价值,逻辑上也存在矛盾,难以自洽。当前,我国程序性裁判机制主要包括对程序违法行为的裁判和对程序争议事项的裁判两部分。前者主要是针对非法证据排除问题所进行的程序性裁判,以程序性制裁理论为场域,通过宣告非法取证等违反程序的行为无效,来实现程序性制裁的目的,而采取“程序性裁判附属理论”,将难以有效实现程序性制裁的本体价值,程序自身的“优秀品质”混同于裁判结论的正确性,程序的独立价值和程序本位主义更是无从谈起。后者主要是针对回避、管辖异议等一系列程序性争议问题所进行的裁判。此类程序性事项往往是刑事实体裁判的先决事项,是刑事实体裁判的前提和基础,将程序争议事项的裁判结果延迟放在判决书中与实体性裁判结果一并处理,则意味着法院对程序争议事项的消极否认,即法院具备进行实体裁判的先决条件,否则法院的裁判将陷入逻辑悖论。法院对案件作出实体处理的先决条件是被追诉者具有刑事责任能力,应当承担刑事责任,而对被追诉者刑事责任能力的判定需要进行司法精神病鉴定,如果法院在诉讼过程中对精神病鉴定申请不予处理,而是放在判决书中一并处理,则必然意味着对精神病鉴定申请的否认。从逻辑上讲,“一并判决”模式难以支持精神病鉴定申请,当事人的此项诉权难以得到保障。

(三)建立“中间裁定”模式

“中间裁定”通常作为民事诉讼领域的概念来论述,但在刑事诉讼中同样存在和适用。“中间裁定”模式要求,针对精神病鉴定申请在诉讼中先于实体性审判作出裁定,并制作单独的裁判文书,允许控辩双方对裁定不服提出上诉或抗诉。该模式具有程序独立规范、救济途径法定、程序问题先决的特点,能够充分体现程序独立性价值,有效保障当事人诉权,防止程序回转。

1. 程序独立规范。“中间裁定”模式要求法院对精神病鉴定申请以裁定的形式予以处理,制作专门的法律文书,从而使程序性裁判结果独立于实体性裁判结果,形成一个相对完整的程序性裁判。如此一来,程序正义的独立价值得到进一步彰显。程序本身所具有的过程正义,使得裁判结果更具公信力和权威性,更容易为当事人所接受。此外,"中间裁定"模式要求法院拒绝启动附裁判理由,从而使法院裁判更加规范,限制法院审判权的随意性,增强诉权对审判权的约束。"程序的实质就是管理和决定的非人情化,其一切布置都是为了限制恣意、专断和裁量。"〔1〕

2. 救济途径法定。当事人对司法精神病鉴定申请的一审裁定不服的,允许提起上诉或抗诉,寻求二审程序救济。相较于"口头决定"模式,以裁定形式作出的裁判结果为当事人提出上诉或抗诉提供了书面依据,权利的救济更加充分、有保障。相较于"判决理由"模式,"中间裁定"模式的救济途径不依附于实体裁判结果,当事人可以就精神病鉴定申请裁定这一程序性裁判结果单独提起上诉或抗诉,可以有效避免因程序性事项的上诉或抗诉导致整个案件处于未生效的不确定状态。

3. 程序问题先决。"中间裁定"模式针对诉讼中的程序争议事项,要求在诉讼中暂时中止实体性裁判活动,将精神病鉴定申请等程序争议事项先行调查处理,待作出独立的裁定后,再进行相关的实体审判。"中间裁定"模式具有明显的程序性裁判先行性特点,通过对精神病鉴定申请的先行裁定,形成确定性结果,从而为后续实体审判奠定基础,防止法院因先决问题未解决而继续开展一项无效的审判,避免因程序违法二审被发回重审,造成"程序回转"。

〔1〕 季卫东:《法律程序的意义——对中国法制建设的另一种思考》,载《中国社会科学》1993 年第 1 期。

第四章

司法精神病鉴定的留置措施

鉴定留置是舶来的法律术语,德国称为"精神病院观察"〔1〕,日本称为"鉴定留置"〔2〕,俄罗斯称为"鉴定安置"〔3〕。虽然用语不一,但所阐释的内容和解决的问题相同或类似,均是指为开展司法精神病鉴定而采取的限制人身自由的临时性保障措施。基于论述需要,本书表述上统一采用"鉴定留置"这一称谓。

〔1〕 [德]克劳思·罗科信:《刑事诉讼法》,吴丽琪译,法律出版社2003年版,第316页。

〔2〕 [日]田口守一:《刑事诉讼法》(第7版),张凌、于秀峰译,法律出版社2019年版,第121页。

〔3〕 [俄]K. Φ. 古岑科主编:《俄罗斯刑事诉讼教程》,黄道秀译,中国人民公安大学出版社2007年版,第325页。

第一节

何为鉴定留置:鉴定留置的属性

在我国法律体系中,并无鉴定留置的相关制度设置和法律规定,因此也就不存在法律意义上的概念界定。理论上,有关鉴定留置的定义也多是借鉴德国、日本等国家的法律规定和理论研究成果。德国"精神病院观察",旨在为鉴定人对被指控人的精神状态作鉴定,用于确定被指控人在行为时是否具有刑事责任能力和在审理时是否具有就审能力。[1] 日本学者认为,鉴定留置是侦查机关为对犯罪嫌疑人实施精神鉴定,而向法官请求将犯罪嫌疑人留置在医院或者其他适当的场所的行为。[2] 我国学者认为,鉴定留置系为判断犯罪嫌疑人、被告人等特定主体的精神状态及诉讼行为能力、刑事责任能力、人身危险程度,而由中立的裁判者裁决是否将其送入医院或其他适当场所,为一段期间之观察事宜的刑事强制处分。[3] 笔者认为,在我国现有的刑事司法语境下,鉴定留置是指司法机关为确定犯罪嫌疑人、被告人的精神状态及刑事责任能力,而在一段时间内约束其在特定的医院或医疗场所接受精神状态检查与评估的刑事强制处分。鉴定留置具有以下四个方面属性。

一、鉴定留置的刑事强制处分性

鉴定留置期间,为保障鉴定的顺利开展,通常会强制约束被鉴定人在特定的医院或医疗场所接受精神状态检查与评估,在对被鉴定人进行行为观察和医学检查的时间

---

〔1〕《德国刑事诉讼法典》第 81 条,参见《德国刑事诉讼法典》,宗玉琨译注,知识产权出版社 2013 年版,第 39 页。

〔2〕参见[日]田口守一:《刑事诉讼法》(第 7 版),张凌、于秀峰译,法律出版社 2019 年版,第 121 页。

〔3〕参见裘树祥、李庚强:《刑事鉴定留置制度:比较及启示》,载《公安教育》2014 年第 2 期。

段内，通常会对被鉴定人的人身自由进行限制。同时，为防范被鉴定人逃跑、实施隐匿、毁灭、伪造证据等妨碍诉讼的行为，或再次实施他伤、自伤等肇事肇祸行为，通常也需要对被鉴定人人身自由进行必要的限制。鉴定留置通常会伴随着对被鉴定人人身自由的剥夺或限制，但围绕鉴定留置是否属于羁押性刑事强制处分，理论界存在肯定说与否定说之分。

肯定说[1]认为，人身自由权是公民基本的宪法性权利，被追诉者的自由利益贯穿刑事诉讼的全过程，不论是诉讼过程中的刑事强制措施，还是判决后的刑罚执行，均涉及对行为人人身自由的剥夺或限制。而鉴定留置从根本上干预或限制了被鉴定人的人身自由，具有权利侵犯性。对于实际存在而尚属法律空白的司法精神病鉴定留置而言，不论是在侦查阶段还是在审查起诉、审判阶段，都不能回避对被鉴定人人身自由限制的事实。鉴定留置侵犯了公民人身自由权利，属于一种刑事强制处分措施。我国台湾地区学者也有类似的论述，[2]鉴定留置是一项类似羁押的强制措施，因为鉴定留置干预受处分人之人身自由权利，性质上属于刑事强制处分。

否定说[3]认为，鉴定留置属于强制鉴定的附属行为，是强制鉴定的自然结果或者执行方式，并不具有独立性；鉴定留置虽然也具有限制被鉴定人行动自由的特点，但在本质上不同于对被鉴定人身体的强制性侵犯，其目的是调查被鉴定人的精神状况，留置的过程属于调查程序而非强制处分，且鉴定留置的目的通常是获取对被鉴定人有利的精神状况鉴定报告，至少不会对被鉴定人造成不利影响。因此，鉴定留置本质上是为强制鉴定而采取的前置措施，是一种准备行为或者说执行行为，而不属于羁押性强制措施或羁押处分。

本书赞同肯定说，认为鉴定留置本质上属于刑事强制处分措施，一方面，鉴定留置是由国家机关在刑事诉讼过程中，为追究犯罪而依职权作出的限制犯罪嫌疑人、被告人人身自由的一种强制性处分措施。被鉴定人作为留置对象，对留置实施的时间、地点、方式等均没有自主权，不以其意志为转移。鉴定留置以国家强制力为保障，体现的是国家刑事追诉权，本质上属于国家公权力对公民个人权利的强制性干预。另一方面，鉴定留置在一段时间内限制或剥夺被鉴定人人身自由的客观事实不容否认，其人

[1] 参见张杰：《精神疾病司法鉴定留置本土化改革路径探究》，载《中国司法鉴定》2020年第5期。
[2] 参见林钰雄：《刑事诉讼法》（上），中国人民大学出版社2005年版，第398页。
[3] 参见万毅、陈大鹏：《论鉴定留置的若干法律问题》，载《中国司法鉴定》2008年第1期。

身自由侵犯性决定其具有羁押的属性，不能因为鉴定结果对被鉴定人的利好属性，就要求其承担或容忍司法精神病鉴定的“时间成本”，不将此时间段计入羁押期限。况且，我国《刑事诉讼法》明确规定，[1]侦查机关、司法机关负有全面客观地收集有罪或者无罪、罪重或者罪轻的各种证据的法定义务，司法精神病鉴定对被鉴定人的利好属性，不能成为否定鉴定留置刑事强制处分属性的理由。对鉴定留置的程序设置或制度构建，应当建立在承认其刑事强制处分本质属性的基础之上，如此才能更符合程序正义的要求。再者，鉴定留置属于司法行为，有别于行政行为，并不是单纯的行政执行行为。行政行为的最大特点在于行政机关可以单方作出决定并予以实施，公安机关在行政执法过程中对精神病人采取的保护性约束措施，[2]系公安机关经内部审批自上而下决定实施的，属于具体行政行为。但鉴定留置系在刑事诉讼过程中，经司法审查作出的决定，公安机关在鉴定过程中，无权自行作出鉴定留置的决定，因为根据正当程序的要求，公民的人身自由非经法定程序不受限制或剥夺。因此，不能将鉴定留置视为公安机关侦查行为的附属执行行为。

二、鉴定留置的程序保障性

鉴定留置是司法精神病鉴定的一种程序性保障措施，将犯罪嫌疑人、被告人置于医院等特定场所，目的就是为司法精神病鉴定创造有利的客观环境和条件，保障司法精神病鉴定的顺利开展。有学者将其称为司法精神病鉴定的前置程序，[3]实质为一种准备性行为。司法精神病鉴定是一种带有主观性的经验判断，囿于有限的检测技术手段，通常需要鉴定人通过面谈、问诊、心理测试、身体检查等方式来完成鉴定，而必要的行为观察和医学检查需要一定的时间来完成。鉴定留置正是为行为观察和医学检

〔1〕《刑事诉讼法》第52条规定：“审判人员、检察人员、侦查人员必须依照法定程序，收集能够证实犯罪嫌疑人、被告人有罪或者无罪、犯罪情节轻重的各种证据。严禁刑讯逼供和以威胁、引诱、欺骗以及其他非法方法收集证据，不得强迫任何人证实自己有罪。必须保证一切与案件有关或者了解案情的公民，有客观地充分地提供证据的条件，除特殊情况外，可以吸收他们协助调查。”

〔2〕《人民警察法》第14条规定：“公安机关的人民警察对严重危害公共安全或者他人人身安全的精神病人，可以采取保护性约束措施。”

〔3〕参见万毅、陈大鹏：《论鉴定留置的若干法律问题》，载《中国司法鉴定》2008年第1期。

查创造时空条件，提供环境保障的举措，是司法精神病鉴定程序的重要一环。一方面，鉴定留置为持续性的行为观察提供了可能，能够最大限度满足鉴定时间上的需要；另一方面，鉴定留置场所的特定性，为鉴定提供了安全保障和开展医学检查必要的硬件设施。某种意义上，鉴定留置通过提供客观条件，为司法精神病鉴定的主观性作客观“背书”，保障司法精神病鉴定意见的客观性、科学性。

三、鉴定留置的权利保护性

随着人权理念和法治社会的发展，司法精神病鉴定不再只是作为寻求事实真相的调查手段，对于被鉴定人而言，还关系到对其人身自由、个人隐私等基本权利的限制或剥夺，而程序正当和权利保障正是现代刑事诉讼所关注的焦点。[1] 鉴定留置场所的特定性，能够更好地维护精神障碍者的人身权利。精神障碍者不同于普通犯罪嫌疑人、被告人，其社会辨识能力和行为控制能力均异于常人，往往不具有完整的自我保护意识和能力，属于社会弱势群体，将其留置在医院等特定医疗机构，与普通犯罪嫌疑人、被告人分开羁押，能够最大程度上保障其免受“二次伤害”。同时，特定的医疗机构具备精神病诊疗条件，能够及时对其进行医疗救治，防止其病情恶化或复发，体现更多的人文关怀。

一方面鉴定留置确实限制了犯罪嫌疑人、被告人的人身自由，但另一方面鉴定留置的规范性运行又能够保障犯罪嫌疑人、被告人的诉讼权利不受侵犯。鉴定留置的刑事强制处分性，要求鉴定留置措施必须严格限定在法律框架内，决定主体、适用对象、留置时间、留置场所、监督救济等内容必须在法律中明确予以规定，以保证实务运行的正当性及被鉴定人的人身权利免受侵犯。

四、鉴定留置的程序衔接性

鉴定留置作为程序性保障措施，同时也具有刑事诉讼程序“承上启下”的衔接功

〔1〕 参见陈卫东、程雷：《司法精神病鉴定基本问题研究》，载《法学研究》2012年第1期。

能，一方面鉴定留置为司法精神病鉴定期间的羁押提供正当性依据，使其有法可依；另一方面鉴定留置与司法精神病鉴定后的程序流转形成衔接，如果经鉴定，行为人不具有刑事责任能力，则公安机关需要进一步审查其是否符合申请法院对其进行强制医疗的条件，对其采取临时保护性约束措施或责令其父母或者其他监护人严加看管和医疗；[1]如果行为人为完全刑事责任能力或限制刑事责任能力，需要继续追究刑事责任，则公安机关可对其采取拘留、逮捕、监视居住、取保候审等刑事强制措施。鉴定留置与临时的保护性约束措施、普通的刑事强制手段的紧密衔接，构成了完整的精神障碍者刑事诉讼程序。

在此，需要区分鉴定留置与临时保护性约束措施，两者虽然都是刑事强制处分手段，但并不能作概念上的等同。2012 年修订的《刑事诉讼法》增设临时保护性约束措施，[2]将其规定在强制医疗程序中，该条规定在法院决定强制医疗前，公安机关可以对实施暴力行为的精神病人，采取临时的保护性约束措施。有学者将这一规定称为我国的“类鉴定留置”制度，[3]实则不然。两者虽然均属于审判前对精神病人采取的刑事强制处分措施，但并不相同。首先，两者适用的时间段不同。鉴定留置适用于司法精神病鉴定期间，是司法精神病鉴定期间对犯罪嫌疑人、被告人人身自由采取的必要的约束和限制；而临时保护性约束措施则是在经鉴定确定行为人为法律上的“精神病人”后，至法院作出强制医疗前的诉讼时间段内，对精神病人采取的临时保护性约束措施。两者实际上存在诉讼程序上的先后和承接关系，并不是一种交叉或重叠的可替代关系。其次，两者作出的主体不同。鉴定留置是为司法精神病鉴定需要而设置的，原则上侦查机关、司法机关在办案过程中均有权提请或决定对被鉴定人进行鉴定留置；而临时保护性约束措施，《刑事诉讼法》明确规定仅公安机关有权采取，检察院和法院并没有此项权力，仅从此点看，临时保护性约束措施更像是行政强制手段，不具有司法的属性。最后，两者适用的目的不同。鉴定留置主要是为司法精神病鉴定提供必要的

[1] 《刑法》第 18 条第 1 款规定：“精神病人在不能辨认或者不能控制自己行为的时候造成危害结果，经法定程序鉴定确认的，不负刑事责任，但是应当责令他的家属或者监护人严加看管和医疗；在必要的时候，由政府强制医疗。”

[2] 《刑事诉讼法》第 303 条第 3 款规定：“对实施暴力行为的精神病人，在人民法院决定强制医疗前，公安机关可以采取临时的保护性约束措施。”

[3] 参见郭锴：《论强制医疗程序中“临时保护性约束措施”立法完善——以大陆法系地区为借鉴》，载《河南师范大学学报（哲学社会科学版）》2016 年第 6 期。

客观环境和条件,保障鉴定的顺利进行;而临时保护性约束措施主要是为填补诉讼程序上的空白,解决无刑事责任能力的精神病人在法院决定强制医疗前的人身控制问题,实现诉讼程序上的紧密衔接,避免涉嫌刑事犯罪的精神病人在鉴定留置后、强制医疗决定前的诉讼时间段内脱管,再次实施危害社会的行为。

第二节

缘何鉴定留置:鉴定留置的必要性

虽然我国法律体系中并无鉴定留置的相关制度设置和法律规定,但司法实践中,为进行司法精神病鉴定而留置被鉴定人的情形,确实客观存在。湖北的邓玉娇案、上海杨佳案等均是典型的案例。当一项制度虽未在法律上设立但在司法实践中惯例性运行时,就有必要审视其存在的必要性和设置的可能性。

一、鉴定实务的需要

如前所述,司法精神病鉴定不同于其他种类的科学证据,鉴定意见的形成主要不是依靠科学实验或借助精密仪器得出结果,而主要是由鉴定人通过晤谈、精神检查、问卷测试等方式,对被鉴定人进行一段时间的持续观察,再结合临床经验,综合分析得出鉴定结果。为保证鉴定结果的科学可靠性,鉴定人客观上需要一个较长的观察期,以便对被鉴定人进行持续性的亲历观察。

然而,有调研显示,[1]司法精神病鉴定时长通常为1个工作日,其中,阅卷1~2小时、精神检查约2小时、撰写鉴定意见约2小时;被鉴定人通常是从看守所被带至司法精神病鉴定机构进行鉴定,随即当天被还押看守所,即“当日送鉴当日还押”。此种鉴定模式,对被鉴定人的亲历观察仅持续2小时左右,鉴定人亲历被鉴定人的时间过短、次数过少,精神检查难以全面、深入,这与精神医学的临床诊断原理和规律相悖,也不符合司法精神病鉴定的特点,鉴定结果的科学性、客观性难以保障。尤其是对一些

---

〔1〕 参见陈卫东、程雷:《司法精神病鉴定基本问题研究》,载《法学研究》2012年第1期;张杰:《精神疾病司法鉴定留置本土化改革路径探究》,载《中国司法鉴定》2020年第5期。

疑难复杂的鉴定病例,如共病、间歇性精神病等,由于鉴定当时的症状表现、病理指征等一时难以确定,需要多次晤谈和较长时间的观察,才能予以明确。此时,2 小时左右的精神检查显然难以满足鉴定需求,“当日送鉴当日还押”的鉴定模式难以为鉴定人创造充分的时间条件和诊断机会。

此外,由于缺乏科学可靠、可资依赖的检测手段和评价标准,鉴定意见的得出更多的是依赖鉴定人的亲历观察和主观判断,客观上需要较长的观察时间。某种意义上,精神医学发展的不成熟,以及快捷缜密诊疗技术手段的缺失,是鉴定留置制度存在的根源。相信随着精神医学的发展,脑脉冲图谱技术、基因识别技术等手段的介入,对人类精神世界的探索终究会达到新的高度,届时精神病诊断将不再是依靠主观性的判断,科学可靠、简捷方便的诊疗技术手段将助力司法精神病鉴定成为真正的科学证据,鉴定留置制度也就没有了存在的空间。

二、司法实践的需要

当前,在刑事诉讼过程中,大部分犯罪嫌疑人、被告人处于被羁押状态,对此部分被追诉者进行司法精神病鉴定,在“当日送鉴当日还押”的鉴定模式下,鉴定留置问题并不突出,即使是多次送鉴定或进行长时间的鉴定观察,也不会产生新的羁押问题,因为被鉴定人的人身自由本身就处于被限制或剥夺状态,对被鉴定人提押送鉴仅是羁押场所和限制自由形式上的变化,不作羁押手续上的变更,不会产生新的法律问题和程序上的障碍。但对于未被羁押的犯罪嫌疑人、被告人而言,为开展司法精神病鉴定而将其留置,因涉及公民人身自由权等基本性权利,就有必要在法律层面上解决留置的性质、留置期间是否折抵刑期等一系列法律问题。否则,为鉴定而留置就属于非法羁押,不具有合法性依据。尤其是 2012 年《刑事诉讼法》修订增设羁押必要性审查制度以来,取保候审、监视居住等非羁押性措施被广泛地适用,审前羁押占比从 2000 年的 96.8%降至 2020 年的 53%。[1] 审前羁押比例的大幅下降,必然导致为鉴定而留置的

〔1〕 参见《最高人民检察院工作报告》(第十三届全国人民代表大会第五次会议 张军 2022 年 3 月 8 日),载中华人民共和国最高人民检察院网站,https://www.spp.gov.cn/gzbg/。

未被羁押的犯罪嫌疑人、被告人案例的增多,鉴定留置问题将进一步凸显。

此外,根据《看守所条例》的规定,[1]看守所对患有精神病或者急性传染病的犯罪嫌疑人、被告人,不予收押。司法实践中,确实存在部分被追诉者因疑似患有精神病而看守所不予收押的情况。对此,公安机关是“关不得又放不得”,为防止其再次实施危害社会的行为,只能扩大化适用临时保护性约束措施,在委托司法精神病鉴定前或鉴定期间既已将其送至特定的医疗场所予以监管。笔者从中国裁判文书网调取2021年涉临时保护性约束措施的案件68件,经查阅裁判文书,其中有7件系公安机关在尚未委托司法精神病鉴定或在鉴定期间,就已约束行为人至相关场所,占比约为10.3%。公安机关在刑事诉讼过程中,“迫不得已”扩大适用临时保护性约束措施,凸显鉴定留置制度的现实必要性。

三、防范超期羁押的需要

长期以来,超期羁押是刑事诉讼的一大“顽疾”,而依据《刑事诉讼法》的规定,[2]司法精神病鉴定期间不计入办案期限,这实质上存在潜在的超期羁押风险,因为司法精神病鉴定期间存在极大的不确定性,期限长短均可以找到合法性依据。因此,有必要通过设置鉴定留置制度,明确鉴定留置期限,从而避免鉴定期限被不当延长,异化为超期羁押情形。

一方面,司法精神病鉴定期限的弹性规定导致鉴定期限“可长可短”。虽然《司法鉴定程序通则》规定,[3]鉴定机构应当自鉴定委托书生效之日起30个工作日内完成鉴定,但该通则同时还规定了较为宽泛的延长和例外情形。对疑难、复杂的鉴定事项或者鉴定过程需要较长时间的,可以延长期限;对在鉴定过程中补充或者重新提取鉴

---

[1] 《看守所条例》第10条规定:“看守所收押人犯,应当进行健康检查,有下列情形之一的,不予收押:(一)患有精神病或者急性传染病的……”

[2] 《刑事诉讼法》第149条规定:“对犯罪嫌疑人作精神病鉴定的期间不计入办案期限。”

[3] 《司法鉴定程序通则》第28条规定:“司法鉴定机构应当自司法鉴定委托书生效之日起三十个工作日内完成鉴定。鉴定事项涉及复杂、疑难、特殊技术问题或者鉴定过程需要较长时间的,经本机构负责人批准,完成鉴定的时限可以延长,延长时限一般不得超过三十个工作日。鉴定时限延长的,应当及时告知委托人。司法鉴定机构与委托人对鉴定时限另有约定的,从其约定。在鉴定过程中补充或者重新提取鉴定材料所需的时间,不计入鉴定时限。”

定材料所需的时间,不计入鉴定期限。该通则还规定,鉴定期限可以依鉴定机构与委托人之间的约定确定,鉴定期限由法定强制性事项变成当事人合意事项,失去了期限所应有的刚性和确定性。可以说,有关司法精神病鉴定期限的规定形同虚设,不具有应有的约束力。

另一方面,鉴定期间不计入办案期限导致鉴定期间过长。司法实践中,侦查机关、司法机关有赖于鉴定期间不计入办案期限的规定,通常不会督促鉴定机构尽快出具鉴定结果,甚至个别情况下,会主动启动司法精神病鉴定程序以达到客观上延长办案期限的目的。同时,由于司法精神病鉴定资源紧缺,委托鉴定往往需要预约排队,加之部分案件鉴定材料需要补充或者重新提取,鉴定期间远远超出法定的 30 个工作日。以北京市为例,经初步统计,近三年进行司法精神病鉴定的 424 名犯罪嫌疑人,从预约登记到出具鉴定意见,平均鉴定期间为 123 天。其中,鉴定期间为 100 天以下的占比为 35.6%;100~180 天的占比为 37.7%;180~300 天的占比为 24.2%;300 天以上的占比为 2.4%。[1] 鉴定期间动辄上百天,明显超出法定期限。如此长的鉴定期间却不计入办案期限,客观上造成了对犯罪嫌疑人、被告人的长期羁押,是对犯罪嫌疑人、被告人人身自由权的侵犯,可以说是一种变相的超期羁押。

司法精神病鉴定期限的异化,对被鉴定人人身自由的无序限制,亟待予以立法规制。通过在法律层面上设定鉴定留置制度,规范鉴定留置行为,强化对公权力的监督制约,是防范鉴定期限异化为超期羁押的可行之策。

四、防卫社会的需要

现代科学刑事政策理论认为,刑事政策最基本的问题是抓住从社会利益出发控制犯罪能够得到有效组织的方法,同时不忽视个人的利益,而就对犯罪人的处遇而言,刑事政策首先应关心的是如何有效地应对犯罪,防止再犯。[2] 精神病人在认知、情感和行为等方面异于常人,缺乏对其行为的认识或控制能力,行为往往缺乏逻辑,不具有可

---

〔1〕 该鉴定期间统计从预约登记开始计算,已将排队等候时间计算在内,因为司法实践中,侦查机关、司法机关一般自预约登记之日起就开始扣除办案期限。

〔2〕 参见涂欣筠:《新社会防卫论及其对我国刑事政策的启示》,载《理论探索》2017 年第 2 期。

预测性,具有较高的人身危险性和再犯的可能性,如果不对其采取必要的约束措施和保护手段,其很有可能再次实施危害社会的行为。尤其是对涉嫌暴力犯罪的精神病人,其暴力倾向更为明显,再次实施暴力性行为的可能性更高。对此部分涉嫌犯罪的具有暴力倾向的严重精神障碍者,基于防卫社会的需要,有必要采取相应的防范措施。如果任其回归社会,在病态精神状态的影响下其容易再次实施危害社会的行为,危及社会公共安全和他人人身利益,而这并不符合刑事诉讼防卫社会的目的。

立法设定鉴定留置制度,有其正当的理由。“任何一个社会为了实现其正义之诉求所采用的明显令人生厌的法律强制,只有在其是为某种补偿福利(Countervailing Good)计的情况下才是可以容忍的。”〔1〕鉴定留置强调在司法精神病鉴定过程中对疑似精神病人的犯罪嫌疑人、被告人的监管和医护,通过精神医疗和限制人身自由能够有效降低行为人的人身危险性和再犯的可能性,从而有助于刑事诉讼防卫社会功能的实现。

〔1〕 [英]H. L. A. 哈特:《法律、自由与道德》,支振锋译,法律出版社2006年版,第22页。

第三节

何以鉴定留置:鉴定留置制度的域外考察与分析

鉴定留置制度在德国等法治发达国家已有上百年的运行历史,[1]历经实践检验和立法修订,已相对完善成熟。从比较法的角度,考察域外的鉴定留置制度,分析其制度运行图样,对构建我国的鉴定留置制度具有参考价值。

一、德国的鉴定留置制度

《德国刑事诉讼法典》规定,[2]为制作有关精神状态鉴定书的准备,法院得先为暂时性之留置处分(Einstweilige Unterbringung),命令被鉴定人于公立的精神病院接受检查。同时还对鉴定留置适用目的与范围、适用主体与对象、适用期限与场所、适用程序与救济等作出了明确规定。

1. 适用目的与范围。鉴定留置只能为精神鉴定之目的,对被鉴定人加以观察(Beobachtung)。一方面,鉴定留置只能对基本权利中的个人自由有所限制,而不得对身体之不可侵犯性加以限制。如果所采取的身体之侵害措施违背被告人的意愿,则需要依法另行申请。另一方面,鉴定留置所形成之鉴定书只是提供给法院一项参考说明,用以判断被告人在犯罪行为时是否具有刑事责任能力,而不得用来作为确认被告人供述可信度(Glaubwürdigkeit)之标准。[3]

---

[1] 参见林钰雄:《论鉴定留置制度》,载《月旦法学杂志》2004 年第 113 期。

[2] 参见《德国刑事诉讼法典》,宗玉琨译注,知识产权出版社 2013 年版,第 39 页。

[3] 参见[德]克劳思·罗科信:《刑事诉讼法》,吴丽琪译,法律出版社 2003 年版,第 316 页。

对于移送鉴定前已经被羁押在拘禁所的被告人的留置问题。德国法通常认为,一旦被告人已经在看守所或因他案已经在监所执行者,由于德国许多拘禁所附设有执行医院(Vollzugskrankenhaus),因此,无论是在同一拘禁所将被告人送入该拘禁所内之医院进行观察,还是为鉴定目的将其移监至附设执行医院的拘禁所进行观察,均无须另为鉴定留置之处分。〔1〕

2. 适用主体与对象。鉴定留置虽然在审判程序进行前实行,但不得由检察官或侦查法官命令为之,而只能由对是否开启审判程序有决定权的法院来决定。〔2〕具体来说,对侦查程序中的鉴定留置,由案件提起公诉时将具有土地及事物管辖的法院裁定;对审判程序中的鉴定留置,由负责审判该案件的法院(Das Erkennende Gericht)裁定。〔3〕

鉴定留置的适用对象仅限于具有重大犯罪嫌疑(Dringender Verdacht)的被指控人。因为鉴定留置是对人身自由较长时间的限制,适用条件应当比照羁押要件,且高于一般的干预处分。也即行为人的行为具有高度可能性,合乎构成要件该当违法行为的判断标准。判断被指控人是否具有重大犯罪嫌疑,以卷宗材料为主,虽然为了判断也需要调查其他证据,但不能据此导致主审程序前置。〔4〕

3. 适用期限与场所。安置精神病院观察的时间,总共不能超过 6 周,也即只要在此时间限度之内,在同一诉讼程序中如有必要,可以数次为此命令。就鉴定留置期间的效力问题,鉴定留置期间可以用来折抵自由刑的刑期或一定数额的罚金。〔5〕鉴定留置场所仅限于特定的公立精神病医院(Öffentliches Psychiatrisches Krankenhaus),不得将被告人留置在私立的精神病医院或其他场所。

4. 适用程序与救济。《德国刑事诉讼法典》第 81 条第 1 项规定,法院在命令被告人进入公立精神病医院接受观察之前,需要事先听取鉴定人和辩护人的意见。鉴定人必须是精神病医师或神经专科医师(Psychiater oder Neurologe),其主要是对鉴定留置的适合性、必要性及预期的留置期间发表意见。此时的鉴定人很可能与鉴定留置期间

---

〔1〕 参见林钰雄:《论鉴定留置制度》,载《月旦法学杂志》2004 年第 113 期。

〔2〕 参见[德]克劳思·罗科信:《刑事诉讼法》,吴丽琪译,法律出版社 2003 年版,第 316 页。

〔3〕 参见林钰雄:《论鉴定留置制度》,载《月旦法学杂志》2004 年第 113 期。

〔4〕 参见林钰雄:《论鉴定留置制度》,载《月旦法学杂志》2004 年第 113 期。

〔5〕 参见林钰雄:《干预处分与刑事证据》,北京大学出版社 2010 年版,第 154 页。

的鉴定人是同一人。鉴定人不能仅凭书面材料作出判断,需要对被告人亲自检查。如果被告人不自行去鉴定人处接受检查,法院可以依据《德国刑事诉讼法典》第133条对其传唤或拘提,但如果已有足够的观点、数据来判断时,也可以不再进行检查。[1]

法院需在听取鉴定人意见后,听取辩护人的意见,但听取意见并非指需要取得辩护人的同意。如果被告人尚未选任律师,则需要依据《德国刑事诉讼法典》第140条第1项第6点的规定,为其指定一名义务辩护人。同时,为达到有效辩护的目的,在判断鉴定留置条件(包含重大犯罪嫌疑)必要范围内,应当将侦查结果向辩护人揭示,也即允许辩护人在侦查阶段查阅相关卷宗。[2]

对法院准予鉴定留置的裁定,检察官、被告人、辩护人有权提起即时抗告(Sofortige Beschwerde),但抗告不能针对鉴定人或留置机构的选择部分。辩护人具有独立的即时抗告权,不受被告人的意思限制,因为此时被告人可能因心智不足缺乏认知利害关系的能力。此外,不同于一般抗告,鉴定留置抗告具有停止执行的效力(Aufschiebende Wirkung),也即抗告具有延期的效果,在鉴定留置产生确定力之前,不得执行。[3]

二、日本的鉴定留置制度

《日本刑事诉讼法》规定,[4]为精神或身体鉴定之必要,法院可以通过签发鉴定留置证,将被告人留置在医院或其他适当的场所。

1. 适用目的与范围。《日本刑事诉讼法》第167条第1款规定,当有必要对被告人精神或身体进行鉴定时,可以留置。鉴定留置的目的是进行鉴定,且为有留置必要,必要性审查是鉴定留置的条件。鉴定留置的范围不限于对被告人进行心神状况鉴定,还包括对被告人进行身体生理性检查。

2. 适用主体与对象。《日本刑事诉讼法》第167条第1款、第224条规定,法院享

---

[1] 参见[德]克劳思·罗科信:《刑事诉讼法》,吴丽琪译,法律出版社2003年版,第316~317页。
[2] 参见林钰雄:《论鉴定留置制度》,载《月旦法学杂志》2004年第113期。
[3] 参见林钰雄:《论鉴定留置制度》,载《月旦法学杂志》2004年第113期。
[4] 参见《日本刑事诉讼法》,宋英辉译,中国政法大学出版社2000年版,第38页、第54页、第92页。

有鉴定留置的决定权，程序上要求检察官、检察事务官或司法警察员向法官请求作出该项处分，由法官依职权签发鉴定留置证。[1] 鉴定留置证上应当载明被告人的姓名及住所、罪名、公诉事实的要旨、留置的场所、留置的期间及该期间经过后不得着手执行并应当将令状退还的意旨和签发的日期等内容。[2] 鉴定留置仅适用于具有重大犯罪嫌疑的被告人。《日本刑事诉讼法》第 167 条第 5 款规定，鉴定留置适用于羁押的规定。法院有相当的理由足以怀疑被告人有犯罪行为时，才可以羁押被告人。

3. 适用期限与场所。《日本刑事诉讼法》对鉴定留置的期限没有作特别规定，[3] 仅是在第 167 条第 1 款中规定法院可以规定一个期间，必要的情况下可以延长或缩短留置期间，并没有规定具体的留置期限。就留置期间的效力问题，《日本刑事诉讼法》第 167 条第 6 款规定，鉴定留置期间在未决羁押日数的计算上，视为羁押，可以用来折抵刑期。关于留置场所，法院可以将被告人收容在医院或其他适当场所。从实务上看，将被告人拘禁在拘留所或代用监狱，由鉴定人前往实施鉴定的做法比较普遍。[4]

4. 适用程序与救济。日本法院签发鉴定留置证没有听取鉴定人、辩护人、检察官意见的必要程序。通常情况下，法院可以使合议庭的组成人员进行有关鉴定的必要处分，但鉴定留置应当由审判长记名、盖章。[5] 对为鉴定而命令留置的裁定，《日本刑事诉讼法》规定了"准抗告"的救济程序。[6] 对鉴定留置裁定不服的，简易法院法官所作出的裁定可以向管辖地方法院，其他法官所作出的裁定可以向该法官所属的法院，请求撤销或者变更该项裁定，但"准抗告"不具有即时抗告停止执行裁定的效力。原审法院可以在对抗告作出裁判以前，裁定停止执行裁判。[7]

---

〔1〕 参见[日]田口守一：《刑事诉讼法》(第 7 版)，张凌、于秀峰译，法律出版社 2019 年版，第 121 页。

〔2〕 参见《日本刑事诉讼法》，宋英辉译，中国政法大学出版社 2000 年版，第 155 页。

〔3〕 参见[日]中田修等：《司法精神医学——精神病鉴定与刑事责任能力》(上册)，林秉贤、彭华译，天津科学技术出版社 2008 年版，第 164 页。

〔4〕 参见彭勃：《日本刑事诉讼法通论》，中国政法大学出版社 2002 年版，第 119 页。

〔5〕 参见《日本刑事诉讼法》，宋英辉译，中国政法大学出版社 2000 年版，第 39 页、第 155 页。

〔6〕 参见《日本刑事诉讼法》，宋英辉译，中国政法大学出版社 2000 年版，第 93 页。

〔7〕 参见[日]松尾浩也：《刑事诉讼法》(下卷)，张凌译，中国人民大学出版社 2006 年版，第 208 ~ 209 页。

三、俄罗斯的鉴定留置制度

《俄罗斯联邦刑事诉讼法典》第29条、第123条、第125条、第165条、第203条[1]对鉴定留置制度作出了规定,为进行司法医学鉴定或司法精神病学鉴定而有必要住院观察时,则可以将犯罪嫌疑人、被告人安置到医疗住院机构。

1. 适用目的与范围。鉴定留置的目的是更好地开展司法医学鉴定或司法精神病学鉴定,且鉴定留置为必要时,方可采取。鉴定留置的范围限于司法医学鉴定或司法精神病学鉴定,并不包括身体检查等其他侦查行为。

2. 适用主体与对象。鉴定留置适用于取得实施侦查行为许可的司法程序,类似于强制侦查行为,需要向法院提出申请,由法院作出决定。[2] 只有法院,包括在审前程序中,才有权将未被羁押的犯罪嫌疑人、被告人安置到医疗住院机构进行法医学鉴定或司法精神病学鉴定。鉴定留置对象限于犯罪嫌疑人、被告人。不同于强制指定司法鉴定对象,强制指定鉴定对象包括犯罪嫌疑人、被告人和被害人,而鉴定留置不适用于被害人,不得为开展法医学鉴定或司法精神病鉴定而留置被害人。

3. 适用期限与场所。《俄罗斯联邦刑事诉讼法典》并没有规定鉴定留置期限。就鉴定留置期间的效力问题,《俄罗斯联邦刑事诉讼法典》规定,在将犯罪嫌疑人安置到医疗住院机构进行司法精神病学鉴定时,指控期限中断直到取得鉴定结论之时。同时规定,根据法院决定在提供医疗帮助或提供精神病学帮助的医疗住院机构接受强制治疗的时间,计入羁押期间。也即鉴定留置期间,不计入侦查机关指控期限,但计入羁押期间,可以折抵刑期。关于鉴定留置的场所,《俄罗斯联邦刑事诉讼法典》明确规定为提供医疗帮助或提供精神病学帮助的医疗住院机构。

4. 适用程序与救济。鉴定留置实行司法许可程序,侦查员经侦查机关领导人同意、调查人员经检察长同意,向侦查地或侦查行为实施地的区法院或同级军事法院,提

---

[1] 参见《俄罗斯联邦刑事诉讼法典》,黄道秀译,中国民主法制出版社2021年版,第19页、第92页、第93页、第122页、第145页。

[2] 参见江勇:《论以精神病鉴定羁押制度替代强制医疗前临时保护性约束制度》,载《西部法学评论》2013年第3期。

出实施鉴定留置的申请。法院应当自收到申请之时起24小时内独任审理,检察长、侦查员有权参加审理,但犯罪嫌疑人、被告人及其辩护人并未被允许参与审议。法官在审议申请后,作出许可裁决或驳回申请,并指出驳回的理由。刑事诉讼的参加人可以就鉴定留置直接向法院提出申诉,或通过调查机关、侦查机关向法院提出。法院应当在收到申请之日起5日内开庭审理鉴定留置是否合法有据,相关利益方均应出庭,可以陈述理由或意见。

四、域外鉴定留置制度的比较分析

相较于上述大陆法系国家的鉴定留置制度,英美法系国家的鉴定留置制度则没有那么系统、完备,这与英美法系国家实行当事人主义的诉讼模式密不可分。在英美法系国家,精神病辩护作为一项重要的辩护事由,精神病鉴定通常由辩护方自行聘请精神病鉴定专家进行,鉴定留置在很多情况下并不必要。但在特定情况下,法院可以将被告人还押至医院进行精神检查。如《英国精神健康法》第35条规定,[1]刑事法院或治安法院对任何因可判处监禁的罪行而在法院等候审讯的被告人,或因该罪行而在法院被传讯,但尚未因其被传讯的罪行被判刑或以其他方式处理的被告人,根据注册医生的书面或口头证据,法院确信有理由怀疑被告人患有精神障碍的,可将被告人还押至法院指定的医院,以报告其精神状况。

针对上述大陆法系国家的鉴定留置制度,总结分析如下:

1. 对鉴定留置措施以法律的形式予以明确规定。德国、日本、俄罗斯等国家均注意到鉴定留置具有限制或者剥夺人身自由的属性,属于羁押性强制处分,故以法律的形式在刑事诉讼法典中对鉴定留置的决定、目的、期限、场所、救济等要素作出明文规定,以防止国家公权力对公民私权利的不当干预。

2. 对鉴定留置措施规定严格的司法审查程序。各国均注意到涉及公民基本权利的限制或者剥夺,应经司法审查,由法官予以准许或者决定。无论是在审前的侦查程

〔1〕 See UK Public Acts: Mental Health Act 2007, https://www.legislation.gov.uk/ukpga/2007/12/contents.

序还是在检察程序中，侦查人员或检察官均无权自行决定鉴定留置，均应报请法官决定，各国普遍认为司法是人权保障最主要也是最有效的手段。

3. 对鉴定留置措施设置严格的适用条件。各国均注意协调平衡国家公权力与公民私权利、社会公共利益与公民个人利益之间的关系，对鉴定留置措施采取审慎的态度，设定必要的条件。各国一般比照羁押的适用条件，规定鉴定留置仅适用于有证据证明有重大犯罪嫌疑的被指控人，轻微犯罪一般不适用。

4. 对鉴定留置措施设置必要的救济手段。有权利必有救济，各国普遍认识到，权利与救济的相伴相生是法律意义上权利的最基本构成要件，均注重对被告人被鉴定留置的权利救济。各国对鉴定留置措施普遍规定了抗告、申诉等救济手段，允许被告人就鉴定留置提出抗告或申诉。

第四节

如何鉴定留置:鉴定留置制度的构建

"法律的基本作用之一就是将人类社会的纠纷和争端控制在一定的程度内,在一定的秩序范围内和平的解决,从而减少它们的危险性和危害性。"[1]鉴定留置制度的缺失或不明,导致司法实践中操作上的混乱,也潜藏着侵犯犯罪嫌疑人、被告人人身自由权利的风险。随着法治文明进程的推进和司法精神病鉴定研究的深入,有必要确立鉴定留置制度,提升对精神病人鉴定羁押的规范性与正当性,减少因制度缺失带来的风险和危害。

一、鉴定留置制度的构建原则

1. 法律保留原则。法律保留原则是指对涉及公民基本权利的事项,应当保留由法律予以规定。法律保留原则是法治国家构建以宪法为元规范的法律秩序的重要支撑。[2] 法律保留原则起源于法国《人权宣言》,[3]宣言指出自由在于能够做不损害他人的任何事情,只有法律才能够限制自由。依照法律保留原则,国家欲实施强制处分进而干预公民的基本权利时,必须有法律的授权依据,并且应当严格遵守法律设定的

〔1〕 舒国滢主编:《法理学导论》,北京大学出版社 2006 年版,第 42 页。

〔2〕 参见汪庆华:《法律保留原则、公民权利保障与八二宪法秩序》,载《浙江社会科学》2014 年第 12 期。

〔3〕 法国《人权宣言》第 4 条规定:"自由在于能够做不损害他人的任何事;因此,每个人行使自然权利的仅有限制,乃是那些保证社会其他成员享受同样权利之限制。只有法律才能规定这些限制。"

实体要件和程序要件的要求。我国《立法法》明确规定,[1]对公民限制人身自由的强制措施和处罚,只能制定法律。鉴定留置具有限制人身自由的强制处分性质,理应由立法机关在法律中予以明确规定,行政法规、部门规章等不能越俎代庖,实务部门更不能依司法惯例予以处置。同时,法律保留原则要求国家限制或剥夺公民人身自由应当设置严格的法律适用条件,对鉴定留置的适用予以严格的法律约束。正如学者所言,书面上的权利并不重要,关键是在国家权力机关限制、剥夺个人权利时,对这些限制、剥夺措施进行严密的法律限制。[2] 因此,有必要遵循法律保留原则,在刑事诉讼法相关章节中增设专门性规定,明确鉴定留置适用的实体要件、程序要件等。

2. 司法审查原则。司法审查原则源于政府有限论或控制政府论这一基本原理,本质上是司法权对其他国家权力的制衡。[3] 在刑事司法领域,主要表现为司法机关对侦查机关采取强制性侦查措施的事先审查,通过签发司法令状的形式对刑事强制措施、强制性侦查手段等侦查行为予以监督和制约。司法审查的核心理念是限制其他国家权力的侵夺扩张,同时保障公民的基本权利。[4] 刑事司法审查制度是对"正当程序"理念的逻辑展开,从世界各国的立法来看,审前司法审查已经成为一项普遍遵行的程序法治原则。[5] 鉴定留置旨在保障司法精神病鉴定意见的科学作出,保障诉讼活动的顺利进行,但鉴定留置涉及限制或剥夺公民的人身自由,对公民人身自由和安全会构成威胁,为防止侦查权对公民人身自由权的不当干预,有必要在鉴定留置过程中引入司法权,通过司法审查,对侦查权进行有效的监督和制约。将鉴定留置纳入司法审查的范畴,是人权保障的需要,也是程序法治原则的需要。我国《宪法》亦明确规定,[6]非经检察院批准或者决定,或者法院决定,对任何公民不得逮捕,禁止非法限

---

[1] 《立法法》第11条规定:"下列事项只能制定法律:(一)国家主权的事项;(二)各级人民代表大会、人民政府、监察委员会、人民法院和人民检察院的产生、组织和职权;(三)民族区域自治制度、特别行政区制度、基层群众自治制度;(四)犯罪和刑罚;(五)对公民政治权利的剥夺、限制人身自由的强制措施和处罚;(六)税种的设立、税率的确定和税收征收管理等税收基本制度;(七)对非国有财产的征收、征用;(八)民事基本制度;(九)基本经济制度以及财政、海关、金融和外贸的基本制度;(十)诉讼制度和仲裁基本制度;(十一)必须由全国人民代表大会及其常务委员会制定法律的其他事项。"

[2] 参见陈瑞华:《问题与主义之间:刑事诉讼基本问题研究》,中国人民大学出版社2003年版,第236页。

[3] 参见[美]爱德华·S.考文:《司法审查的起源》,徐爽译,北京大学出版社2015年版,第158页。

[4] 参见[美]西尔维亚·斯诺维斯:《司法审查与宪法》,谌洪果译,北京大学出版社2005年版,第4页。

[5] 参见谢佑平:《刑事诉讼视野中的司法审查原则》,载《中外法学》2003年第1期。

[6] 《宪法》第37条规定:"中华人民共和国公民的人身自由不受侵犯。任何公民,非经人民检察院批准或者决定或者人民法院决定,并由公安机关执行,不受逮捕。禁止非法拘禁和以其他方法非法剥夺或者限制公民的人身自由,禁止非法搜查公民的身体。"

制或者剥夺公民人身自由。可见,《宪法》亦确定了对限制或剥夺公民人身自由实行司法审查或准司法审查的原则。鉴定留置具有刑事强制处分的性质,客观上会限制或剥夺公民的人身自由,因此有必要遵循《宪法》,确立鉴定留置司法审查的原则,明确由检察院批准或由法院决定。

3. 比例原则。比例原则是处理国家公权力与公民私权利之间关系的重要原则,最早引介自德国,通常认为,比例原则包括适当性原则、最小损害原则、均衡性原则三个子原则。[1] 根据比例原则,国家机关行使公权力的手段必须是实现目的的适当手段和造成侵害的最小手段,而且手段与目的之间,以及国家公权力的干预强度与对社会公共利益增进程度之间,具有相当比例。在刑事诉讼过程中,国家基于公共利益的需要,可以对犯罪嫌疑人、被告人采取一定的刑事强制处分,但强制处分涉及对公民人身自由权的限制或剥夺,必须保持必要的限度和克制。鉴定留置具有刑事强制处分的性质,必须明确并非所有的司法精神病鉴定都需要对被鉴定人予以鉴定留置,并非所有的鉴定留置都适用相同的留置时间。如果被鉴定人并非具有暴力性犯罪嫌疑,家属看管或监护、行政处罚即能达到约束或惩戒的目的,则不能鉴定留置;如果短时间的门诊检查就能达到鉴定目的,则没有必要鉴定留置;如果较短的留置观察期就能完成鉴定内容,则应尽快出具鉴定意见,以最小限度的权利侵害达致刑事追诉的目的。因此,有必要依据比例原则设置鉴定留置的适用条件,进行留置必要性审查。

4. 权利救济原则。"无救济则无权利",法律应当为权利的被侵犯设置救济途径。救济是一种用来主张权利或对权利侵害行为加以阻止和矫正的方法,是一种赋予权利被侵害方诉诸法庭或其他方式的补救性权利。[2] 权利与救济的相辅相成是法律意义上权利的基本构成要件。鉴定留置措施涉及限制或剥夺公民的人身自由,存在侵犯人身自由权的可能,那么法律就应当针对鉴定留置措施赋予被追诉者相应的程序性救济权利。在司法机关审查过程中,赋予犯罪嫌疑人、被告人及其法定代理人、辩护人充分的程序参与权,要求司法机关听取相关人员的意见,加强事前监督和救济。在司法机关作出鉴定留置决定后,赋予相关人员异议申诉权和控告权,以及申请变更或解除鉴定留置措施的权利,加强事中和事后的监督和救济。

---

〔1〕 参见刘权:《目的正当性与比例原则的重构》,载《中国法学》2014 年第 4 期。

〔2〕 See *Black's Law Dictionary*, *Seventh Edition*, West Publishing Co., 1999, p. 1163.

二、鉴定留置措施的审查

(一)审查主体

鉴定留置措施与司法精神病鉴定的启动审查一样,应当遵循司法审查或"准司法审查"的原则,在侦查和审查起诉阶段,统一由检察院进行审查并作出决定,公安机关无权自行作出鉴定留置的决定,只能提请检察院批准;在审判阶段,法院有权审查并决定鉴定留置,交由公安机关执行。

(二)审查内容

1. 鉴定留置适用对象。鉴定留置应仅限于对犯罪嫌疑人、被告人,而不能对被害人、证人等诉讼参与人采取鉴定留置措施。鉴定留置本质上属于一种刑事强制处分,涉及公民人身自由权利,因此应严控其适用对象,避免不当干预公民的基本权利。犯罪嫌疑人、被告人因涉嫌刑事犯罪,可能侵害了国家、集体或者他人的利益,基于公共安全和社会利益考虑,其对国家所采取的刑事强制处分措施有必要的容忍义务,对其采取鉴定留置措施有正当性,符合程序正义要求。正如英国著名法官丹宁所言,"每一社会均须有保护本身不受犯罪分子危害的手段。社会必须有权逮捕、搜查、监禁那些不法分子"。[1] 而被害人、证人则不同,虽然其也有为追究犯罪而配合侦查的义务,但这种配合和容忍应当是低限度的,远低于犯罪嫌疑人、被告人的配合义务和容忍程度,不得对其宪法性权利造成侵害,包括不得对被害人强制人身检查,不得拘传证人,不得为检查被害人的精神状态或验证证人证言的真实性而对被害人、证人采取鉴定留置措施。

2. 鉴定留置适用范围。鉴定留置的适用应限于对犯罪嫌疑人、被告人进行精神状态检查,而不宜扩大到身体状况检查。日本规定鉴定留置可以为精神状态和身体状况

---

〔1〕[英]丹宁:《法律的正当程序》,李克强等译,法律出版社1999年版,第109页。

之检查,俄罗斯规定鉴定留置可以为司法医学鉴定和司法精神病鉴定,德国则将鉴定留置的适用范围限定在对精神状态检查,而不包括对身体状况的检查和其他医学鉴定。笔者认为,精神状态检查不同于单纯的身体状况检查或其他类似 DNA 医学鉴定,囿于不成熟的精神医学识别技术,对精神状态的检查通常需要一个观察期,通常难以在短期内作出准确判断,而身体状况检查或其他医学鉴定则不同,借助于现有的技术手段,通常情况下短时间内即可完成身体状况检查或作出检测。如对涉嫌醉驾或毒驾人员,侦查机关将其带至医疗机构或检测机构进行血液酒精或毒品含量检测,凭借现有的血液检测手段,短时间内(30 分钟内)即可精确检查出血液酒精或毒品含量,并不存在留置观察的现实必要,加之鉴定留置本身所具有的限制人身自由性,故而不宜将鉴定留置的适用范围扩大到身体状况检查或其他医学鉴定。

3. 鉴定留置的适用条件。鉴定留置属于刑事强制处分措施,适用条件可以比照羁押措施的适用条件,设置为有证据证明被鉴定人有重大犯罪嫌疑,可能判处有期徒刑以上刑罚,不予留置不足以防止其人身危险性。也即被鉴定人首先应当是有证据证明实施了犯罪行为,具有重大的犯罪嫌疑;其次所犯之罪应为可能判处有期徒刑以上刑罚的较重犯罪,轻微犯罪不足以对其采取鉴定留置措施;最后是被鉴定人的精神状态对社会公共安全具有较高危险性,若鉴定期间不对其采取留置措施,其可能会再次实施违法犯罪行为。

(三)审查程序

司法机关针对鉴定留置的申请,不能仅依据卷宗材料进行书面审查,可以借鉴德国的做法,听取精神医学专家的意见,必要时,也可以听取被鉴定人的近亲属或监护人的意见。程序设计上,听取精神医学专家意见可以并入启动司法精神病鉴定审查"征询专家意见"部分,由精神医学专家就是否启动司法精神病鉴定、是否予以鉴定留置一并出具书面意见。

三、鉴定留置措施的作出

1. 鉴定留置期间。德国规定鉴定留置期间最长不超过 6 周,留置时间可以用来折抵刑期或罚金;日本虽然没有规定留置期间,但留置日数视为未决羁押日数。鉴于鉴定留置具有刑事强制处分的属性及容易异化为“超期羁押”的情形,结合我国司法精神病鉴定临床经验和实务现状,建议将鉴定留置期间设定为1个月,对疑难、复杂病情的鉴定,可以申请延长1个月,最长不得超过2个月。同时,鉴定留置限制或剥夺被鉴定人的人身自由,本质上属于羁押,鉴定留置之日数应当视为羁押之日数,在被鉴定人被处以刑罚时,可以用来折抵刑期。

2. 鉴定留置场所。德国规定留置场所为公立精神病院,日本规定为医院或其他合适场所,俄罗斯规定为医疗住院机构或精神病住院机构。当前,我国大部分地区设置有公安机关安康医院。作为强制医疗的执行场所,安康医院建制完整,配备齐全,有精神科专业医生,有心脑电监测、影像造影、化验等专业的医疗设备,具有对精神病人管理和教育的实务经验和警务技巧,且病房构造和布局也有别于普通医院病房及监狱和看守所。鉴于此,应将安康医院作为鉴定留置的首选场所,而对于没有设立安康医院或在安康医院容量不足的情况下,可以考虑在公立的精神病专科医院设置相关科室和病房,由医护人员提供专业的医护辅助,由公安机关负责安全管理。

3. 鉴定留置决定。鉴定留置决定应当附理由,说明鉴定留置的必要性,并载明留置的时间、场所。同时,应当在鉴定留置后24小时内通知被鉴定人的家属或监护人。

四、鉴定留置措施的救济

德国就鉴定留置规定了即时抗告的救济途径,抗告阻断鉴定留置的执行。日本将鉴定留置作为一般强制处分予以救济,抗告不停止原裁定的执行。我国对鉴定留置的救济完全可以参照逮捕的救济措施。被鉴定人及其近亲属或监护人、辩护人对鉴定留置有异议的,有权申请变更留置措施。法院、检察院收到申请后,应当在3日内作出决定,不同意作出变更的,应当告知申请人,并说明不同意的理由。异议审查期间不停止鉴定留置的执行。同时,在实行“准司法审查”的构造下,公安机关对检察院不批准留置的决定,认为有错误的情况下,可以要求复议。如果意见不被接受,可以向上一级检察院提请复核。上级检察院应当立即复核,作出是否变更的决定,通知下级检察院和公安机关执行。

五、鉴定留置措施的衔接

鉴定留置程序启动后，应当考虑后续的程序衔接问题。德国、日本规定了鉴定留置的解除及收押程序，俄罗斯比较有特色，虽然精神病鉴定结论的得出意味着鉴定留置的终止，但是其效力可后延至法院作出强制医疗的审判阶段。我国也有学者主张，立法上用鉴定留置取代临时保护性约束措施，规定鉴定留置的效力及于法院最终作出强制医疗决定期间。[1] 笔者认为，鉴定留置和临时保护性约束措施基于不同的诉讼目的，适用不同的诉讼阶段，既然《刑事诉讼法》已经规定了临时保护性约束措施，则没有必要将此两项措施合二为一。如果经鉴定，被鉴定人不具有刑事责任能力，则转为采取《刑事诉讼法》所规定的临时保护性约束措施，直至法院作出强制医疗的决定；如果经鉴定，被鉴定人为完全刑事责任能力人或限制刑事责任能力人，需要追究刑事责任，办案机关则需要变更留置措施，视羁押的必要性决定予以取保候审、监视居住或逮捕。

〔1〕 参见郑锴：《论强制医疗程序中"临时保护性约束措施"立法完善——以大陆法系地区为借鉴》，载《河南师范大学学报（哲学社会科学版）》2016 年第 6 期。

第五章 司法精神病鉴定意见的审查

“刑事司法的运作，不外乎事实认定和法律适用两端。”〔1〕行为人是否属于《刑法》上的“精神病人”，是否应当承担刑事责任，以及承担什么样的刑事责任，是刑事诉讼中需要运用证据加以证明的待证事实。司法精神病鉴定作为认定精神障碍者刑事责任能力的主要证明手段，将其纳入刑事司法证明体系，明确司法精神病鉴定结果的证据能力与证明力，是构建精神障碍者刑事责任能力证明体系不可或缺的内容。

证据能力与证明力问题是证据法的核心问题。任何证据材料要想成为定案的根据，必须同时具备证据能力和证明力。〔2〕司法精神病鉴定结果作为一种证据形式，在大陆法系国家通常表现为鉴定意见，而在英美法系国家主要是以专家证言的形式得以呈现。虽然证据表现形式有异，但作为特定的证据种类，无论是精神病鉴定意见还是专家证言，均应具备作为裁判依据的法律资格和证明价值，也即证据的证据能力（可采性）和证明力。而司法人员审查认定证据无外乎对证据能力的审查和对证明力的认定，此两部分内容构成证据制度的主要内容。本章将从司法审查的角度，主要围绕司法精神病鉴定意见的证据能力问题展开讨论。

---

〔1〕 张栋：《中国刑事证据制度体系的优化》，载《中国社会科学》2015年第7期。

〔2〕 参见陈瑞华：《以限制证据证明力为核心的新法定证据主义》，载《法学研究》2012年第6期。

第一节

司法精神病鉴定意见的审查模式

一、“并合审查”与“分离审查”模式之争

司法精神病鉴定意见作为法定的证据种类，与其他证据一样，需要经过查证属实，才能作为定案的根据。而围绕证据的证据能力与证明力的审查问题，存在“并合审查”与“分离审查”两种模式。[1] “并合审查”是指对证据的证据能力与证明力，由同一审查主体在单一的诉讼程序中，实行扁平式的一并审查与认证。而“分离审查”是指对证据的证据能力与证明力，由不同的审查主体通过不同的诉讼程序，实行递进式的分别审查与认证。证据审查模式的差异体现了不同的诉讼理念和诉讼构造，直接或间接地影响对证据的审查方式和质量。为更好地开展对司法精神病鉴定意见的审查，有必要对域内外证据审查模式予以考察。

（一）域外“分离审查”模式的考察

根据学者的考究，当前，两大法系国家普遍将证据审查从整体上区分为证据资格的准入与证据价值的评估两个阶段。虽然两大法系在证据审查方面采取不同的概念体系和程序设置，但历经演变，逐渐形成以“证据准入与证据评估相分离”为中心的基本制度架构。[2] 具体表现：

1. 实行审查主体的相对分离。审查主体上的相对分离是为了避免事实审理者接

---

[1] 参见万毅：《证据“三性”质证宜采分层递进调查模式》，载《检察日报》2017年11月19日，第3版；吴洪淇：《刑事证据审查的基本制度结构》，载《中国法学》2017年第6期；陶焜炜：《刑事证据审查体系的层阶化再造——以规范要素的系统性整合为基点》，载《河北法学》2020年第5期。

[2] 参见吴洪淇：《刑事证据审查的基本制度结构》，载《中国法学》2017年第6期。

触到不具有可采性或证据能力的证据,以免在形成心证时受到不当的影响。(1)英美法系国家实行“二元化”审判模式,法官决定法律问题,负责审查证据的可采性问题;陪审团决定事实问题,对证据的证明价值进行判断。“贯穿审判过程的一个主题,是把陪审团与审判过程中发生的许多事情隔绝开来。”〔1〕由此,英美法系国家由法官事先对证据的可采性问题作出裁判,决定哪些证据能够进入陪审团的视野。(2)大陆法系国家虽然没有实行法律问题与事实问题的分离审查,但也通过特定的程序设置来实现审查主体上的相对分离。如在法国,预审庭与审判庭的分离,使得证据能力的审查主体与证明力的评估主体在很大程度上被区分开来。〔2〕“只有在进行最终预审之后,案件才提交‘有完全管辖权’法庭审理,直到这时,一直是由一名或数名经委任授权的司法官以法庭的名义进行诉讼。”〔3〕而通常有关证据能力的审查是由预审庭来完成的。在德国,虽然在审前既已向法院移送全部案卷材料,但法庭通常会指派一名职业法官负责阅卷,对证据能力问题进行审查,合议庭成员包括陪审员,不得于庭前阅卷,避免不当接触可能被排除的证据。“职业法官得单纯地对卷宗文书之内容知悉之,但审判长及制作裁判书之法官不得对其知悉,荣誉法官则因怕其不自觉地受到影响,因此原则上亦不得知悉。”〔4〕

2. 实行审查程序的独立设置。一方面,对证据资格准入设置专门的审查程序,实现与证据价值判断程序的相对分离;另一方面,实行递进式分立程序,先进行证据资格审查,后进行证据价值判断。(1)在美国,主要是通过审前动议(Pretrial Motion)和庭审即时动议(Instant Motion)来实现对证据准入资格的审查。〔5〕审前动议的一项重要内容就是解决证据可采性问题,律师可以通过提出免提动议而申请法官将不具有可采性的证据排除在外。庭审即时动议主要是针对庭审过程中发现对方提出的证据违反证据可采性规则,而当庭提出证据异议,要求予以排除。(2)在英国,主要是通过庭前

〔1〕[美]罗纳德·J.艾伦、理查德·B.库恩斯、埃莉诺·斯威夫特:《证据法:文本、问题和案例》(第3版),张保生、王进喜、赵滢译,高等教育出版社2006年版,第99页。

〔2〕参见吴洪淇:《刑事证据审查的基本制度结构》,载《中国法学》2017年第6期。

〔3〕[法]贝尔纳·布洛克:《法国刑事诉讼法》,罗结珍译,中国政法大学出版社2009年版,第41页。

〔4〕[德]克劳思·罗科信:《刑事诉讼法》(第21版),吴丽琪译,法律出版社2003年版,第430页。

〔5〕参见[美]爱伦·豪切斯、泰勒·丝黛丽、南希·弗兰克:《美国刑事法院诉讼程序》,陈卫东、徐美君译,中国人民大学出版社2002年版,第369~370页。

的答辩和指令听审程序(PDH 程序),来解决证据可采性问题。[1] 控辩双方均可针对证据可采性问题,向法院寻求指令听审。法院应当于审判开始前作出裁决,裁决通常由审判法官以外的法官作出,且裁决一旦作出,在裁决作出之前或者检察官撤销指控之前,都对庭审具有约束力。(3)在法国,对证据能力的审查主要是通过预审程序来实现,由预审庭法官主持对案卷材料进行筛查过滤。[2] (4)在德国,法院通常会在审判的准备程序中,处理证据的证据能力问题,一旦认定为无证据资格,则不得在审判时再行主张。[3]

综上,两大法系国家均重视对证据资格问题的审查,尤其是英美法系国家,审查制度更为典型、完备。英美法系国家针对证据可采性问题设置有专门的诉讼化裁决机制,允许控辩双方就证据可采性问题进行陈述、质疑和辩驳;允许针对可采性裁决单独提起上诉,也即进行"中间上诉"(Interlocutory Appeal)。[4] 而大陆法系国家传统上更为重视对证明力的评判,但随着诉讼文化的发展和融合,其也越来越重视对证据能力的审查,逐渐实行证据能力与证明力的相对"分离审查"。

(二)域内"并合审查"模式的现状

目前,我国立法采取的是"并合审查"模式,将对证据能力与证明力的审查一并放在法庭调查阶段进行,并不区分审查主体和审查阶段。但近来的立法及司法实践表明,我国的证据审查模式有向"分离审查"模式转变的倾向,可以说"分离审查"模式是未来我国证据制度改革和发展的方向。

1."并合审查"模式的现状。根据我国《刑事诉讼法》第 50 条[5]及相关规定,证据只有经过法庭调查,才能作为定案根据。刑事诉讼法司法解释采取列举式,对鉴定

---

[1] 参见[英]约翰·斯普莱克:《英国刑事诉讼程序》,徐美君、杨立涛译,中国人民大学出版社 2006 年版,第 348~350 页。

[2] 参见王星辰:《法国刑事证据自由原则及其限制》,载《证据法学》2016 年第 6 期。

[3] 参见林钰雄:《刑事诉讼法》(下册),中国人民大学出版社 2005 年版,第 155 页。

[4] 参见[美]伟恩·R. 拉费弗、杰罗德·H. 伊斯雷尔、南西·J. 金:《刑事诉讼法》,卞建林等译,中国政法大学出版社 2003 年版,第 1395~1397 页。

[5]《刑事诉讼法》第 50 条第 3 款规定:"证据必须经过查证属实,才能作为定案的根据。"

意见的审查与认证作出进一步规定,[1]明确哪些情形下不能作为定案根据。从规定内容来看,其中既包括对鉴定资质、鉴定程序、鉴定过程和方法等证据能力要件的审查,也包括对鉴定意见关联性、证据间的联系等证明力因素的要求,这表明立法上对鉴定意见证据能力与证明力的审查采取"并合审查"模式,要求在法庭调查阶段一并予以审查认定。对此,有学者指出,我国立法将证据能力定位为"作为认定事实依据的资格",[2]"经过法庭调查程序"被看作证据能力要件,由法官在法庭调查阶段同时对证据资格与证明价值进行审查。[3] 司法精神病鉴定意见作为法定的证据种类,只有经过法庭调查程序,审查属实后,才能作为认定被告人的精神状态及刑事责任能力的依据。

此种"并合审查"模式,将对证据能力与证明力的要求一并附加在"定案根据"这一范畴之下,不区分审查主体和审查程序的做法,容易导致证明力反噬证据能力,出现"证据能力附属化"的怪异现象。[4] 将证据能力与证明力并合审查,一方面允许事实审理者接触到不具有证据能力或可采性的证据,另一方面要求依据证据规则排除证据适用,其结果必然导致事实审理者心理上的矛盾,陷入"知而不用"的逻辑悖论。"对于任何人,知而不用都是一个显而易见的心理学难题。"[5]就司法精神病鉴定意见而言,因其针对精神医学专门性问题而作出,其鉴定意见对作为"外行"的法官而言,影响巨大,法官容易基于对知识权威的崇信而形成对鉴定意见的依赖,一旦接触鉴定意见,容易形成"先入为主"的主观判断,即使后续将不具有证据能力的鉴定意见排除,重新进行鉴定,也难以消除先期鉴定意见对心证的影响。

2."分离审查"模式的趋向。近年来,随着证据理论的发展和证据制度的改革,先审查证据能力,再审查证明力的"分离审查"模式,渐成为理论界和实务界共同认可的模式。刑事诉讼法司法解释规定,[6]庭审期间,法院应当先行对证据收集的合法性进

---

[1] 《最高人民法院关于适用〈中华人民共和国刑事诉讼法〉的解释》第四章第五节"鉴定意见的审查与认定",第 97～101 条。

[2] 参见纵博:《我国刑事证据能力之理论归纳及思考》,载《法学家》2015 年第 3 期。

[3] 参见艾明:《我国刑事证据能力要件体系重构研究》,载《现代法学》2020 年第 3 期。

[4] 参见汪贻飞:《论证据能力的附属化》,载《当代法学》2014 年第 3 期。

[5] [美]米尔吉安·R.达马斯卡:《比较法视野中的证据制度》,吴宏耀、魏晓娜等译,中国人民公安大学出版社 2006 年版,第 213 页。

[6] 《最高人民法院关于适用〈中华人民共和国刑事诉讼法〉的解释》第 134 条规定:"庭审期间,法庭决定对证据收集的合法性进行调查的,应当先行当庭调查。但为防止庭审过分迟延,也可以在法庭调查结束前调查。"

行调查,在此之前,不得宣读、出示有关证据。最高人民法院主编的《刑事审判参考》指出,在确定有关证据为非法证据之后,就不需要再对其客观真实性进行审查。[1] 上述立法及实务性审判参考表明,我国对证据能力与证明力的审查有由“并合审查”向“分离审查”模式转变的趋势和倾向。

(三)“分离审查”模式的渐进确立

随着证据制度的改革和诉讼理念的发展,“分离审查”模式因其自身的制度优势,渐成为主要法治文明国家的选择,成为现代刑事证据审查制度的重要特征。司法实践证明,“分离审查”模式更符合人类认识规律和科学发展要求,更有利于发现案件事实。确立对司法精神病鉴定意见证据能力与证明力的“分离审查”模式,是我国未来证据制度改革和发展的方向。

1. 从认识论角度考量,“分离审查”模式更符合认识规律。对证据能力与证明力的审查分属不同性质的认识活动,对证据能力的审查属于规范性法律认识活动,证据能力要件多由法律事先加以规定,法官要严格依照法律规定进行审查,享有有限的自由裁量权;而对证明力的认定则主要依靠法官的经验和逻辑进行判断,法律并不事先规定证据证明力的大小,事实审理者享有较大的自由裁量权。证据能力要件主要是通过规范性审查,控制进入法庭审判的证据范围,防止良莠不齐的证据涌入法庭,扰乱事实审理者对案件事实的认定,可以说证据能力是准确认定案件事实的第一道安全阀。对兼具科学证据属性和言词证据属性的司法精神病鉴定而言,证据能力要件通过对鉴定意见的必要性、合法性、科学性的审查,来实现对证据准入资格的把关和过滤作用。而证明力主要由法官凭借经验和逻辑进行自由裁量,通常情况下法律并不预设证明力规则,且证明力以具有证据能力为前提,通常要先进行证据能力审查,再进行证明力的认定,审查方法上的差异以及逻辑上的递进关系,要求实现审查程序上的适度分离。

2. 从审查实效来看,“分离审查”模式更有利于证据能力审查规则的适用。一方面,审查程序上的分离可以有效避免“证据能力附属证明力”的怪异现象,防止证明力

---

〔1〕 参见刘静坤、温小洁:《杨增龙故意杀人案——对于被告方申请排除非法证据的情形,如何把握证据收集合法性的证明责任,以及二审法院如何贯彻疑罪从无原则》,载《刑事审判参考》(总第108集),法律出版社2017年版,第30页。

反噬证据能力。如果将证据能力与证明力并合审查,法官基于查明案件事实的需要,在审查证据能力时,会自觉或不自觉地将证明力因素纳入考虑范围,而忽视对证据能力规则的严格适用。另一方面,审查主体的区分,庭前法官与庭审法官的分离,可以有效避免"知而不用"的心理困境。负责证据能力审查的法官并不负责证明力的判断,不具有证据能力的证据不得被呈现在庭审法官面前,如此一来,就能最大限度地避免事实审理者接触到不具有证据能力的证据,防止对心证的形成产生不利影响。

司法精神病鉴定作为确定被鉴定人刑事责任能力的主要依据,往往对案件审理结果具有决定性作用,直接关系到被告人罪与非罪及罪责的大小,且司法精神病鉴定疑难复杂,涉及多学科知识,容易出现鉴定偏差。因此,构建证据能力与证明力的分离审查体系,形成递进式审查,对把好证据审查关,准确认定案件事实具有重要意义。

二、司法精神病鉴定"分离审查"模式的构建

在以审判为中心的刑事诉讼制度改革进程中,加强证据审查,确保法官对证据能力和证明力问题的把握,是改革的重要方面,也是彻底摆脱"侦查中心主义"影响的重要举措。当前,我国立法已经构建"证据材料—证据—定案根据"的术语体系,[1]相应的制度安排也应当被提上日程。其中,构建独立的"证据材料—证据"的证据能力审查体系,实行与"证据—定案根据"的证明力认定体系的相对分离,或将是未来刑事诉讼制度改革的重点。司法精神病鉴定意见作为特定的证据种类,兼具科学证据和普通证据的属性,具有典型代表性,不妨以此为试点和突破口,尝试实行证据能力与证明力的分阶段、分主体审查。具体构想:在庭前增设预审程序,由预审法官负责审查司法精神病鉴定意见的证据能力问题,并就此作出是否予以排除的裁决;而在原有的庭审程序中,由庭审法官负责对司法精神病鉴定意见的证明力作出判断,并据此就被告人的刑事责任能力作出认定。围绕预审程序,作以下制度构建。

---

〔1〕 参见孙锐:《刑事证据能力反思》,载《新疆大学学报(哲学·人文社会科学版)》2016年第3期。

（一）增设预审程序

证据能力既然解决的是证据材料进入法庭的资格问题，那么就需要在法庭开庭审理前设置必要的调查程序。而被学者寄予厚望的庭前会议并不能承担起独立的证据审查功能，因为庭前会议的定位是庭前准备活动，〔1〕庭前会议上法庭仅能就程序性事项了解情况、听取意见，并不能作出任何实体性的处理。庭前会议在对司法精神病鉴定意见的审查过程中，更多的是扮演证据开示的角色，难以实现对无证据能力的证据在案件审判前的隔离或过滤，无法避免对事实审理者的心证产生不利影响，〔2〕因此，庭前会议无法取代预审程序，需要另起炉灶。

1. 预审程序启动主体。原则上应当以控辩双方单方或双方的申请为启动条件，这符合"不告不理"的诉讼原则。同时，在刑事案件辩护律师全覆盖制度的加持下，被告人的诉讼权利也不会因"不告不理"原则而受损。司法精神病鉴定的复杂性和重要性，容易导致控辩双方产生分歧，确立控辩双方对诉讼进程的主导地位，也符合"对抗式"诉讼构造的规律和特点。当然，在特定情况下，法官基于查明案件事实的需要，也可以依职权主动启动预审程序。

2. 预审程序审理方式。预审程序作为独立的、完整的诉讼程序，应当采取诉讼化的审理模式，以开庭言词审理为主，以不开庭书面审理为例外。在预审法官的主持下，控辩双方均应到庭参与诉讼，实行"两造对抗"。围绕司法精神病鉴定的证据能力问题，控辩双方可以进行陈述和辩论，均可申请通知鉴定人或具有专门知识的人出庭接受询问，就鉴定意见作出说明或进行质疑。预审程序原则上应当公开进行，但因部分司法精神病鉴定材料涉及个人隐私，经当事人申请，可以不公开进行。

（二）实行预审法官的分离

设立预审法官主持预审程序是必要和可行的。一方面，实行预审法官与庭审法官

〔1〕《刑事诉讼法》第187条第2款规定："在开庭以前，审判人员可以召集公诉人、当事人和辩护人、诉讼代理人，对回避、出庭证人名单、非法证据排除等与审判相关的问题，了解情况，听取意见。"

〔2〕参见杨宇冠等：《非法证据排除与庭前会议实践调研》，载《国家检察官学院学报》2014年第3期。

的分离,可以有效避免前文所述的因主体同一所造成的“知而不用”的心理难题,防止出现证据能力附属证明力的倒置现象。另一方面,实行预审法官与庭审法官的分离具有现实可行性。当前,理论界最大的担心是如此一来会造成诉讼资源的紧张和诉讼效率的降低,但相较于公平正义的诉讼价值而言,诉讼效率不应成为掣肘证据制度改革的理由,且诉讼资源的紧张也仅是暂时性的表面现象。随着法官员额制改革的推进,可以通过工作量测算调整员额法官比例,适当增加法官数量,以应对诉讼资源紧张问题。据不完全统计,北京市法院近年来审理涉司法精神病鉴定的刑事案件,占全年刑事案件总量的1%左右,[1]总体占比较小,开展预审程序的试点工作,并不会造成法院工作量的激增,导致诉讼资源的紧张。初步构想是在法院立案庭设置专门的刑事预审法官,负责对刑事案件的立案审查与证据裁判;随后将符合立案条件与证据能力规则的案件移送刑事审判庭,由庭审法官负责法庭审判。

(三)规范预审裁决和救济

为避免预审程序的虚化和空转,赋予预审程序对程序性事项的实体裁决权是必要的。一方面,作为程序性制裁理论的一部分,[2]预审裁决可以增进程序的规范性和刚性,督促控辩双方更加积极地参与诉讼,行使诉讼权利,充分发挥预审程序在解决证据能力问题上的预设作用;另一方面,预审裁决能够于法院最终裁决之前就程序性问题作出处理,便于控辩双方针对裁决结果进行准备,寻求权利救济。为此,建议借鉴英美法系国家的“审前裁决”制度,[3]由预备法官在预审程序后,围绕证据能力等程序性问题,及时作出裁决,且裁决一经作出,非经法定程序不得撤销或改变,具有强制性法律效力。经预审程序裁决不具有证据能力的司法精神病鉴定结果,不得作为证据材料移送审判庭审判,必要时可以裁决进行重新鉴定或者补充鉴定。

“无救济则无权利”,应当允许控辩双方针对预审裁决申请复议或提起上诉。一

---

[1] 北京市审理涉司法精神病鉴定的刑事案件:2018年为160件,占全年刑事案件总量的0.82%;2019年为179件,占全年刑事案件总量的0.83%;2020年为166件,占全年刑事案件总量的1.01%。

[2] 参见陈瑞华:《程序性制裁理论》(第3版),中国法制出版社2017年版,第373~374页。

[3] 参见[英]约翰·斯普莱克:《英国刑事诉讼程序》,徐美君、杨立涛译,中国人民大学出版社2006年版,第349~351页。

方面,通过复议或上诉审,可以使控辩双方的诉讼权利及时获得救济;另一方面,程序性事项的预先解决,可以避免终局裁决因预审裁决错误而导致全案被发回重审,从而导致诉讼程序的回转。为此,建议借鉴英美法系国家的"中间性上诉"(Interlocutory Appeal)制度,[1]允许控辩双方对案件审理结果有重大影响的程序性事项的预审裁决提起上诉,其中当然包括对定罪量刑有重大影响的司法精神病鉴定证据能力的预审裁决提起上诉。

[1] 参见陈杭平:《统一的正义:美国联邦上诉审及其启示》,中国法制出版社2015年版,第58页。

第二节

司法精神病鉴定意见审查的域内外考察

司法精神病鉴定意见作为特定的证据种类，在证据能力构成要件方面，既有普通证据的共性，也有科学证据的特性。证据能力是指允许某项证据材料成为诉讼中的证据所必须具备的资格，[1]英美法系国家通常称为证据可采性（Admissiability of Evidence），即证据材料符合一定的条件才可以提交法庭审查。[2] 证据能力概念与证据可采性概念虽然有所区别，但同属于证据法有关证据资格的理论范畴，可以在同一概念下予以讨论。有关证据能力的构成要件或证据可采性要件究竟应当包含哪些内容，两大法系国家因诉讼理念和诉讼构造的不同而存在差异。为更好地界定和厘清司法精神病鉴定意见的证据能力要件，有效地开展司法审查，下面从比较法角度对域外规定予以考察，并以此为逻辑起点，透视我国的审查状况。

一、域外司法精神病鉴定意见的审查规则

（一）大陆法系国家司法精神病鉴定意见的证据能力

职权主义诉讼模式，注重发挥法官在查明案件事实中的主导作用，法官在诉讼中决定并主导司法精神病鉴定的启动和作出，鉴定人被视为“法官助手”，因此，对鉴定意见的证据能力限制较少。“为发挥职权主义之精神，对于证据能力殊少加以限制。

[1] 参见陈光中主编：《刑事诉讼法》，北京大学出版社、高等教育出版社2016年版，第164～165页。

[2] 参见何家弘、刘品新：《证据法学》，法律出版社2019年版，第116～117页。

凡得为证据之材料,均具有论理的证据能力。"[1]同时认为,法官是经过专业训练的司法官员,对司法精神病鉴定意见的证据资格具有较强的辨别能力,不用担心法官会被某些缺陷或无效证据误导而作出错误的裁判。因此,在一定程度上我们可以认为,大陆法系国家赋予鉴定意见天然的证据能力。[2]

但是,伴随着两大法系的发展与交融,两大法系在证据制度方面相互借鉴吸收。大陆法系为抑制法官对证据能力自由裁量的恣意,逐渐对证据能力作出更多的限制,对证据能力的判断由完全自由心证逐步转向相对证据自由。"尽管法国法默示确认(刑事诉讼的)'证据自由',但同时也对通常采用的取得证据材料的各种方法(手段)进行了规范。"[3]德国学者提出"严格证明"与"自由证明"(Strengbeweis und Freibeweis)概念之分,试图通过严格证明规则来规制证据能力。[4] 下面主要以德国法为考察对象,借鉴我国台湾地区学者林钰雄采取的积极要件和消极要件分类法,[5]概述德国证据能力要件情况。

1. 证据禁止之消极要件。在证据禁止理念之下,所有对证据的提出设有限制的规定,都属于严格证明的范畴。[6] "法定证据之限制"主要是指证据形式和证据方法的合法性限制。一方面,证据形式必须符合法定的证据种类。大陆法系国家普遍规定,鉴定属于法定证明方法,为确定被追诉者的精神状态,可以对其开展司法精神病鉴定。如《德国刑事诉讼法典》第 80 条 a、第 81 条规定了对被指控人精神状态作鉴定准备事项和程序。另一方面,证据取得的手段和方法应当合法。大陆法系国家实行鉴定权主义,司法精神病鉴定意见的生成具有严格的程序规定,违反司法精神病鉴定程序所作的鉴定,不具有证据能力。(1)鉴定通常由司法机关依职权启动,鉴定机构和鉴定人必须具备法定鉴定资质,经核准登记造册或备案方具有鉴定资质,如违反鉴定启动程序,自行委托鉴定人或委托不具备鉴定资质的人员进行鉴定,则所作的鉴定不具有证据能力。如《德国刑事诉讼法典》第 73 条规定,法官只能在官方指定的鉴定人中选任

---

[1] 樊崇义主编:《刑事诉讼法实施问题与对策研究》,中国人民公安大学出版社 2002 年版,第 188 页。

[2] 参见汪建成:《专家证人模式与司法鉴定模式之比较》,载《证据科学》2010 年第 1 期。

[3] [法]贝尔纳·布洛克:《法国刑事诉讼法》(第 21 版),罗结珍译,中国政法大学出版社 2009 年版,第 74 页。

[4] 参见[德]克劳思·罗科信:《刑事诉讼法》(第 21 版),吴丽琪译,法律出版社 2003 年版,第 208 页。

[5] 参见林钰雄:《严格证明与刑事证据》,学林文化事业有限公司 2002 年版,第 23 页。

[6] 参见[德]克劳思·罗科信:《刑事诉讼法》(第 21 版),吴丽琪译,法律出版社 2003 年版,第 212 页。

鉴定人。(2)大陆法系国家还要求鉴定人进行“宣誓”或“具结”,有回避情形的应当予以回避,以表明自己中立地、尽其所知并本于良心地作出鉴定,否则所作的鉴定不具有证据能力。如《德国刑事诉讼法典》第74条规定,鉴定人可因偏袒之虞被拒绝。如果存在对鉴定人中立构成不信任的理由,则可因偏袒之虞申请拒绝之。(3)在大陆法系国家,鉴定手段的正当性也被视为影响证据能力的重要因素,对违背公序良俗、损害被鉴定人权益的鉴定行为,不论鉴定意见是否正确,均排除其作为证据的资格。如《德国刑事诉讼法典》第72条、第136条a规定,鉴定人对被追诉者的询问,如果使用了伤害身体、施用药物、欺诈或催眠等违背被指控人意志自由的方法,则鉴定意见不得作为证据使用。

2. 程序禁止之积极要件。在严格证明规则的要求下(《德国刑事诉讼法典》第244条以下所规定的规则),证据只有经过严格的法庭调查程序,才能取得证据能力,并以此为基础来形成法官的心证。经过法庭调查程序被视为证据能力的积极要件。严格证明规则下的证据调查程序并非单纯是宣读、出示相关证据材料,而是要求贯彻调查原则、直接原则、直接言词原则等证据原则,尤其是言词证据,相应主体应当出庭接受法庭调查,落实直接言词原则。司法精神病鉴定属于言词证据,应当遵循相应的证据原则,法官需要亲自审理,当面聆听鉴定人的鉴定意见;鉴定人需要出庭以口头形式陈述鉴定意见,并接受法官询问和控辩双方的诘问;控辩双方需要针对鉴定意见展开辩论。通常情况下,鉴定人不能因其提供书面鉴定意见而免除出庭作口头陈述的义务,法庭也不能将书面鉴定意见视为书证,按照书证的调查程序予以质证。“鉴定人一如证人有三项义务,需到场,需陈述,需宣誓。因为直接言词原则之故,因此鉴定专家需在审判程序中就其鉴定报告之。”[1]

(二)英美法系国家精神病学专家证言的可采性

在英美法系国家,专家证言作为一种证明手段,控辩双方均可自行委托精神病学专家就被告人的精神状况进行评估或报告。精神病学专家证言被视为科学证据内

---

〔1〕[德]克劳思·罗科信:《刑事诉讼法》(第21版),吴丽琪译,法律出版社2003年版,第266页。

容,[1]适用科学证据可采性的审查标准。在美国,专家证言具有可采性,需同时满足以下几点:(1)案件待证事实涉及专门性知识,事实审理者需要借助专家证人才能更好地理解和查明事实;(2)专家证人须具备有关知识、技术或经验资质;(3)专家证言必须基于充足的事实或数据资料,是可靠原理和方法的产物;(4)专家证人必须将可靠的原理和方法运用到特定的案件事实中。[2] 概括起来,第一点是有关专家证人必要性的审查,第二点是有关专家证人资格的审查,第三点、第四点是有关专家证言可靠性的审查。

1. 精神病学专家证言的必要性审查。英美法系国家在专家证言的证明事项范围内,通常采取"帮助事实审判者"[3]的标准,作为专家证人,如果他在某一特定领域内拥有的专业知识或经验,有助于事实审理者理解或认识案件事实,则该专家证言具有证据能力。如果关于某事项的专家证言处于陪审员的常识和经验范围内,则没有必要聘请专家。精神病学作为现代医学的一个分支,具有专门的知识体系和逻辑经验,未经专业培训难以准确把握,因而对被追诉者精神状态进行评估或者报告成为一项对事实审理者有帮助的事项。通常情况下,英美法系国家允许控辩双方自行委托精神病学专家对被追诉者的精神状态进行评估或者报告。美国有判例指出,如果对专家证言是否有用存在疑义,通常情况下应当予以支持。[4] 美国对专家证言采取开放的态度,允许控辩双方就被追诉者精神状态问题提出专家证言。

2. 精神病学专家证人的资格审查。对专家证人的资格审查是法院审查专家证言的重要程序。《美国联邦证据规则》规定,法院必须就证人资格这一预备性问题作出决定。预备性问题通常被视为法律问题,由法官来进行裁定。法官对专家证人资格的审查主要是通过"听审"的方式,并不像大陆法系国家采取鉴定人庭前登记备案的管理模式,而是注重在法庭上审查专家证人的资格。"法官决定被传唤来作证的人是否有专家资格的问题,这是个'证人资格'问题,它是事实结论和法律结论的混合,可以

---

[1] 参见[美]乔恩·R. 华尔兹:《刑事证据大全》(第2版),何家弘等译,中国人民公安大学出版社2004年版,第7页。

[2] [美]史蒂文·L. 伊曼纽尔:《证据法》,中信出版社2003年版,第507页。

[3] 参见《美国联邦证据规则》第702条a,专家的科学、技术或者其他专门知识将会帮助事实审判者理解证据或者确定争议事实。

[4] Fox v. Dannerberg, 906 F. 2d 1253 (8th Cir. 1990).

概括为:他有什么样的背景(培训或者教育)? 这是否足以使他成为专家?”[1]但精神病学专家证人不必是精神病学领域的知名专家,只要具备精神病学知识或临床经验,就可作为精神病学专家证人。法院在确定某人是否具有精神病学专家资格时,具有很大的自由裁量权,通常表现得较为自由和灵活。法官有关专家证人资格的裁定,上诉法院一般不会作出更改,只有在存在显见错误的情况下才会推翻之。[2]

3. 精神病学专家证言的科学性审查。英美法系国家重视对专家证言生成程序的科学性审查,审查集中在专家利用的技术、经验或知识的可靠性上。“法官对联邦证据规则所称科学证据采信或排除之前,必须检视其推理方法在科学领域上是否有效。”[3]美国联邦最高法院通过司法判例不断修正对科学证据的审查标准,探索如何把握科学证据的“科学性”,先后经历了由“普遍接受”标准[4]到“全面审查”标准,[5]再到“联邦证据规则”标准[6]的发展历程。上述嬗变过程,反映出美国司法对专家证言可采性的判断,由完全放权于专家,采取专家普遍接受的“纯科学”的判断标准,到逐渐收权于法官,由法官审查判断专家证言适用科学原理和方法的可靠性和关联性的转变,演绎了司法权在判断专家证言可采性方面由“放权”到“回归”的发展历程。“回归”后的司法权要求法官充当“守门人”(gate keeper)角色,把好专家证言进入法庭的大门,并赋予法官较大的自由裁量权。

(三)两大法系国家证据审查规则的比较分析

两大法系国家在长期的司法实践中,各自形成了独具特色的司法精神病鉴定证明

[1] Christoper B. Mueller & Laird C. Kiekpatrick, Evidence, § 1.10(3nd ed. 2003).

[2] See Spring Co. v. Edgar, 99 U. S. 645(1878).

[3] Daubert v. Merrell Dow Pharmaceutical, U. S. 113 S. Ct. 2786, 124 L. ED. 2D 469(1993).

[4] 1923年的弗赖伊诉美利坚合众国案(Frye v. United States),确立了科学证据审查的“普遍接受”标准。根据该规则,一项科学原理或技术只有达到其所属领域普遍接受的程度,才能被法庭采信。

[5] 1993年多伯特诉梅里·道药品公司案(Daubert v. Merrell Dow Pharmaceuticals),确立了“全面观察”标准。根据该规则,如果某项原理或技术有效,能够产生准确的结果,则应当采纳这样的科学证据。

[6] 2000年美国联邦最高法院对《美国联邦证据规则》第702条进行了修正,在“普遍接受”标准和“全面观察”标准的基础上,确立了联邦证据规则标准。根据该规则,专家证言应当同时符合三个条件:(1)专家证言基于充足的事实或者数据,也即专家证言要有充分的事实依据或数据基础;(2)专家证言是可靠的原理和方法的产物,也即专家证人的原理和方法必须具有可靠性;(3)专家证人将这些原理和方法可靠地适用于案件事实。

体系和专家证人证明体系,通过构建证据能力规则或专家证言可采性标准来规范或量化司法审查,为法官采纳司法精神病鉴定意见或专家证言提供更为充分的依据。以德国为代表的大陆法系国家主要是通过严格证明规则来规制证据能力,以美国为代表的英美法系国家虽然没有严格证明与自由证明的概念区分,但通过司法判例确立了一系列的证据规则来规范证据的可采性。两大法系国家虽然在证据能力与证据可采性的构成要件方面存在差异,但在证据规则表现形式、价值追求等诸多方面具有共性。两者均以保障证据真实可靠,准确认定案件事实为价值目标,证据规则均多表现为限制性或消极性规范,即从反面规定无证据能力或不具证据可采性的情形。法律通常仅就无证据能力或限制证据能力的情形作出规定。[1] 通过对证据形式、证据收集程序等方面作出限定,将一些不合程序的、无关的、失真的证据材料排除在认定事实的依据或法庭调查之外,在一定程度上保障了诉讼证明中证据的真实性和可靠性。在此共性基础上,对两大法系国家证据能力要件作以下比较分析:

1.“作为事实认定依据的资格”与“进入法庭调查程序的资格”的功能定位。在大陆法系国家,证据能力通常被定位为“作为事实认定依据的资格”,证据能力对证据的过滤作用时点是在法庭调查之后。“经过法庭调查程序”被视为证据能力的积极构成要件,未经法庭调查的司法精神病鉴定意见,不具有证据能力,不得作为认定被追诉者精神状态及刑事责任能力的依据。

在英美法系国家,证据的可采性被定位为“进入法庭调查程序的资格”,证据可采性对证据的过滤作用时点是在法庭开展调查之前,目的是阻止不具有可采性的证据进入事实审理者(陪审团)的视野,防止事实审理者受到不正当或不恰当的影响。法庭审查判断精神病学专家意见是否具有可采性,是由庭前法官在法庭调查程序之前确定的事项,不具有证据可采性的专家证言,不得被呈现在陪审团面前,不得进入法庭实质审理环节。[2]

2.“严进宽审”的司法鉴定人与“宽进严审”的专家证人。两大法系国家都比较重视对鉴定人资质或专家证人资格的审查,不具备相应资质的鉴定意见不具有证据能力,不具备相应资格的专家证言难以被法庭采信。不同的是,两大法系国家审查的方

[1] 参见陈朴生:《刑事证据法》,台北,三民书局1979年版,第280页。

[2] 参见纵博:《我国刑事证据能力之理论归纳及思考》,载《法学家》2015年第3期。

式或侧重点不同，大陆法系国家重视“入口关”审查，对鉴定人资格实行严格的事先审查机制，对鉴定人的学历、从业经历、职业水平等均有严格要求，设置较高的“门槛”。在此基础上，法官方可从登记在册的名单中选任鉴定人。也即严把鉴定人进入诉讼的资格审查关，而一旦进入诉讼程序则默认鉴定人具有相应的知识水平和专业能力，对鉴定人采取高度信赖的态度。

英美法系国家对专家证人的资格，采取相对宽松的标准。只要有专门的知识或技能，对法庭审判有所帮助，就可以被聘请为专家证人。法院通常不干涉当事人聘请专家证人，而只关注专家证人出庭作证的能力。这实际上对专家证人的专业知识和能力水平提出了很高的要求，只有经得起“考验”的专家证人，其证言才有可能被采信，也即严把“出口”采信关。

3. 直接言词原则与传闻证据规则殊途同归。前者是大陆法系规制鉴定意见证据能力的重要规则，后者是英美法系限制专家证言可采性的重要规则，两者具有异曲同工之美。直接言词原则要求对案件事实有直接感知的人必须出庭作证，而司法精神病鉴定虽然系科学证据种类，但鉴定意见的作出更多的是依赖鉴定人的主观判断，具有言词证据的属性，自然应当受直接言词原则的规制。

传闻证据规则要求专家证人必须在法庭上口头陈述证言，例外情形才被允许采纳庭外陈述。[1] 精神病学专家证人与普通证人具有相同的法律地位，均必须出庭口头陈述其证言内容，并接受控辩双方的交叉询问。如果精神病学专家证人不出庭，仅以书面报告的形式发表意见，那么书面报告就是传闻证据，因为控辩双方并不能对该书面报告进行交叉询问，无法让事实审理者了解其鉴定依据、原理和方法，专家意见所包含的专业知识、技术信息也无从知晓，因此，书面的精神病学专家意见不能在法庭上被提出。

4. 程序性要件的形式审查与科学性要件的实质审查各有侧重。大陆法系国家注重对司法精神病鉴定意见程序性要件的形式审查，要求鉴定人在法庭上宣誓或者具结，并实行严格的回避制度，以此保证鉴定人中立无偏袒。而英美法系国家由当事人双方自行聘请专家证人，实质上是把专家证人当作“己方证人”，并不存在专家证人回避的问题。

---

〔1〕《美国联邦证据规则》第803条和第804条，共列举了30种例外情形。

但英美法系国家注重对精神病学专家证言科学性要件的实质审查。美国对科学证据可采性标准的嬗变过程，反映出美国联邦最高法院在探索如何把握专家证言“科学性”方面所作出的努力，强调法院对科学证据“科学性”特征的评估和实质性审查，而不是一味依赖专家证人，放弃应负的司法审查责任。相较而言，大陆法系国家则对鉴定人持高度信赖态度，对鉴定意见的科学性审查不足。

二、域内司法精神病鉴定意见的审查现状

证据能力概念源自大陆法系国家，我国有关证据能力问题的研究也多受大陆法系国家的影响，在诸多方面有大陆法系国家的影子。沿袭大陆法系国家的传统，我国刑事司法亦注重对实体真实的追求，立法强调法官在查明案件事实中的作用，重视对证据证明力的评判，而忽视对证据能力的审查。司法实践中，法院基于对案件实体真实的追求，通常更为关注证明力，而对证据能力的审查往往附属于对证明力的判断，由此导致证据能力要件的形式化和虚无化。[1]

（一）司法精神病鉴定意见审查的形式化

依据司法解释规定，[2]我国司法精神病鉴定意见的证据能力要件可以概括为鉴定主体要件、鉴定程序要件、鉴定文书要件、鉴定过程和方法要件。从表面上看，鉴定意见证据能力要件涵盖鉴定全过程、内容全面，但从司法实践来看，上述证据能力要件

---

〔1〕 参见汪贻飞：《论证据能力的附属化》，载《当代法学》2014 年第 3 期。

〔2〕 《最高人民法院关于适用〈中华人民共和国刑事诉讼法〉的解释》第 97 条规定，对鉴定意见应当着重审查以下内容：(1)鉴定机构和鉴定人是否具有法定资质；(2)鉴定人是否存在应当回避的情形；(3)检材的来源、取得、保管、送检是否符合法律、有关规定，与相关提取笔录、扣押清单等记载的内容是否相符，检材是否可靠；(4)鉴定意见的形式要件是否完备，是否注明提起鉴定的事由、鉴定委托人、鉴定机构、鉴定要求、鉴定过程、鉴定方法、鉴定日期等相关内容，是否由鉴定机构盖章并由鉴定人签名；(5)鉴定程序是否符合法律、有关规定；(6)鉴定的过程和方法是否符合相关专业的规范要求；(7)鉴定意见是否明确；(8)鉴定意见与案件事实有无关联；(9)鉴定意见与勘验、检查笔录及相关照片等其他证据是否矛盾；存在矛盾的，能否得到合理解释；(10)鉴定意见是否依法及时告知相关人员，当事人对鉴定意见有无异议。

并没有发挥其应有的规制作用，大多停留在法律概念层面。法院对上述证据能力要件通常不作或仅作形式审查，只要形式上满足要求，符合法律规定的证据形式和鉴定程序，即认为具有证据能力。然而，形式性审查多是从手续是否完备、材料是否齐全、程序是否合法等方面作程式化审查，难以满足司法精神病鉴定意见科学性、可靠性的审查要求。

1. 将鉴定主体要件局限于鉴定主体资质要件。鉴定主体要件是指鉴定人依法开展司法精神病鉴定所应当具备的条件，不应仅局限于鉴定主体资质问题，鉴定人的中立性、亲历性、职业伦理观等方面，均应视为鉴定主体要件内容。笔者从中国裁判文书网上调取 2021 年度涉司法精神病鉴定的刑事裁判文书 441 篇，其中有 27 篇论及鉴定主体要件问题，但论述内容均仅涉及鉴定主体的资质问题，也即鉴定人是否具有开展司法精神病鉴定的资质条件，控辩双方及法院均未提及鉴定主体要件的其他内容，鉴定主体资质问题俨然成为鉴定主体的全部问题。

不容忽视的是，司法实践中确实存在有违鉴定亲历性、中立性等不符合鉴定主体要件的情况。(1)个别鉴定机构为获得鉴定资质，仅是聘请几名具有精神病鉴定资质的人员挂名执业，鉴定人并不实际参与鉴定，而是由助理或其他人员负责开展鉴定活动，鉴定人仅是事后对鉴定意见作书面审核并签名。此种非独立性、非亲历性鉴定具有极强的功利性和片面性，鉴定人仅是名义上的鉴定人，鉴定意见的得出并非基于其亲历观察、亲身感受，也非基于其专业知识和技术能力，鉴定质量难有保障。(2)鉴定腐败问题时有发生，“人情鉴定”“关系鉴定”“金钱鉴定”侵蚀鉴定人的客观中立立场，严重损害鉴定的公信力和可信度。鉴定人是否受到案外因素影响，是否秉持了客观中立的立场，不带偏见地实施了鉴定，也是需要审查的重要主体要件内容。(3)司法精神病学与临床精神医学的区别不容忽视，两者所秉持的职业伦理观相去甚远，前者以“无病推定”和“疑病从无”为鉴定原则，后者以“有病推定”和“疑病从有”为诊断原则。而司法实践中存在大量临床精神科医生兼职或转行为司法精神病鉴定人的情况，由于长期从事临床精神医学诊疗，容易受思维定式的影响，从而自觉或不自觉地将临床诊疗标准应用到司法精神病鉴定中。考虑到司法精神病鉴定的学科交叉性，鉴定人的主体资质应不限于精神病学专业知识和临床经验，还应具备必要的职业伦理素养。

2. 将鉴定主体资质要件等同于书面资质证明材料。法院通常认为，只要在案附有鉴定主体的资质证明材料，便可认定鉴定主体具有鉴定资质。法院通常仅进行书面形式审查，只要在案附有鉴定机构的司法鉴定许可证和鉴定人的执业证书，且司法鉴定许可证显示鉴定机构的业务范围包含精神病鉴定事项，执业证书显示鉴定人具有开展司法精神病鉴定的资格，则认为鉴定主体适格。然而，司法精神病鉴定许可证和执业证书是司法行政机关基于统一管理需要而核发的行政许可证书，虽然审核登记需要具备一定的条件，但此种审核更多的是一种形式性审查，行政机关并不作实质内容的考究。司法行政机关颁发的鉴定主体资质证书，仅能从形式上说明鉴定机构和鉴定人具备开展司法精神病鉴定的硬性条件，但具体到司法精神病鉴定个案，鉴定机构和鉴定人是否具有实质意义上的鉴定技术条件和专业知识能力来开展鉴定，则需要具体案件具体分析，并非书面化的"证书审查"所能判定。故司法行政机关"事前审查"的行政行为，不能取代司法机关"事后审查"的司法行为。

3. 将回避、通知义务视为鉴定程序要件的全部。当前，鉴定程序要件局限于回避、通知义务等法定程序性事项，缺少对鉴定人的选任、鉴定过程的参与等程序内容的规定。司法精神病鉴定过程几近成为鉴定方单方的内部行为，缺乏相对方必要的参与，难以形成有效的监督与制约。在司法精神病鉴定过程中，司法机关作为委托主体虽然有权决定是否启动鉴定，但并不主导或指挥鉴定的具体开展，鉴定机构在接受委托后，自行指定鉴定人进行鉴定，[1]并不存在鉴定人的选任程序，鉴定的开展也不需要逐步向司法机关报告。同时，被鉴定方也没有被赋予相应的程序参与权，《司法鉴定程序通则》也仅规定，[2]被鉴定人的近亲属或者监护人鉴定时有权到场见证，并没有赋予被鉴定方对鉴定过程的实质性程序参与权或介入权，无权申请法院指示鉴定人进行特定的调查，或者申请法院指示鉴定人听取具有专门知识的人的意见等。鉴定过程的单方面性，致使鉴定过程缺乏必要的监督和制约，鉴定程序要件需要进一步补充完善。

4. 忽视对鉴定原理和方法的审查。目前，法院对司法精神病鉴定原理和方法基本不作审查，或仅是简单审查是否正确援引了相关的鉴定技术标准和规范，而很少有结合案情作实质性审查，深入考究相关鉴定原理和方法是否被恰当地、可靠地运用到具

---

[1] 《司法鉴定程序通则》第18条第1款规定："司法鉴定机构受理鉴定委托后，应当指定本机构具有该鉴定事项执业资格的司法鉴定人进行鉴定。"

[2] 《司法鉴定程序通则》第25条第1款、第2款规定："鉴定过程中，需要对无民事行为能力人或者限制民事行为能力人进行身体检查的，应当通知其监护人或者近亲属到场见证；必要时，可以通知委托人到场见证。对被鉴定人进行法医精神病鉴定的，应当通知委托人或者被鉴定人的近亲属或者监护人到场见证。"

体的案件中。司法机关囿于知识结构和专业壁垒,要实现对司法精神病鉴定原理和方法的实质性审查,确实存在一定难度,但有难度并不代表不能审查。司法作为维护社会公平正义的最后一道防线,不能因知识局限而拒绝审查或逃避审查责任,更不能拒绝裁判。“裁判者必须以此种或彼种方式解决争议事实问题,并且无权因为存在不确定性而拒绝作出裁判。”〔1〕

随着科学技术的发展,以人类感知为基础的经验逻辑和传统的证明方法受到挑战,而以技术手段为基础的科学证据越来越受到青睐。但将科学技术和专门知识运用到专门性问题的判断,同样存在运用风险和过程风险。“科学证词的可靠性,就像大多数其他证词的可靠性一样,最终取决于证人的可靠性,或者取决于那些负责确保证人可靠性的人的可靠性。”〔2〕因为鉴定意见所依赖的科学原理、操作方法、数据统计等方面需要介入“人”的因素,需要通过鉴定人进行主观分析和判断。尤其是在司法精神病鉴定技术尚不成熟的情况下,证据运用风险系数更高。这就需要法官更好地扮演“守门人”角色,严把司法精神病鉴定意见“科学”关,而不是盲目信赖鉴定意见,任其进入司法审判环节。

(二)司法精神病鉴定审查的虚无化

我国因循大陆法系国家的传统,将鉴定人出庭质证作为鉴定意见的证据能力要件。《刑事诉讼法》一方面规定鉴定人拒不出庭作证的鉴定意见不具有证据能力,另一方面又将鉴定人是否需要出庭作证视为一种自由裁量事项而交由法院决定,只有在法院认为鉴定人确有必要出庭作证时,才会通知鉴定人出庭质证。〔3〕这显然有违法律问题不能裁量的诉讼原理,容易导致法律适用上的不自洽。鉴定人是否出庭作证属于证据能力要件所要解决的法律问题,而法律问题不能由法官自由裁量,这一诉讼原理应当得到最低限度的遵循。在鉴定人出庭质证问题上,有必要确立法官有限的自由

〔1〕[美]亚历克斯·斯坦:《证据法的根基》,樊传明、郑飞等译,中国人民大学出版社2018年版,第40页。

〔2〕John Hardwig, *The Role of Trust in Knowledge*, The Journal of Philosophy, Vol. 88, No. 12, 1991, p. 707.

〔3〕《刑事诉讼法》第192条第3款规定:“公诉人、当事人或者辩护人、诉讼代理人对鉴定意见有异议,人民法院认为鉴定人有必要出庭的,鉴定人应当出庭作证。经人民法院通知,鉴定人拒不出庭作证的,鉴定意见不得作为定案的根据。”

裁量权。

现行法律赋予法官对鉴定人是否出庭作证以自由裁量权,立法之所以如此规定,本意在于维护以审判为中心的诉讼制度,强调法院在查明案件事实中的主导作用。但结果并不尽如人意,司法实践中,基于诉讼效率、审判绩效、司法责任、舆论压力等主客观因素影响,法院有时不愿意通知鉴定人出庭质证,而此规定为法院拒绝通知鉴定人出庭质证提供了正当理由和法律依据,容易造成法官自由裁量权的恣意。司法实践中,鉴定人不出庭作证俨然成为常态,法院动辄以“没有必要”为由拒绝通知鉴定人出庭,客观上架空了鉴定人出庭接受质证这一证据能力要件。

三、域外审查规则对域内的启示

理念是行动的先导,司法人员应当摒弃司法精神病鉴定意见即权威性结论的传统观念,改变仅从形式合法性加以审查的传统做法,切实加强对司法精神病鉴定意见合法性、科学性和可靠性的实质审查。尽管我国刑事诉讼构造偏向于大陆法系国家,但在两大法系国家法律文化相互借鉴融合的趋势下,有条件地借鉴吸收精神病专家证言可采性规则,将大有裨益。

1. 严格司法精神病鉴定主体资格审查,确立“庭前登记”与“庭上审查”并重的资格审查模式。目前,我国对司法精神病鉴定主体资格的审查主要集中在庭前登记环节,只要鉴定机构和鉴定人具有精神病鉴定资质和从业资格,则认为鉴定主体适格,却很少在庭审中围绕鉴定主体专业能力、职业伦理、工作态度等“软实力”进行进一步的资格审查。借鉴对抗制庭审模式的合理因素,除对鉴定主体资格进行庭前形式审查外,还要在庭审中加大审查力度,围绕鉴定人的教育背景、从业经历、业务能力等方面来具体审查判断其是否能够胜任司法精神病鉴定工作;通过审查鉴定人的职业伦理或道德操守来判断其是否秉持客观公正、恪尽职守的工作态度;通过审查鉴定人的思维方式和工作方法来判断其是否秉承“无罪推定”和“疑罪从无”的司法精神病鉴定理念等。

2. 严格落实鉴定人出庭质证制度,充分保障被告人的对质权。当前,法院将鉴定人是否有必要出庭作证的问题,视为法院职权范围内的事项,而忽视对被告人对质权的保障。实际上,鉴定人出庭质证不仅是查明案件事实的一种手段,还是被告人的一项基本诉讼权利,是正当程序和公正审判的要求。鉴定人不出庭作证严重背离了直接言词原则和庭审中心主义,不利于刑事诉讼目的的实现和当事人诉讼权利的保障。司法精神病鉴定专业性极强,鉴定人不出庭作证,控辩双方恐难以对鉴定意见进行有效的质证,法官也无从发现鉴定意见所依据的原理、方法是否科学可靠。因此,有必要强制性规定鉴定人出庭质证或实现法院对鉴定人出庭质证必要性审查的"宽松化"。

3. 借助于具有专门知识的人出庭,强化对司法精神病鉴定意见科学性和可靠性的审查。当前,法官囿于自身知识谱系,对司法精神病鉴定意见科学性审查有畏难情绪,但回避问题并不能解决问题,尤其是在司法精神病鉴定信度和效度不高的情况下,法官更应该想方设法扮演好司法精神病鉴定意见进入法庭的"守门人"角色。其实,在现有的法律制度和诉讼模式下,法官有条件也有能力借助于具有专门知识的人,来加强对司法精神病鉴定所依赖的原理、方法和技术的审查,通过"同行"专家的程序参与、庭上对证,来实现对司法精神病鉴定意见科学性和可靠性的实质审查。2012 年《刑事诉讼法》修订时增加具有专门知识的人出庭的规定〔1〕,正是希望具有专门知识的人凭借其专业知识和实践经验,帮助法官解读鉴定意见,发现鉴定中的不足,如鉴定方法是否科学、鉴定分析和判断是否符合专业标准等,从而为法官甄别鉴定意见、作出科学的判断提供参考。〔2〕 当前,司法审判的任务就是要将这一制度运用好、发挥好,借助精神病学专家的知识,来加强对司法精神病鉴定意见的审查。

---

〔1〕《刑事诉讼法》第 197 条第 2 款规定,公诉人、当事人和辩护人、诉讼代理人可以申请法庭通知有专门知识的人出庭,就鉴定人作出的鉴定意见提出意见。

〔2〕参见臧铁伟主编、全国人大常委会法制工作委员会刑法室编著:《中华人民共和国刑事诉讼法解读》(最新版),中国法制出版社 2012 年版,第 423 ~ 424 页。

第三节

司法精神病鉴定意见的审查内容

司法精神病鉴定意见的审查内容，应当主要围绕证据能力要件展开。而对证据能力要件要素，理论界不无争议。既有证据客观性、关联性和合法性之说，[1]也有证据取证主体、方式、方法和经过法庭调查之论。[2] 本书立足证据能力要件基础理论，突出司法精神病鉴定意见的科学证据属性，将司法精神病鉴定意见的证据能力要件概括为鉴定主体要件、鉴定程序要件和鉴定实体要件。

一、司法精神病鉴定意见的主体要件

（一）鉴定主体资质要件

依据相关规定，[3]鉴定主体资质要件包括鉴定机构资质和鉴定人资格两个方面，也即鉴定机构应当具备开展司法精神病鉴定的业务范围和鉴定技术条件，鉴定人应当

---

〔1〕 参见何家弘、刘品新：《证据法学》，法律出版社 2019 年版，第 118 页。

〔2〕 参见陈瑞华：《刑事证据法学》（第 3 版），北京大学出版社 2018 年版，第 139 页。

〔3〕《全国人民代表大会常务委员会关于司法鉴定管理问题的决定》（2015 年修正）第 4 条、第 5 条规定："具备下列条件之一的人员，可以申请登记从事司法鉴定业务：（一）具有与所申请从事的司法鉴定业务相关的高级专业技术职称；（二）具有与所申请从事的司法鉴定业务相关的专业执业资格或者高等院校相关专业本科以上学历，从事相关工作五年以上；（三）具有与所申请从事的司法鉴定业务相关工作十年以上经历，具有较强的专业技能。因故意犯罪或者职务过失犯罪受过刑事处罚的，受过开除公职处分的，以及被撤销鉴定人登记的人员，不得从事司法鉴定业务。""法人或者其他组织申请从事司法鉴定业务的，应当具备下列条件：（一）有明确的业务范围；（二）有在业务范围内进行司法鉴定所必需的仪器、设备；（三）有在业务范围内进行司法鉴定所必需的依法通过计量认证或者实验室认可的检测实验室；（四）每项司法鉴定业务有三名以上鉴定人。"

具有从事司法精神病鉴定的专业能力。鉴定主体资质要件可进一步划分为形式要件和实质要件。形式要件主要是指鉴定机构和鉴定人经由国家司法行政部门审核登记造册,业已取得从事司法精神病鉴定业务的行政许可,旨在说明鉴定机构和鉴定人具备开展司法精神病鉴定的硬性条件。通常情况下,形式要件以具备司法精神病鉴定许可证和执业证书为充分条件,仅作书面证明材料的形式审查。

实质要件主要是指鉴定机构具有从事司法精神病鉴定的技术条件,包括鉴定所必需的仪器、设备及必要的鉴定人员;鉴定人具有从事司法精神病鉴定的专业知识和技术能力,包括教育背景、学历水平、从业经历、科研成果、以往鉴定案件数量及被采信情况等,旨在说明鉴定主体具备开展司法精神病鉴定的"软实力",具有开展鉴定的实际条件和能力。通常情况下,实体要件的审查需要借助直接言词原则,由控辩双方通过交叉询问的方式予以查明。

(二)鉴定主体中立性、亲历性要件

在诉讼活动中,司法精神病鉴定机构和鉴定人保持中立地位并亲自执业,是保障司法精神病鉴定客观公正的内在要求。司法精神病鉴定主体系与控辩双方均无利害关系的中立第三方,所作鉴定仅需忠实于法律和精神医学科学,而不受任何其他外来因素的影响。

鉴定人应当在不受干扰的情况下,独立开展司法精神病鉴定活动,亲自了解案件情况、询问知情人员,并独立对鉴定材料进行分析,得出自己的判断。依据《司法鉴定程序通则》的规定,[1]鉴定记录应当详细记录鉴定人开展鉴定活动的过程,记录参与鉴定的辅助人员及其参与的活动。通常情况下,对鉴定主体中立性、亲历性要件的要求,主要是通过宣读、出示鉴定人权利义务告知书,由鉴定人签字具结,来强化其责任意识和风险意识。

---

〔1〕《司法鉴定程序通则》第27条规定:"司法鉴定人应当对鉴定过程进行实时记录并签名。记录可以采取笔记、录音、录像、拍照等方式。记录应当载明主要的鉴定方法和过程,检查、检验、检测结果,以及仪器设备使用情况等。记录的内容应当真实、客观、准确、完整、清晰,记录的文本资料、音像资料等应当存入鉴定档案。"

(三)鉴定主体职业伦理要件

在刑事诉讼活动中,司法精神病鉴定作为一种证明手段,对查明被追诉者精神状态不可或缺,是诉讼活动顺利进行的保障。鉴于此,司法精神病鉴定很早即被运用到刑事司法领域,并逐步发展成为一门独立的学科,[1]形成了自己独特的价值观和职业伦理观。“作为医学分支的司法精神病学与纯粹的精神病学不同,它被赋予了双重使命,既要提供医疗服务,又要有诸如报道虐婴、限制有暴力倾向的精神病病人等的附加职责。”[2]司法精神病鉴定以“服务法律为宗旨”,主张“公共安全利益至上”和“法律面前人人平等”的伦理观,坚持“无病推定”和“疑病从无”的思维方式和鉴定原则,在诉讼过程中开展司法精神病鉴定活动。区别于司法精神病鉴定,临床精神医学以“服务病人为宗旨”,主张“患者利益至上”和“治病救人”的伦理观,坚持“有病推定”和“疑病从有”的思维方式和诊断原则,在医疗诊治过程中,从事医学诊疗活动。[3]

司法精神病鉴定与临床精神医学在职业伦理方面有着显著区别。然而,在司法精神病鉴定实务中,有相当一部分鉴定人来自临床精神科医生,他们以医院临床精神科工作为主业,同时兼职司法精神病鉴定工作。在“一身兼数职”的情况下,鉴定人很难做好“角色切换”,在开展司法精神病鉴定工作过程中,容易受到临床精神医学伦理观和思维方式的影响,面对疑似精神病例会习惯性、不自觉地运用“有病推定”和“疑病从有”的临床诊断思维方式。通常情况下,对鉴定主体职业伦理要件的审查,要结合鉴定人的从业经历和职业现状,通过控辩双方的交叉询问,来综合审查判断。

---

〔1〕 参见纪术茂、高北陵、张小宁主编:《中国精神障碍者刑事责任能力评定案例集》,法律出版社2011年版,第3页。

〔2〕 [美]菲利普·坎德利斯、罗伯特·温斯托克、理查德·马丁内斯:《法庭伦理学与专家证人》,杨天潼译,中国法制出版社2013年版,第4页。

〔3〕 参见高北陵、李斯勤:《现代司法精神医学——兼论与伦理学相关问题》,北京大学出版社2018年版,第77~80页。

二、司法精神病鉴定意见的程序要件

(一)鉴定人回避要件

《刑事诉讼法》规定,[1]鉴定人有自行回避、依申请回避和依指令回避的义务。在对司法精神病鉴定审查过程中,应当着重审查鉴定人是否存在应当回避而没有回避的情形。尤其是对鉴定人曾参与同一事项鉴定,或作为专家提供咨询意见,或作为具有专门知识的人员受聘参加庭审,均应当予以回避。

与回避相关的是鉴定机构和鉴定人的选任问题。在刑事司法领域,如何公平地选任鉴定人,在什么情况下,以怎样的程序选任,仍属立法空白。为保证鉴定人选任的公平性和鉴定结论的可接受性,建议立法增设鉴定人的选任程序,将鉴定人选任要件纳入司法精神病鉴定意见的证据能力要件,对不符合鉴定人选任程序要件的鉴定意见予以排除。

(二)鉴定过程要件

鉴定人开展司法精神病鉴定活动,应当遵循法定程序或行业规程,不能依惯例、习惯进行。同时,鉴定人对鉴定过程应当进行实时记录,客观、全面地反映整个鉴定过程,并随案移送记录载体。[2]

---

〔1〕《刑事诉讼法》第 29 条规定:"审判人员、检察人员、侦查人员有下列情形之一的,应当自行回避,当事人及其法定代理人也有权要求他们回避:(一)是本案的当事人或者是当事人的近亲属的;(二)本人或者他的近亲属和本案有利害关系的;(三)担任过本案的证人、鉴定人、辩护人、诉讼代理人的;(四)与本案当事人有其他关系,可能影响公正处理案件的。"第 32 条规定:"本章关于回避的规定适用于书记员、翻译人员和鉴定人。辩护人、诉讼代理人可以依据本章的规定要求回避、申请复议。"

〔2〕《司法鉴定程序通则》第 27 条规定:"司法鉴定人应当对鉴定过程进行实时记录并签名。记录可以采取笔记、录音、录像、拍照等方式。记录应当载明主要的鉴定方法和过程,检查、检验、检测结果,以及仪器设备使用情况等。记录的内容应当真实、客观、准确、完整、清晰,记录的文本资料、音像资料等应当存入鉴定档案。"

1. 见证人到场见证要件。依据《司法鉴定程序通则》规定,[1]鉴定机构开展司法精神病鉴定,应当通知被鉴定人的近亲属或监护人到场见证。未履行通知见证义务的,不仅有损被鉴定人的利益,而且剥夺了被鉴定人的近亲属或者监护人的程序参与权和知情权,所出具的鉴定意见不具有证据能力。对到场见证要件的审查,可以要求鉴定机构随案移送鉴定记录,通过审查鉴定记录是否有见证人的签字来实现。[2]

2. 提取鉴定材料规范要件。依据《司法鉴定程序通则》规定,[3]鉴定人有权查阅、复制相关案件材料,必要时可以向当事人、证人取证。一般而言,鉴定人开展司法精神病鉴定,需要尽可能全面、准确地收集鉴定材料,除司法机关提供的案卷材料外,鉴定人还可以向周围知情人员了解情况,包括被鉴定人的亲属、同学、同事、邻居、目击证人、对方当事人、监所同监室人员等。但对需要到现场收集鉴定材料和调查的,或者需要直接询问知情人员的,应当严格遵循相关的程序要求,经过委托的司法机关同意,由不少于2名鉴定机构的工作人员进行,并通知司法机关工作人员到场见证。

3. 鉴定期限要件。鉴定活动不能无期限拖延,长时间"鉴而不定"不仅影响诉讼的进程,而且影响被鉴定人的诉讼权益,尤其是对在押的被鉴定人,由于精神病鉴定时间不计入办案期限,[4]将会导致"久押不决",被鉴定人人身自由长期处于"先行羁押"的不确定状态。依据《司法鉴定程序通则》规定,[5]司法鉴定机构接受委托后,应当在30个工作日内完成鉴定,延长鉴定期限的,应当及时告知委托的司法机关。对此,司法精神病鉴定实务并没有很好地落实,有相当一部分鉴定以"各种合法理由"[6]

---

[1] 《司法鉴定程序通则》第25条第2款规定:"对被鉴定人进行法医精神病鉴定的,应当通知委托人或者被鉴定人的近亲属或者监护人到场见证。"

[2] 《司法鉴定程序通则》第25条第4款规定:"到场见证人员应当在鉴定记录上签名。见证人员未到场的,司法鉴定人不得开展相关鉴定活动,延误时间不计入鉴定时限。"

[3] 《司法鉴定程序通则》第24条规定:"司法鉴定人有权了解进行鉴定所需要的案件材料,可以查阅、复制相关资料,必要时可以询问诉讼当事人、证人。经委托人同意,司法鉴定机构可以派员到现场提取鉴定材料。现场提取鉴定材料应当由不少于二名司法鉴定机构的工作人员进行,其中至少一名应为该鉴定事项的司法鉴定人。现场提取鉴定材料时,应当有委托人指派或者委托的人员在场见证并在提取记录上签名。"

[4] 《刑事诉讼法》第149条规定:"对犯罪嫌疑人作精神病鉴定的期间不计入办案期限。"

[5] 《司法鉴定程序通则》第28条第1款、第2款规定:"司法鉴定机构应当自司法鉴定委托书生效之日起三十个工作日内完成鉴定。鉴定事项涉及复杂、疑难、特殊技术问题或者鉴定过程需要较长时间的,经本机构负责人批准,完成鉴定的时限可以延长,延长时限一般不得超过三十个工作日。鉴定时限延长的,应当及时告知委托人。"

[6] 《司法鉴定程序通则》第28条第3款、第4款规定:"司法鉴定机构与委托人对鉴定时限另有约定的,从其约定。在鉴定过程中补充或者重新提取鉴定材料所需的时间,不计入鉴定时限。"

延期鉴定,最为典型的就是以"需要补充鉴定材料"为由任意延长鉴定期限。对此,司法机关应当严格审查鉴定期限延长事由是否真实存在,对超出鉴定期限的鉴定,应当责成鉴定机构予以说明,作出合理解释。

4. 鉴定文书形式要件。依据《刑事诉讼法》规定,[1]鉴定人在鉴定之后,应当出具鉴定意见并签名,同时加盖鉴定机构的司法鉴定专用章。因为签名和盖章是鉴定主体对鉴定意见的确认,以及对违法鉴定所应当承担责任的承诺,未签名或未加盖公章的鉴定意见不具有证据能力。

三、司法精神病鉴定意见的实体要件

司法精神病鉴定意见的实体要件主要是指鉴定材料的可靠性和鉴定原理、方法的科学性。司法精神病鉴定必须遵循精神病学的基本原理,尊重客观规律,依据全面、真实的鉴定材料,采用科学、先进的鉴定技术手段对鉴定事项予以定性、定量,并依据精神病学知识和临床经验予以分析判断,提出鉴定意见。

(一)鉴定材料的可靠性要件

司法精神病鉴定材料可以根据形成时间、反映内容的不同,分为案前材料、案中材料和案后材料三部分。[2]

1. 案前材料一般是指反映被鉴定人的性格特征和脾气秉性,以及既往的异常表现及诊治情况的材料。主要是通过向被鉴定人的周围知情人员调查了解,包括家人、邻居、同事、曾为其诊治的医务人员等,以及通过调阅相关的病历材料、日记、信件等书面资料来获取。对案前材料的审查,一方面,要注意审查周围知情人员所提供材料的可靠性,需要综合各种具体情况进行分析判断,比如被鉴定人的家人由于长期和被鉴定人生活在一起,对被鉴定人的精神状态最为熟悉,所提供的材料也应当是最真实、可靠

[1] 《刑事诉讼法》第147条第1款规定:"鉴定人进行鉴定后,应当写出鉴定意见,并且签名。"《司法鉴定程序通则》第38条规定:"司法鉴定意见书应当加盖司法鉴定机构的司法鉴定专用章。"

[2] 参见陈立成:《司法精神病学实务研究》,中国人民大学出版社2012年版,第293页。

和最有参考价值的,但同时家人与案件处理结果有直接利害关系,常常会有意无意夸大或缩小、遗漏甚至虚构某些情节,真实性又容易受到影响。另一方面,医院的病历材料,尤其是医院的诊断证明,往往会对被鉴定人的精神状况作出医学上的结论性判断,对其审查要切忌"拿来主义",因为临床医学上的诊断并不等于法医学上的判断,"有病推定"与"无病推定"的诊断理念差异会导致结果大相径庭。"鉴定诊断与既往诊断的一致性较差(Kappa = 0.372),两者诊断一致率为 49.1%。"[1]这是因为"临床精神医学的诊断是即时性和前瞻性的,诊断主要着眼于未来;而司法鉴定的诊断是回顾性的,诊断主要着眼于已发生案件的时间"[2]。医院的诊断证明仅能反映被鉴定人就医时的精神状态,反映其是否曾患有精神疾病,而时过境迁,被鉴定人可能因有效治疗、不当刺激等原因,作案时的精神状态发生变化。

2. 案中材料一般是指反映被鉴定人作案过程中精神状况的材料。主要是通过向司法机关调阅能够反映作案过程的言词证据、监控录像等证据材料。侦查机关的各类讯问(询问)笔录是鉴定依据的重要材料,尤其是对作案后及时到案的犯罪嫌疑人的讯问,因为与案发时间最为接近,能够最大限度反映被鉴定人作案时的精神状态。如果讯问过程有同步录音录像,应当同时附送录音录像资料,因为大多数讯问笔录通常并不能全面、完整地再现被鉴定人的精神状况,对于一些答非所问、自言自语、胡言乱语或者支离破碎的言语内容与言语形式,往往并不会被记录在案,尤其是对犯罪嫌疑人的眼神、表情、动作等肢体语言的描述,很少有记录。

3. 案后材料一般是指反映被鉴定人案发后的精神状态的材料,包括到案过程、审理过程及羁押过程中的表现材料。可以通过询问办案人员、监所管理人员及同监室在押人员等方式获取。办案人员与管理人员所反映的情况一般比较客观公正,但也要注意审查其所反映的情况是否带有个人偏见。如果其倾向认为犯罪嫌疑人有精神障碍,则可能会把不正常的现象反映得很突出,反之,则会把不正常的现象"隐瞒"起来。对同监室在押人员的证言,要注意审查其动机和目的,有些在押人员怕连累自己而抱着"多一事不如少一事"的动机,不愿反映所发现的具体情况;有些可能受到了某些明示或暗示,或者出于某种个人目的而没有真实地反映被鉴定人在押期间的精神活动

---

〔1〕 刘伟、唐玉冰、刘小林:《刑事案件精神病鉴定的诊断与既往精神病诊断的一致性》,载《临床精神医学杂志》2019 年第 3 期。

〔2〕 亢明:《司法精神病鉴定的诊断问题》,载《临床精神医学杂志》2010 年第 5 期。

表现。

(二)鉴定原理和方法可靠性要件

司法精神病鉴定意见的可靠性很大程度上取决于鉴定原理和方法的科学性。鉴定人所依据的鉴定技术标准是否规范,鉴定技术方法是否科学,直接影响鉴定意见的可靠性。

1. 鉴定技术标准要件。依据《精神障碍者刑事责任能力评定指南》(SF/Z JD0104002－2016),开展司法精神病鉴定,首先应依据 ICD－11 和 CCMD－3 对被鉴定人的精神状态进行医学诊断。也即司法精神病鉴定在国内有两种通用的医学诊断标准,一种是国内专业人员根据中国的文化因素和特点所编制的 CCMD－3 行业标准;另一种是世界卫生组织组织各国专业人员共同编制的 ICD－11 国际标准,该国际标准经卫生部推荐使用,已成为"部荐标准"。随着 CCMD－3 停止更新,未来 ICD－11 有可能成为司法精神病诊断的唯一标准。

不过,在对司法精神病鉴定意见的审查过程中,切忌机械地去套用诊断标准,更不能望文生义地去理解专业术语,因为这些概念、标准和描述性方法主要是为临床工作服务的,便于临床医师和研究者能够诊断、交流、研究和处理各类精神疾病,是专业人员、组织进行各种观察的方便方式。[1] 现行的 CCMD－3 和 ICD－11 均是为临床医疗诊断服务的,而不是为法律和司法服务的。"当 DSM－5 的分类、诊断标准和文字描述被用于司法目的时,存在诊断信息被误用或无解的风险。出现这些风险是由于司法最终考虑的问题与临床诊断包含的信息并不完全匹配。"[2] 因此,在司法精神病鉴定过程中,需要以 CCMD－3 和 ICD－11 为基础,补充诊断标准以外的信息。[3]

2. 鉴定技术方法要件。当前,司法精神病鉴定主要依赖精神检查等主观方法,辅以评定量表工具。但对于器质性精神障碍,因其主要是由躯体性疾病所引发,如脑神

〔1〕 参见[美]戴维·H. 巴洛(David H. Barlow)、V. 马克·杜兰德(V. Mark Durand):《异常心理学》,杨霞等译,中国轻工业出版社 2006 年版,第 96 页。

〔2〕 [美]美国精神医学学会编著:《精神障碍诊断与统计手册》(第 5 版),张道龙等译,北京大学出版社、北京大学医学出版社 2015 年版,第 7 页。

〔3〕 参见罗小年:《司法精神病鉴定研究中的问题》,载《临床精神医学杂志》2007 年第 6 期。

经损伤、颅脑感染等导致的精神障碍，故在司法精神病鉴定过程中，躯体检查和神经系统检查通常也是常规检查项目，必要时可以借助各种医学辅助检查技术，如颅脑 CT、核磁共振等特殊检查，以便排除脑器质性损伤或疾病。

精神检查是开展司法精神病鉴定最基本的也是最为主要的手段，是一项技术性较强的专业性工作。精神检查不仅与鉴定人对被鉴定人的细致观察及翔实记录有关，还依赖于鉴定人丰富的精神医学、心理学、社会学及临床实践经验。作为司法人员虽然不要求具备开展精神检查的专业能力，但应当对精神检查的主要内容、方法、注意事项等有所了解，以便更好地审查司法精神病鉴定意见。

(1)精神检查的主要内容。人的精神活动是统一整体，一般应遵循心理学的原理，按照知、情、意的顺序进行，通常可以分为一般表现(意识状况、定向力、仪表、接触情况、日常生活)、认识过程(感觉、直觉、思维活动、记忆力、智力、自知力)、情感活动(性质与强度、协调性与稳定性)、意志和行为(意志活动及本能、动作行为、自杀自伤行为)四个方面。[1]

(2)精神检查的主要方法。常规的精神检查的方法有晤谈和观察两种方式。晤谈注重被鉴定人自身的所见、所闻和所感，通过交谈发现、察觉或引出被鉴定人的精神症状，并详细了解其内容，分析其意义。观察注重鉴定人的所见、所闻和所感，通过对被鉴定人面部表情、身体姿势、动作行为、说话的语气语调等进行全面而细致的观察，从而对被鉴定人的精神状态有基本的把握，并将其异常的精神活动归纳为某种精神症状予以描述。

(3)精神检查的注意事项。精神检查应当采用被鉴定人主导的病史报告方式，由被鉴定人自然表述其个人经历和体验，鉴定人的提问应当是引导式和开放式的，避免采用像讯问犯罪嫌疑人那样压迫式、直问式的提问，避免带有主观猜测性和诱导性的假设性提问，坚持“三不”原则——不陷入争辩、不轻易打断、不对患者进行法律和道德评判。[2]

---

〔1〕 参见陆林主编：《沈渔邨精神病学》(第6版)，人民卫生出版社2018年版，第190～195页。

〔2〕 参见陆林主编：《沈渔邨精神病学》(第6版)，人民卫生出版社2018年版，第195～196页。

第四节

司法精神病鉴定意见的审查规则

证据能力问题属于法律问题，对法律问题的审查应当严格遵循证据审查规则。对有证据能力的司法精神病鉴定意见，应当依法予以确认；对无证据能力的司法精神病鉴定意见，应当依法予以排除；对存有瑕疵的司法精神病鉴定意见，经补正或作出合理解释的，可以采用。

确认、排除和补救是证据能力审查的不同处理方式。确认是对证据能力的肯定评价，即认为该证据符合证据能力要件，具备作为定案根据的资格。排除是对证据能力的否定评价，即认为该证据不符合证据能力要件，给案件带来的主要是负面价值，不具备作为定案根据的资格。补救是对证据能力附条件的"肯定"评价，力求弥补其缺陷，充分利用其积极价值。无论何种处理方式，其目的均是一致的，均是运用恰当的证据规则确保证据的合法性和真实性，从而实现发现案件事实真相的目的。证据能力规则主要为消极性规定，下面将分别阐释司法精神病鉴定意见的排除和补救规则。

一、司法精神病鉴定意见的排除规则

无证据能力的证据自始至终不具有证据资格，不可因补正或作出合理解释而"治愈"证据能力。在此，需要明确"无证据能力的证据"与"非法证据"之间的关系，因为在司法实践中，有部分案件当事人以"非法证据"为由，申请排除司法精神病鉴定意见。在我国现行的司法体系和语境下，两者在法律效力上具有同质性，均因不具有证据能力而在程序上排除证据适用，但两者在内涵和外延上有很大的不同，两者之间是一种包含与被包含的关系。"非法证据"以侵犯公民宪法性权利为特征，系因取证手段或程序违法而不具有证据能力。在我国,法律层面上的"非法证据"仅指使用非法方法收集的犯罪嫌疑人或被告人的供述、证人证言和被害人的陈述,以及违反法定程序实施搜查、扣押所获取的物证、书证,并不涵盖不符合证据能力要件的鉴定意见等其他证据种类,也不包括因取证主体不合法、证据形式不合法而无证据能力的情形。而"无证据能力的证据"外延更为宽泛,泛指一切欠缺证据能力要件的证据,其可能因为取证手段或程序违法而无证据能力,也可能因为不符合法定证据形式、鉴定人未履行出庭作证义务而无证据能力。[1] 通常情况下,司法精神病鉴定意见并不属于"非法证据"范畴,导致其无证据能力的情形主要是因为其不符合证据能力要件。

(一)司法精神病鉴定主体的合法性规则

规则一:鉴定机构不具备从事司法精神病鉴定的资质,或者鉴定事项超出其业务范围和鉴定技术条件的,鉴定意见不具有可采性。

规则二:鉴定人不具备从事司法精神病鉴定的资质;或者不具有实质上从事司法精神病鉴定的专业技术或能力;或者违背中立独立鉴定原则,非中立、独立作出的鉴定;或者严重违背职业伦理,违背"无病推定""疑病从无"的鉴定原则,鉴定意见不具有可采性。

(二)司法精神病鉴定程序的合法性规则

规则三:鉴定人未依照相关规定实行回避,违反回避强制性规定的,鉴定意见不具有可采性。

规则四:鉴定人未对权利义务告知书签字具结的,鉴定意见不具有可采性。

规则五:对被鉴定人进行司法精神病鉴定,未通知其近亲属或监护人到场见证,鉴定意见不具有可采性。

规则六:鉴定机构或鉴定人对鉴定资料的收集,违反法律强制性规定的,鉴定意见不具有可采性。

---

〔1〕 参见万毅:《论瑕疵证据——以"两个〈证据规定〉"为分析对象》,载《法商研究》2011 年第 5 期。

规则七:鉴定人拒不出庭作证就其鉴定意见作出解释和说明的,鉴定意见不具有可采性。

规则八:鉴定文书未签名或盖章的,鉴定意见不具有可采性。

规则九:鉴定所依据的鉴定材料来源不明确或者不合法,鉴定意见不具有可采性。

(三)司法精神病鉴定原理和方法的可靠性规则

规则十:鉴定技术标准不明确,或者明显违背 CCMD－3 或 ICD－11 鉴定技术标准的,鉴定意见不具有可采性。

规则十一:鉴定技术方法有违精神病学诊断原理,逻辑推理和经验判断不合常规,鉴定意见的得出没有得到科学的、充分的分析论证,鉴定意见不具有可采性。

二、司法精神病鉴定意见的补救规则

司法精神病鉴定属于法医类鉴定,通常情况下并不适用非法证据的有关规定。但司法实践中,诸多司法精神病鉴定意见确实存在这样或那样的瑕疵或缺陷,属于瑕疵证据。瑕疵证据不同于非法证据,基于证据的稀缺性和发现案件事实真相的考虑,对其确立了可补正的证据排除规则;而非法证据基于程序正义和保障基本人权的目的,确立了强制性的证据排除规则。[1] 虽然司法精神病鉴定意见可以重新作出,且《刑事诉讼法》及相关司法解释[2]也没有明确规定瑕疵鉴定意见可以补正的情形,但基于诉讼效率和节约司法成本考虑,对存有瑕疵的鉴定意见没有必要一律予以排除,要求重新鉴定,特定情况下可以要求鉴定机构或鉴定人予以补正或者作出合理解释。

补正是对存在补救可能性的非实质性瑕疵,为重新获得证据能力而进行的补救;而合理解释则是对无法补救的轻微程序性瑕疵作出符合常理及逻辑的说明。[3] 两种

〔1〕 参见陈瑞华:《论瑕疵证据补正规则》,载《法学家》2012 年第 2 期。

〔2〕 《最高人民法院关于适用〈中华人民共和国刑事诉讼法〉的解释》第 98 条规定:“鉴定意见具有下列情形之一的,不得作为定案根据:……”

〔3〕 参见李学军、刘静:《瑕疵证据及其补救规则的适用》,载《清华法学》2020 年第 5 期。

方式在特定情况下均能够达到弥补证据能力缺陷的目的。

(一)瑕疵司法精神病鉴定意见的补正

司法精神病鉴定意见的补正主要是针对鉴定文书笔误性错误或技术性缺陷进行订正,如误将落款日期写为往年,未注明委托事项、委托机关等。但需要注意的是,补正仅是对鉴定文书非实质性内容的补正,而不能是对实质内容的变更,更不能添加或补充任何虚假信息。[1]

规则十二:鉴定记录对鉴定过程记录不完整,或者鉴定记录没有鉴定人签字的,经补正,可以采用。

规则十三:鉴定文书记载事项不完整,或者落款日期有误等制作技术性错误,经补正,可以采用。

(二)瑕疵司法精神病鉴定意见的合理解释

瑕疵司法精神病鉴定意见的合理解释主要是针对不可弥补的轻微程序性错误,作出合乎常理和逻辑的说明,如司法机关未履行告知鉴定意见的义务、鉴定期限超期等。但需要注意的是,这种程序性违法并不构成对当事人基本权利的重大侵犯,不会对鉴定结果造成实质性影响,否则不具有证据能力。

规则十四:鉴定意见出具后,未告知犯罪嫌疑人或被害人,能够作出合理解释的,可以采用。

规则十五:鉴定期限超期,能够作出合理解释的,可以采用。

---

〔1〕 参见李昌林、王景龙:《论可补救的排除规则》,载《现代法学》2013 年第 6 期。

第六章

司法精神病鉴定意见的认证

司法精神病鉴定意见是确定行为人刑事责任能力的主要证据材料，其在诉讼过程中证明价值如何或者说具有多大证明力，是需要经过举证、质证等法庭调查程序，最终作出裁决的事项。面对涉及精神病学专业知识和诊断技术的司法精神病鉴定意见，作为“外行”的法官该如何不失理性地形成内心确信？“尽管我们不拥有专家的理由，但我们却是能够合理地接受专家的意见，并且我们并没有因此而变得非理性。”〔1〕本章将从司法认定的角度，对司法精神病鉴定意见的证明力问题展开讨论。

〔1〕 参见丛杭青：《陈词证据研究》，人民出版社2005年版，第224页。

第一节 司法精神病鉴定意见的认证现状与难题

当前,我国司法精神病鉴定承载着评定刑事责任能力的功能,这也就意味着对鉴定意见认定与否,直接关涉对被追诉者的定罪量刑。然而,当前法院对司法精神病鉴定意见的认证情况不容乐观,存在盲从司法精神病鉴定意见的倾向。可以说,法院在刑事责任能力判定方面存在不同程度上的责任推诿或权力让渡现象,混淆司法鉴定与司法裁判的界限,容易导致鉴定人成为事实上的"裁判者"。

一、司法精神病鉴定意见的认证现状

(一)认证结果上:盲从司法精神病鉴定意见

为客观反映司法实践的真实图景,笔者在中国裁判文书网上随机调取 2015 年至 2020 年审结的存在一份司法精神病鉴定意见的刑事案件 100 件,存在两份以上司法精神病鉴定意见的刑事案件 75 件。在据以统计的 175 件案件中,法院未采纳鉴定意见的有 7 件,其余 168 件均采纳了鉴定意见,采信率高达 96%。其中未采纳鉴定意见的案件中,3 件系因证据能力问题未采纳鉴定意见,4 件系从证明力角度分析未采信鉴定意见。(见表 6-1)而在存在两份以上司法精神病鉴定意见的 75 件案件中,两次或多次鉴定结果不一致的有 33 件,不一致率高达 44%。这说明司法精神病鉴定意见的可验证性、可循证性并不高,科学性及可信度有待进一步提升。然而,在司法精神病鉴定公信力不足,多次鉴定结果不一致率居高不下的情况下,法院却几乎无差别地盲目采信鉴定意见,其公正性和正当性值得怀疑。

表 6-1 判决未采纳鉴定意见的案件情况

类型	案号	案由	未采纳原因或未采信情况
未采纳案件（3 件）	（2015）晋刑初字第 690 号	陈某平故意伤害	鉴定人经法院通知未到庭
	（2015）萍刑一初字第 7 号	唐某故意杀人	对精神活性物质所致精神障碍者评定刑事责任能力于法无据
	（2017）桂 1102 刑初 720 号	周某保故意伤害	鉴定人违反回避规定
未采信案件（4 件）	（2017）辽 01 刑初 147 号	刘某光故意杀人	鉴定意见评定为无精神病，具有完全刑事责任能力；法院认定刘某光患有抑郁症、焦虑症，行为异于常人，量刑时予以考虑
	（2018）津 01 刑初 35 号	卢某芹故意杀人	鉴定意见为精神分裂症残留期，完全刑事责任能力；法院认定精神分裂症残留期，控制能力受损，从轻处罚
	（2020）津 03 刑初 36 号	张某荣故意杀人	鉴定意见为无精神病，完全刑事责任能力；法院认定张某荣患有精神疾病，因婚姻家庭矛盾产生极端心理，难以控制自己的行为，从轻处罚
	（2020）京 0101 刑初 237 号	李某武强制猥亵	鉴定意见为案发时未见精神病性症状，完全刑事责任能力；法院认定李某武患有精神疾病，从轻处罚

（二）认证方式上：杂乱无章

从裁判文书论理角度分析，可以将法院认定司法精神病鉴定意见的认证方式归纳为直接采信型、形式审查型、证据印证型、比较分析型、自行评判型五种形式。裁判文书不说理、格式说理或模糊说理成为常态，反映出法院认证时的不严谨和标准的不统一。

1. 直接采信型。法院采取“贴标签式”对鉴定意见直接采信，不进行任何形式的分析和说理。统计数据显示，此类认定模式在司法实践中占有很大的比重，尤其是在单一鉴定意见的案件中，法院直接采信的比例高达 74.6%；更有甚者，在部分存在两份或多份不同鉴定意见的案件中，法院仍采取此种模式，不予说理，任意采信其中一份鉴定意见。直接采信型认定模式下，法院越过证据审查，径直依据司法精神病鉴定意

见对被告人刑事责任能力作出认定，而不作任何形式的论理或心证说明。（见表6－2）

表6－2　【直接采信型】认证模式示例

案号	基本案情	鉴定情况	认定情况
（2020）豫1724刑初9号	被告人邹某叶因琐事与其丈夫张某发生争执后，持刀将张某捅伤，致其急性失血性休克死亡	鉴定意见1：信阳申诚法医精神病司法鉴定所鉴定意见：邹某叶属边缘智力，具有完全刑事责任能力。鉴定意见2：湖北省人民医院法医司法鉴定所鉴定意见：邹某叶系精神发育迟滞，限制刑事责任能力	被告人邹某叶作案时系精神发育迟滞，属限制刑事责任能力人，依法可以从轻或者减轻处罚。【直接采信型】
（2019）晋1002刑初341号	被告人张某红因琐事与杜某某发生口角，后持铁锹击打杜某某头部，致其死亡	鉴定意见1：山西省精神疾病司法鉴定中心鉴定意见：张某红患精神分裂症，无刑事责任能力。鉴定意见2：首都医科大学附属北京安定医院鉴定意见：张某红实施违法行为时处于幻觉妄想状态，受疾病影响辨认及控制能力受损，评定为限制刑事责任能力	对首都医科大学附属北京安定医院精神疾病司法鉴定科鉴定被告人张某红为限制刑事责任能力的鉴定意见，予以采纳。【直接采信型】
（2019）豫15刑初28号	被告人张某强因怀疑妻子钱某与他人有不正当男女关系，持刀连续砍击钱某头部，致其死亡。随后张某强用菜刀割颈自杀	鉴定意见1：武汉市精神病院司法鉴定所鉴定意见：张某强患心境障碍伴有精神病性症状的抑郁发作，作案时辨认能力及控制能力严重受损，评定为无刑事责任能力。鉴定意见2：法大法庭科学技术鉴定研究所鉴定意见：张某强被诊断为复发性抑郁症，作案时评定为限制刑事责任能力。鉴定意见3：司法鉴定科学研究院鉴定意见：张某强患有复发性抑郁障碍，作案时处于发病期，评定为具有限制刑事责任能力	经司法鉴定科学研究院鉴定，张某强为限制刑事责任能力。【直接采信型】

直接采信型认定模式，赋予鉴定意见“天然”证明力，视鉴定意见为知识权威，而不加质疑、辩驳地采取“拿来主义”，反映出司法审判权的任性和武断。此举无疑是将刑事责任能力认定权拱手相让，是法官怠于行使司法审查权和盲目采信鉴定意见最直接的表露和体现。

2. 形式审查型。法院仅对司法精神病鉴定意见的程序性事项进行形式审查，而对鉴定意见的真实性、可靠性则在所不问。只要鉴定主体适格、鉴定程序合法、鉴定方法和标准合规，就自动推定鉴定意见真实可靠，越过实体审查，直接采信为定案根据。统计数据显示，此种认定模式具有相当的代表性，占比约为10.6%。形式审查型认定模式呈现高度程式化，判决书多采取定式说理模式，千篇一律，不作具体分析，简单以"鉴定机构和鉴定人具有法定鉴定资质、鉴定程序合法、检材来源明确、鉴定方法及所使用的标准符合规定"作为判驳理由。（见表6-3）

表6-3 【形式审查型】认证模式示例

案号	基本案情	鉴定情况	认定情况
（2019）皖1125刑初338号	被告人陈某以快递方式邮寄毒品被查获	合肥市精神病医院司法鉴定所鉴定意见：陈某系精神分裂症，作案时具有完全刑事责任能力	在案鉴定意见，鉴定程序合法，鉴定内容客观真实，鉴定人具有相应的鉴定资质，对鉴定意见予以采信。【形式审查型】
（2020）浙07刑终10号	被告人鲍某维开设赌场，抽头渔利	金华市第二医院司法鉴定所鉴定意见：鲍某维患有酒精所致精神障碍，本案行为时已基本缓解，作案动机现实，对本案行为实质性辨认能力及控制能力完整，法定能力评定为完全刑事责任能力	鉴定机构鉴定过程中查阅了鲍某维就诊的住院病历、出院记录、残疾人证等材料，参考了鲍某维亲属、同村村民、村主任、村书记的询问笔录，并参照相关司法鉴定操作技术规范，对鲍某维进行了法医学检查，最终作出鉴定意见；该鉴定机构和鉴定人员均具有合法资质，鉴定程序合法，予以采信。【形式审查型】
（2018）内07刑初81号	被告人敖某芳因琐事持刀捅刺被害人臀部，致臀上、下动脉完全断裂出血而死亡	鉴定意见1：齐齐哈尔市第二神经精神病医院司法鉴定所鉴定意见为限制刑事责任能力人。 鉴定意见2：法大法庭科学技术鉴定研究所鉴定意见为完全刑事责任能力	法大法庭科学技术鉴定研究所的鉴定程序合法，鉴定机构和鉴定人具有鉴定资质，依据的鉴定材料、采用的鉴定方法及使用的相关标准符合法医精神病鉴定的相关规定，较前者更为全面、客观，予以采信。【形式审查型】

形式审查型认定模式，浮于形式审查而不进行实体审查，大有以证据能力审查代

替证明力审查的倾向。然而，司法实践证明，[1]即使司法精神病鉴定意见形式要件或证据能力要件再完备，鉴定意见依然可能不可靠、不可信，仅进行形式审查不能确保鉴定意见真实可靠。

3. 证据印证型。法院跳出鉴定意见本身，试图通过在案其他证据的印证，来实现对司法精神病鉴定要件真实性的审查。统计数据显示，此类印证模式占有一定的比例，约为 9.3%。法院通常结合行为人作案时、作案后和诉讼中的表现，从精神状态、作案动机、是否预谋、犯罪后表现等角度，寻求支持鉴定意见的证据，并以证据间的相互印证来阐释采信鉴定意见的理由。（见表 6-4）

表 6-4　【证据印证型】认证模式示例

案号	基本案情	鉴定情况	认定情况
(2018)青 0222 刑初 121 号	被告人李某蕊因与他人发生矛盾而携女儿杨某投河自杀，致杨某死亡	兰州市第三人民医院精神病鉴定所鉴定意见：李某蕊患急性应激反应，案发时应评定为完全刑事责任能力	鉴定意见证实被告人李某蕊为完全刑事责任能力人，且被告人亲属的证言，看守所同监室的证人证言及平安区看守所人员对其所作的谈话教育记录均能证实被告人沟通、交流，平常表现均为正常。【证据印证型】
(2018)桂 14 刑初 7 号	被告人黎某武自认为黎某父子结成帮派对其进行迫害和劫财，而想要杀害黎某父子。黎某武持尖刀到黎某家中，持刀扎刺二人致死	鉴定意见 1：南宁市第五人民医院鉴定意见：黎某武诊断为精神分裂症（发病期）；作案时无刑事责任能力。 鉴定意见 2：广西脑科医院司法鉴定所鉴定意见：黎某武患精神分裂症，案发当时及目前处于发病期；具有限定刑事责任能力	结合黎某武在第一次、第二次讯问时，均能如实供述自己的犯罪事实，其对自己的整个作案的经过能详细供述，对于侦查机关的讯问能够答对切题，可见其在作案时具有较清楚的意识，对自己的行为具有一定的认知。此外，黎某武的供述也与本案的其他在案证据能够相互印证，其归案后先是作有罪供述，在得知自己被鉴定为无刑事责任能力后，拒绝回答与案件有关的问题，拒绝辨认现场和辨认作案工具，试图逃避法律的制裁，这一系列的行为都表明黎某武具有一定的刑事责任能力。【证据印证型】

[1] 通过对存在多份鉴定意见的判决书分析，可以看出未被采信的鉴定意见，绝大部分并不是因为证据形式或证据能力问题，而是因为对证据的真实可靠性产生怀疑。

续表

案号	基本案情	鉴定情况	认定情况
(2018)桂刑终139号	被告人谭某值因患有分裂样精神病住院治疗，其自认为其妻子在聊天时伤害自己的自尊，又想到平时被看不起，便持病房内的木凳猛击其妻子头、面部，致其死亡	鉴定意见1：广西脑科医院司法鉴定所鉴定意见：谭某值无刑事责任能力。鉴定意见2：南宁市第五人民医院司法鉴定所鉴定意见：谭某值患有精神分裂症，案发时处于残留期，在本案中属限定刑事责任能力	证人吴某、谭某、黄某等证言，谭某值供述证实谭某值与蒙某、陆某等人长期存在家庭矛盾，案发前又受到蒙某的言语中伤、刺激，且认为陆某有欺骗行为，故意杀人是有选择的以蒙某和陆某为对象，使用木凳击打被害人的头、面部，并通过威胁、用病床顶住病房门等方式阻止他人施救，且对作案行为罪错性是有认识的。这亦与南宁市第五人民医院司法鉴定所出具的鉴定意见相互印证，足以证明谭某值作案时尚未完全丧失辨认控制能力，属于限定刑事责任能力人。【证据印证型】

证据印证型认定模式，试图通过外在证据的印证来实现对证据真实性的审查，形似一种好的证明方式。然而，司法精神病鉴定不同于其他证据，其鉴定意见的得出本身就是鉴定人依据鉴定材料所作出的“主观推断”，所谓“其他证据”实际上并不具有独立意义，因为“鉴定材料”与“其他证据”很大程度上是一种包含关系，司法机关在委托鉴定时实际上已经将讯问笔录、证人证言、监控录像等相关鉴定材料随案移送，“其他证据”已然成为鉴定人作出鉴定意见的重要依据。证据印证在此更像是循环论证，因为证据印证的前提并不存在，“其他证据”在此只不过是“证据中的证据”，事实的推导或结论的得出并没有增加新的事实要素，难以真正实现对司法精神病鉴定真实性的审查目的。

4. 比较分析型。法院立足于鉴定意见本身，试图从鉴定人的从业经历、鉴定材料的完整性、鉴定推理的合逻辑性等方面，阐述采纳鉴定意见的理由。此类认定模式在司法实践中占比较小，且多出现在存在多份鉴定意见的案件中。(见表6－5)

表 6－5　【比较分析型】认证模式示例

案号	基本案情	鉴定情况	认定情况
（2020）鲁 01 刑终 263 号	被告人何某德持械击打刘某某头部，致其重伤二级	鉴定意见 1：山东精神病司法鉴定所鉴定意见：何某德诊断为偏执性精神障碍，作案时无刑事责任能力。 鉴定意见 2：法大法庭科学技术鉴定所鉴定意见：何某德诊断为偏执性精神障碍，评定为限定刑事责任能力	山东精神疾病司法鉴定所出具的司法鉴定意见书中对何某德与被害人之间存在现实矛盾这一对责任能力认定具有重要影响的因素并未述及，其据此所作鉴定意见虽对何某德有利，但其科学性、合理性存疑，依法不应予以采信。【比较分析型】
（2020）鄂 05 刑初 4 号	被告人张某诗与被害人张某系亲兄弟，二人因琐事素有矛盾，遂持锄头连续击打张某头部，致其当场死亡	鉴定意见 1：宜昌市优抚医院法医精神病司法鉴定所司法鉴定意见：张某诗作案时患有“精神分裂症”，对该涉嫌故意杀人案无刑事责任能力。 鉴定意见 2：武汉市精神病医院司法鉴定所鉴定意见：被鉴定人张某诗案发期间的精神状态诊断为“偏执型精神分裂症”，作案时辨认能力及行为控制能力均有受损，评为限制刑事责任能力	宜昌市优抚医院出具的鉴定意见书中，记载方式不妥，且记载的内容为 2016 年鉴定时的相关情况，没有根据本次故意杀人案件进行实地调查，不能反映被鉴定人 2016～2019 年的精神状态，更不能以 2016 年的精神状态作为与本次作案行为之间相关性的分析依据。武汉市精神病医院司法鉴定所的鉴定意见书记载的鉴定过程符合司法部相关鉴定过程的规范要求，资料摘要、调查材料内容相对较为完整，该鉴定书对被鉴定人本次作案行为的案前、案中、案后的精神状态均有相对完整的专业了解，有较可信的司法精神病学专业依据，据此认定张某诗为限制刑事责任能力。【比较分析型】

续表

案号	基本案情	鉴定情况	认定情况
(2019)川19刑初19号	被告人蒲某君患有精神分裂症,其自认为受杨某迫害,遂持刀追砍杨某,致其死亡	鉴定意见1:四川惠诚精神医学司法鉴定所鉴定意见:被鉴定者蒲某君诊断为精神分裂症;作案时无刑事责任能力。 鉴定意见2:四川华西法医学司法鉴定中心鉴定意见:被鉴定人蒲某君患有精神分裂症;作案时评定为部分刑事责任能力	经审查,两个鉴定机构及其鉴定人员均具有鉴定资质。从鉴定的时间上看,四川华西法医学司法鉴定中心作出的鉴定意见晚于四川惠诚精神医学司法鉴定所的鉴定意见,且是在知道该所对蒲某君已作出无刑事责任能力意见的情况下所作出;从执业经历上看,四川华西法医学司法鉴定中心的鉴定人员意见更值得重视;从被告人蒲某君准备作案工具、选择作案对象的过程、作案后骑车离开现场、被挡获时的表现可以看出其当时未完全丧失控制能力和辨认能力。故对四川华西法医学司法鉴定中心作出的鉴定意见依法予以采信。【比较分析型】
(2018)云0381刑医4号	被告人严某章在其家中用铡刀砍滕某颈部多刀,后将滕某头颅砍下丢弃在厕所内	鉴定意见1:云南鼎丰司法鉴定中心鉴定意见:严某章患精神分裂症,作案时处于发病期间,无刑事责任能力。 鉴定意见2:昆明医科大学司法鉴定中心鉴定意见:严某章患精神分裂症,作案时意识清晰,未在精神病性症状的驱使下作案,其辨控能力削弱,对作案具有限制刑事责任能力。 鉴定意见3:云南省精神病医院司法鉴定中心鉴定意见:严某章患精神分裂症;作案时,辨控能力均丧失,评定为无刑事责任能力。 鉴定意见4:中山大学法医鉴定中心鉴定意见:严某章患精神分裂症,案发时无刑事责任能力	对被申请人严某章是否患有精神病、作案时是否具有刑事责任能力的问题,侦查机关四次委托鉴定机构进行鉴定,其中三次鉴定为严某章患精神分裂症,案发时不具有刑事责任能力,这三次鉴定的鉴定程序合法,结论客观真实,且为多数鉴定意见,其鉴定结论作为认定严某章为依法不负刑事责任的精神病人的依据。【比较分析型】

比较分析型认定模式围绕鉴定意见的作出,从鉴定主体、鉴定材料、鉴定方法和标

准等方面入手，分析是否满足可靠性标准，单从证据审查角度，其理论的出发点和立足点具有合理性和正当性。但通过考察司法实践发现，此种认定模式并没有沿着既定轨道运行，实务中大多数判决对上述“可靠性”因素的评判浮于表面、浅尝辄止，反倒是另辟蹊径：其一，依鉴定机构级别认定证明力。通常认为，国家级鉴定机构的鉴定优于省级鉴定机构，省级鉴定机构的鉴定优于市县级鉴定机构，发达地区鉴定机构（北上广深）的鉴定优于欠发达地区鉴定机构。虽然学界普遍对鉴定机构进行等级划分持反对意见，主张不能以机构级别来决定鉴定意见的高低，[1]但司法实践中，此种依鉴定机构级别来认定鉴定意见证明力的倾向依旧明显。其二，在三种责任能力评定样态之间，法院更倾向于认定为限制或完全刑事责任能力。这说明法院作为国家权力机关，在惩罚犯罪与保障人权方面，更倾向于打击犯罪。其三，在存在两份鉴定意见的情况下，法院倾向于进行第三次司法精神病鉴定，并采信多数鉴定意见。这反映出司法的“依赖”和不担当，容易导致“鉴定起来没完”的局面，不仅拖延诉讼周期，浪费司法资源，而且无形中降低了司法精神病鉴定意见的公信力，有损司法权威和尊严。

5. 自行评判型。法院试图回归刑事责任能力认定本质，仅将司法精神病鉴定意见视为评判刑事责任能力的证据材料，结合行为人作案时的精神状态、作案前后的行为表现、作案动机和样态等，自行评判行为人的辨控能力，进而作出责任能力认定。统计数据显示，此种认定模式在司法实践中较为少见，虽然法院最终的评判意见没有偏离鉴定意见，甚至有些是对鉴定意见内容的复述和逻辑的再现，却是法官心证的再现，表明法院在评判精神病人刑事责任能力问题上迈出了重要一步，是刑事责任能力评判方式的发展方向。（见表6－6）

自行评定型认定模式方兴未艾。当前法院评判刑事责任能力的标准或考量因素是什么，尚处于探索阶段。加之对精神病人刑事责任能力的判断是一项相对主观的判断，涉及精神病学、法学、心理学等多学科知识，且缺乏客观量化标准或科学辅助手段，注定自行评定道路的不平坦，在一定程度上也解释了司法实践中为什么法院偏爱直接采信型、形式审查型等认定模式。

[1] 参见陈卫东等：《司法精神病鉴定刑事立法与实务改革研究》，中国法制出版社2011年版，第160～162页；陈邦达：《美国科学证据采信规则的嬗变及启示》，载《比较法研究》2014年第3期。

表 6－6 【自行评判型】认证模式示例

案号	基本案情	鉴定情况	认定情况
(2020) 皖 1204 刑初 128 号	被告人曹某多次盗窃	安徽高诚司法鉴定所鉴定意见:曹某患双相障碍,受疾病的影响,本案案发时辨认与控制能力显著削弱,具有限定刑事责任能力	综观被告人实施犯罪时所采取的行为,能否认定被告人完全没有辨控能力,应从以下几个方面审查。首先,有现实的犯罪动机。被告人能够清楚说明自己作案的原因即为缓解压力,动机明确,易于识别,主观上是为了非法占有他人财物以满足自己的心理需求,不存在幻觉、妄想等知觉、思维障碍,更不存在与现实情况完全背离,不能被正常人理解或接受的缘由。其次,对犯罪的认识。被告人对自己的行为后果和对自己行为合法性有正确的认知,具备基本的认识能力,知道自己的行为是社会规范和法律不允许的,会受到惩罚。最后,作案时和作案后的表现。通过监控发现,被告人有徘徊、反复、张望、取舍、沟通等行为举止,说明被告人作案时懂得有意识地观察周围环境,寻找适当的时机,为盗得财物创造条件,具有相当的技术含量;被发现后有夺扯、辩解等行为,说明具有强烈自我保护意愿;作陈述及供述时,记忆清楚、思维明白、条理清晰,对行为本身恶性呈现出一种内省的心理态度。综上,上述事节的表征不能当然地得出被告人对自身作案行为丧失实质性辨控能力的结论。【自行评判型】
(2019) 浙 0602 刑初 693 号	被告人陈某国随身携带尖刀,以看装修为由,进入被害人家中,持刀将被害人刺伤	鉴定意见 1:绍兴市第七人民医院司法鉴定所鉴定意见:陈某国实施伤害行为时患有待分类的非精神病性精神障碍,评定为限制刑事责任能力。鉴定意见 2:浙江省立同德医院司法鉴定所鉴定意见:陈某国作案时无精神病,在本案中具有完全刑事责任能力	认定被告人陈某国在本案中具有完全刑事责任能力,理由是:从被告人陈某国作案前后的表现看,其当时意识清楚,作案前先是与被害人闲聊,后要求被害人帮其测量阳台尺寸,并趁被害人蹲下时动刀,表明其一直在选择合适的作案时机;作案过程中,在被害人妻子哀求时有“松了一下手”的行为;作案后有要求被害人不报警,不告诉其家人等言行,表明其具有良好的逻辑思维能力和自我控制、自我保护能力,作案时辨认及控制能力正常。【自行评判型】

续表

案号	基本案情	鉴定情况	认定情况
(2018)桂1226刑初69号	被告人卢某高因产生幻觉,持钢筋击打其妻头部数次,致其死亡	鉴定意见1:广西脑科医院司法鉴定所鉴定意见及鉴定人出庭答复:卢某高作案有一定的现实矛盾,作案并非受精神病性症状的支配,但其患有精神分裂症,受精神病的影响,致使其作案时实质性辨认能力及控制能力削弱,评定为限制刑事责任能力。 鉴定意见2:鉴定意见及鉴定人出庭答复:卢某高作案时无精神病,意识清楚,知道打死人犯法,有自我保护能力、对作案当时危害行为的辨控能力完全存在,评定为完全刑事责任能力人	本案中,卢某高多次供述均表明其曾患有精神疾病,案发当时产生幻觉,感觉有人在说话,要打要杀,精神病已发作。多名证人均证实被告人卢某高多年前精神异常,间歇性发作,发作时常乱骂乱打家人。结合出警记录、证人谭某的证言,证实案发当天下午,彭某曾因控制不了卢某高精神病发作,而向公安机关报警求助。从其女儿的陈述可以证实,案发当天晚上至案发前,卢某高夫妻二人未有相互争吵等异常情况;从其他证人的证言亦可证实夫妻二人平时关系尚可,从常理上可排除卢某高故意杀人的行为动机。综合上述证据,可以证实被告人卢某高案发时病情不稳定,由于精神病的影响,致使其作案时实质性辨认能力及控制能力削弱。【自行评判型】

(三)认定程序上:虚化庭审程序

司法精神病鉴定意见同其他证据材料一样,需要经过庭审举证、质证等法庭调查程序,才能作为定案依据。立法亦规定了鉴定人出庭、具有专门知识的人出庭等庭审辅助制度,然而,调研发现,看似完备的庭审程序在司法实践中并没有发挥其应有的作用,存在庭审虚化"走过场"现象。

1. 鉴定人出庭质证制度未落到实处。笔者在中国裁判文书网上调取2015年至2020年涉司法精神病鉴定的刑事案件20,835件,其中,显示有鉴定人出庭质证的案件仅44件,占比约为0.21%,而绝大部分案件,即使存在两份相互矛盾的鉴定意见,法院也没有通知鉴定人出庭质证。显然,这一司法现状与立法初衷不符,与司法精神病鉴定的疑难复杂性不相称。鉴定人不出庭,交叉询问就无从谈起,庭审实质化也就沦为空谈。传统的宣读书面鉴定意见式的质证模式,难以真正实现控辩双方的对抗,实现对鉴定意见可靠性的有效审查。

而在鉴定人出庭质证的案件中,法庭对司法精神病鉴定意见的质证能力较书面质证模式,无论是在涉及鉴定事项的宽度上,还是在涉及鉴定异议的问题深度上,均有明显提升。经对有鉴定人出庭质证的 44 件案件进行梳理筛选,据以统计的 16 件案件中,[1] 鉴定人出庭质证内容涉及鉴定程序合法性事项 5 项,涉及鉴定方法科学性事项 6 项,尤其是围绕一些专业性问题,鉴定人给出了较为专业的解释和说明,如鉴定时间滞后影响、妄想对象与犯罪对象差异、病理动机与现实动机共生等。可见,鉴定人出庭质证有助于消除控辩审三方对鉴定意见的疑虑,实现对鉴定意见的实质性审查。(见表 6 – 7)

表 6 – 7　鉴定人出庭证言的内容分类

涉及鉴定内容类别	鉴定程序合法性	内容	案件数(件)
涉及鉴定内容类别	鉴定程序合法性	鉴定机构、鉴定人的主体资质 (受教育情况、临床经验、从业经历等)	7
涉及鉴定内容类别	鉴定程序合法性	鉴定人回避问题	2
涉及鉴定内容类别	鉴定程序合法性	鉴定委托手续问题 (委托事项、送检材料等)	4
涉及鉴定内容类别	鉴定程序合法性	鉴定标准问题 (ICD – 11 抑或 CCMD – 3)	5
涉及鉴定内容类别	鉴定程序合法性	鉴定文书形式问题 (签名、盖章、附件等)	2

[1] 因部分案件判决书仅是表明有鉴定人出庭,未列明鉴定人出庭质证内容,不具有统计学意义,故筛选以下 16 件案件作为统计对象:(2015)三中刑初字第 502 号、(2016)苏 0391 刑医 2 号、(2017)豫 0882 刑初 1 号、(2017)粤 0606 刑初 2355 号、(2017)粤 5103 刑医 1 号、(2018)桂 1226 刑初 69 号、(2019)京 0105 刑初 1640 号、(2019)赣 0111 刑初 341 号、(2019)川 01 刑初 167 号、(2018)川 01 刑初 29 号、(2016)京 03 刑初 96 号、(2017)鄂 0115 刑初 126 号、(2017)川 0811 刑初 42 号、(2015)泉刑初字第 270 号、(2015)西法刑初字第 315 号、(2015)迎刑初字第 90 号。

续表

		内容	案件数(件)
涉及鉴定内容类别	鉴定方法科学性	鉴定时间问题（滞后、延迟）	3
		治疗影响	2
		鉴定依据材料（全面、客观）	6
		精神检查方法（次数、方式、一致性）	3
		病理因素与现实因素影响	4
		辅助检查的必要性（脑 CT、IQ 检测等）	2
		鉴定原理（科学性依据）	4

当然，个别案件鉴定人出庭质证效果并不理想，存在鉴定人照本宣科、答非所问等情况；存在控辩审三方所提问题专业性不足、针对性不强的问题。庭审关注焦点仍然集中在鉴定程序合法性方面，对鉴定意见的科学性、可靠性等实质内容关注不够，尤其是对《精神障碍者刑事责任能力评定指南》(SF/Z JD0104002－2016)附录 B 中《精神病人限定刑事责任能力评定量表》[1]所指出的影响辨控能力的指标因素涉及不多，问题不够深入。

2. 具有专门知识的人出庭沦为制度摆设。统计案例中，未发现有专门知识的人到庭就鉴定意见提出意见的情形，不过有 2 件案件系采取“专家咨询意见书”的形式[2]，在已有鉴定意见的基础上，法院另行聘请省级鉴定委员会的成员就在案鉴定意见提出书面意见。此种“专家咨询意见书”的形式可以视为对具有专门知识的人出庭形式的变通，在具有专门知识的人出庭困难的情况下，以书面形式向法庭提供参考意见，帮助法

[1] 《精神病人限定刑事责任能力评定量表》由 18 个条目构成，即作案动机、作案前先兆、作案的诱因、作案时间选择性、地点选择性、对象选择性、工具选择性、作案当时情绪反应、作案后逃避责任、审讯或检查时对犯罪事实掩盖、审讯或检查时有无伪装、对作案行为的罪错性认识、对作案后果的估计、生活自理能力、工作或学习能力、自知力、现实检验能力、自我控制能力。

[2] (2020)鄂 05 刑初 4 号、(2018)云 0127 刑初 513 号。

官实现“专家对专家”式的判断，这对专业性很强的司法精神病鉴定意见的审查与认证而言，具有积极意义。

专家辅助人制度作为平衡控辩双方权利配置的重要举措，曾被立法寄予厚望，因为此制度赋予控辩双方，尤其是辩护方申请具有专门知识的人出庭作证的权利，给予辩护方质证的机会和能力。然而，受制于种种制度和现实因素，专家辅助人制度在司法实践中未能肩负起立法者的重托，几近沦为制度摆设。

二、司法精神病鉴定意见的认证难题

（一）自由与限制：司法精神病鉴定意见认证的自由心证

当前，司法实践存在的最大问题是“盲从”鉴定意见，法官慑服于知识权威，赋予鉴定意见近乎百分之百的拘束力。法官在面对专门知识时，主动放弃理性判断的能力，转而屈从于知识权威，这本质上是一种放弃质疑的“逃避”。[1] 法官对司法精神病鉴定意见证明力的认定，已然蒙上了“知识权威”的阴影，并没有表现出应有的理性。

诚然，对司法精神病鉴定意见证明力的认定应当坚持法官自由心证原则，由法官根据自己的经验、良心和理性自由裁量，但“自由”并不代表任性和武断，没有任何限制。因为理性并非人类行为的唯一决定因素，感性因素有时也会占据上风，成为行为支配性因素，遑论对人的行为产生影响。因此，在肯定法官对司法精神病鉴定意见证明力自由心证的基础上，通过种种配套措施对法官自由裁量的界限和方式进行规制，使其在人类理性的范围内运作，就变得现实而又必要。司法精神病鉴定作为科学证据种类，当前不仅对行为人的精神状态进行评定，还对行为人的辨控能力，乃至刑事责任能力直接作出评定。在此情况下，对司法精神病鉴定意见证明力的认定已不单纯是对“专门性问题”事实层面上的评定，而是涉及对辨控能力和刑事责任能力这一法律问

---

〔1〕 参见谢澍：《刑事司法证明中的专门知识：从权力支配到认知偏差》，载《法律科学（西北政法大学学报）》2018年第4期。

题的规范性评判,其重要性和复杂性不言而喻。而在这过程中,厘清司法精神病鉴定的拘束力问题,对法官形成自由心证至关重要。

(二)杂乱与规制:司法精神病鉴定意见的认证进路

当前,对司法精神病鉴定意见的认证大致存在五种模式,其中,自行评判模式与前四种认定模式存在根本性差异,体现出不同的逻辑方式和思维进路。前四种认定模式均是围绕司法精神病鉴定意见的证明力而展开,在这四种认定模式看来,对司法精神病鉴定意见的认证等同于对行为人刑事责任能力的判定,采信鉴定意见就意味着对刑事责任能力作出判定,两者是等阶关系,不分主次和彼此。其蕴含的逻辑或预设的前提是承认司法精神病鉴定有权对刑事责任能力作出评定,并对法官具有约束力。

而自行评判模式视刑事责任能力为证明对象,将司法精神病鉴定视为一种证明方法,将鉴定意见作为重要的证据材料。在该模式看来,司法精神病鉴定无权对刑事责任能力作出评定,精神病学诊断与刑事责任能力判定是两个完全不同的概念,两者是手段与目的的关系,司法精神病鉴定服务于刑事责任能力判断,仅能够在生物学因素范围内对法官具有约束力。在应然状态下,司法精神病鉴定主要是从精神病学角度,由鉴定人对生物学要素上精神障碍的有无、程度及其对法学要素的影响、程度作出评定。而刑事责任能力问题属于法律问题,应当交由法官自行评定。

(三)虚化与畅通:司法精神病鉴定意见的认证程序

刑事诉讼中,通过法庭调查,实现控辩双方的有效举证、质证和辩论,是发现案件事实最有效的途径和方法。《刑事诉讼法》规定,鉴定人应当出庭接受质证,具有专门知识的人可以就鉴定意见提出意见,控辩双方可以进行交叉询问。可以看出,立法高度重视对鉴定意见的审查,为法庭配备了“专业解释员和翻译官”,用以帮助法官实现对“专门知识和技术”的有效审查。然而,在司法精神病鉴定意见的法庭调查中,看似严谨的庭审调查程序,却因鉴定人和具有专门知识的人不到庭,而变得无的放矢,一定程度上导致了庭审程序的“走过场”。

鉴定人、具有专门知识的人出庭作证难是老生常谈的问题,多年来一直困扰着司法审判实践。这既有法律规定和制度设置方面的原因，又有法院和鉴定机构自身因素的叠加。针对司法精神病鉴定意见这一特定科学证据，解构鉴定人、具有专门知识的人出庭作证制度，对提升庭审质量，具有实践意义。本书囿于主题，对此不作展开。

第二节

司法精神病鉴定意见认证的自由心证

证明力是有关证据证明作用大小和程度的属性,是对证据的事实要求,解决的是证据的真实性和关联性问题。在当前各主要法治文明国家普遍实行自由心证制度模式下,证明力问题或证据价值问题被视为事实判断问题,法律一般不作限制性规定,而是由事实审理者根据经验、理性和良心进行自由评价和判断。[1] 司法精神病鉴定意见作为特定的证据种类,其证明力问题同样应由事实审理者依自由心证原则进行裁判。

一、司法精神病鉴定意见认证之心证自由

(一)自由心证之必要性

证明力问题是事实问题,不同于证据能力这一法律问题的判断,对事实问题的判断不能由法律事先加以规定。因为证据事实本身是错综复杂的,与待证事实之间的联系也是多样的,两者之间是一种或然性的推导关系,且这种或然性的高低程度因案而异,不可能统一标准。从证据到事实的判断是一个错综复杂的逻辑推理过程,立法无法以一个无所不包的规则体系予以概括。"证据证明力的判断这个事实领域的问题构成了司法过程中的法律不入之地。可以说,自由是证据证明力判断活动中的客观

〔1〕 参见[美]弗洛伊德·菲尼、[德]约阿希姆·赫尔曼、岳礼玲:《一个案例 两种制度——美德刑事司法比较》,郭志媛译,中国法制出版社2006年版,第350页。

规律。"[1]

司法精神病鉴定意见是有关被鉴定人作案时的精神状态及辨控能力的事实评价,面对症状复杂、形态各异的精神病人,此种事后推定对案件待证事实具有多大的证明力,是需要法官发挥主观能动性,在对司法精神病鉴定意见批判性审查的基础上,作出法律评判的。司法精神病鉴定意见因案而异,法律不可能预先设定个案证据的证明力。相较于证据能力表现为一系列的证据规则,证明力往往体现为一种抽象的标准或经验的提炼。

(二)自由心证之正当性

人类的普遍认知能力是证据自由评价体系的理论基础。一般来说,理性人的认知能力基本相同。如果对一个特定问题的判断是基于相同的基础事实,那么不同的人利用他们的认知能力所得出的结论也应该是基本一致的。正如黑格尔所言,"对事实的认定就其本身来说,完全是一个一般的认识问题,这是每一个受过普通教育的人都能做的事情"。[2] 因此,人类共同的认识能力为法官自由心证提供了正当性和可信性。法官依据人们所普遍接受的经验法则和逻辑规则裁量证据,与其他理性人的认识结果并无太大差异,从而使裁量过程和裁量结果具有可重复性和可检验性,由此获得了公信力。

就司法精神病鉴定而言,对心理学要素的判断,也即对行为人作案时的辨控能力的判断,鉴定人并不具有比法官更大的优势,因为这本身就是一个法律判断,鉴定人并不具有专业知识上的优势,两者之间并不存在占有信息或资料上的不对称。因此,法官与鉴定人基于相同的证据事实(生物学要素判断前提),对辨控能力所作出的判断,在很大程度上应当是一致的,也即有关辨控能力的判断具有认识上的可重复性和可检验性,鉴定人与法官依据经验法则和逻辑规则所作出的判断大体上是一致的。在通过诉讼而建立起来的法律世界里,人们基于相同的证据事实所作出的判断,往往不谋而合。[3]

---

[1] 汪建成:《理想与现实——刑事证据理论的新探索》,北京大学出版社2006年版,第82页。

[2] 吕世伦:《黑格尔法律思想研究》,中国人民公安大学出版社1989年版,第101页。

[3] 参见何家弘主编:《证据学论坛》(第1卷),中国检察出版社2000年版,第343~344页。

二、司法精神病鉴定意见认证之心证限制

法官自由心证中的“自由”并不是绝对的自由,这里的“自由”更多的是相对于法定证据制度中法律对证明力判断的规制而言的,[1]并非不受任何限制。对自由心证原则的限制,大体可以分为内在约束和外部制约两个方面。内在约束主要是指法官心证活动本身应当遵循经验法则和逻辑规则,以保证其具有可信性和可靠性;外部制约主要是通过心证公开、上诉等配套制度设置来保证其具有可检验性和可纠正性。

(一)自由心证的内在约束

自由心证不是主观臆断,更不是无中生有,法官要形成内心确信,同样需要遵循经验法则和逻辑规则。法官的自由,仅仅是指证明力不得由法律规则预先加以规定的自由,并不包括不受理性推理规则(Canons of Rational Inference)约束的自由和无视经验规则(Maxims of Experience)的自由。[2] 法官的自由心证应当符合人们所普遍接受的经验法则,遵循逻辑推理规则,而不是不受任何约束的绝对的自由判断。法官应当具有认知能力,包括拥有基本的生活经验和关于世界的普遍知识,能够应用逻辑规则进行理性的思考。[3]

在法官自由评价体系中,对经验法则和逻辑规则的遵守,使得对证据证明力的判断,具有了客观性和可信性。经验法则是指人们在长期的生产、生活及科研过程中所形成的关于事物属性及事物间因果关系的理性认识,是从个别经验的积累中抽象、归纳出来的一般知识、经验和常识。[4] 法官在事实认定过程中,难免会适用基于经验的

---

[1] 参见李学灯:《证据法比较研究》,台北,五南图书出版公司 1992 年版,第 703 ~ 704 页。

[2] 参见[美]米尔吉安·R. 达马斯卡:《比较法视野中的证据制度》,吴宏耀、魏晓娜等译,中国人民公安大学出版社 2006 年版,第 214 页。

[3] 参见[新加坡]何福来:《证据法哲学——在探究真相的过程中实现正义》,樊传明、曹佳、张保生等译,中国人民大学出版社 2021 年版,第 51 页。

[4] 参见张卫平:《认识经验法则》,载《清华法学》2008 年第 6 期;王亚新:《刑事诉讼中发现案件真相与抑制主观随意性的问题——关于自由心证原则历史和现状的比较法研究》,载《比较法研究》1993 年第 2 期。

概况或总结，如无利害关系的证人证言通常是可信的，实物证据的证明力大于言词证据，多份证人证言的证明力优于单一证言等。这些经验性的总结对于法官心证的形成是必要的。如果没有这些经验性总结，法官将难以从已有的证据中得出任何结论。不过，这些经验性归纳总结是概括性的、一般性的，法官需要发挥主观能动性，将一般性经验应用到具体个案。逻辑规则是从已知事实推导未知事实时所应当遵循的逻辑规律，包括同一律、矛盾律、排中律等基本规律。[1] “如果没有这样一个理由（通常是某些历史、习惯、政策或正义的考虑因素），那么我就必须符合逻辑，就如同我必须不偏不倚一样，并且要以逻辑这一类东西作为基础。”[2] 司法的过程是一种逻辑演绎推理的过程，这其中逻辑扮演着重要的角色。同时，经验和逻辑两者均不可偏废，我们既不能简单地进行违背经验常识的逻辑游戏，也不能放弃逻辑，犯经验主义的错误。[3] 就司法精神病鉴定意见证明力认定而言，法官依据自由心证原则，在形成内心确信过程中，通常情况下，应当遵循以下经验法则和逻辑规则：

1. 鉴定材料的真实性和全面性对鉴定意见的证明力具有重要影响。通常情况下，如果鉴定所依据的材料真实可靠、系统全面，则鉴定意见具有较高的证明力。判断鉴定材料的真实性，要注意审查鉴定材料来源是否可靠，是否系单方证据材料；是否与其他鉴定材料相符，材料间是否存在矛盾等。如在（2019）渝刑终 11 号冉某平故意伤害案中，重庆市精神卫生中心关于冉某平作案时癫痫发作，为限制刑事责任能力的评定，与证人证言冉某平癫痫发作时“四肢僵硬、短暂昏迷”的表现不一致，与在案证据显示的冉某平作案时思维清晰，动作灵敏，事后对作案过程的供述有强烈的自我防卫意识不符，鉴定所依据材料的真实性存疑，其鉴定意见自然难以被采信。

判断鉴定材料的全面性，应注意审查鉴定材料收集是否齐全，以及鉴定所依据的事实材料是否全面，尤其是不能遗漏对刑事责任能力评定有重要影响的事实因素。“诊断不同的主要原因在于后来诊断的调查资料更有说服力以及鉴定时获得的证据更充分。”[4] 如（2019）鲁 0116 刑初 567 号何某德故意伤害案中，山东精神疾病司法鉴

---

[1] 参见郑未媚：《自由心证之基本要素——以刑事诉讼为中心》，载《证据科学》2008 年第 2 期。

[2] [美]本杰明·卡多佐：《司法过程的性质》，苏力译，商务印书馆 2013 年版，第 17 页。

[3] 参见汪建成、孙远：《自由心证新论——“自由心证”之自由与不自由》，载《证据学论坛》（第 1 卷），中国检察出版社 2000 年版，第 350 页。

[4] 刘协和：《精神病理状态和刑事责任能力》，载《第十一届全国司法精神病学学术会议论文集》2009 年版。

定所出具的鉴定意见书，对何某德与被害人之间存在现实矛盾这一对责任能力认定具有重要影响的因素并未述及，导致其证明力大打折扣。再如（2021）京0115刑初982号白某伟交通肇事案中，司法机关第一次委托鉴定时并未移送行车记录仪、执法记录仪录像，致使鉴定所依据的材料不充分，鉴定意见自然难以令人信服。

2. 鉴定人的专业能力是判断鉴定意见证明力的重要因素。通常情况下，具有较高知识水平和丰富临床经验的鉴定人，其所出具的鉴定意见更为可靠、可信。而衡量鉴定人知识水平的高低，可以从其受教育程度、科研成果、专业方向的匹配度等方面着手，而不是一味地迷信学历、资格证书等材料；衡量临床经验丰富与否，不能仅看其工作年限，而是应综合其工作岗位职责、工作量等因素判断。

在此需要注意的是，要尽量避免单纯以鉴定机构级别和地域差异来衡量鉴定意见的证明力。因为司法精神病鉴定是一门科学，科学无等级、无地域差异，不该也不能以鉴定机构的级别来决定鉴定意见的高低，更不能通过预设鉴定机构的级别来决定鉴定意见的效力。诚然，司法精神病鉴定的资源配置与经济社会发展水平正相关，发达地区的人才吸引力和科研水平往往更高，但这并不代表发达地区鉴定机构所作的鉴定意见就更为可靠、可信，证明力就更高，因为属地鉴定机构所作鉴定距离案发时间更近、检材收集更为方便。相对而言，发达地区鉴定机构，在接受重新鉴定委托时，时空环境已经发生变化，距离案发时间更远，对被鉴定人开展精神检查存在滞后、地域障碍等不利因素，鉴定材料的可靠性难以保障。因而，在面对多份司法精神病鉴定意见时，司法机关切不可迷信鉴定机构“国家级”“省市级”的级别权威和“北上广深”的地域优势，想当然地赋予其更高的效力，而是应当一视同仁，立足于鉴定意见本身，无差别地展开分析，对各鉴定意见作出判断。

3. 鉴定方法与标准是否被恰当地运用到个案中是判断鉴定意见证明力的重要因素。通常情况下，如果鉴定方法被合理运用、鉴定标准被严格遵守，则鉴定意见具有较高的证明力。判断鉴定方法是否被合理运用，主要从鉴定开展方式、方法等方面把握，包括医学观察、晤谈、调查等方式方法的运用。对一些疑难复杂的鉴定病例，开展一定期限的医学观察，进行不止一次的精神检查是必要的。此外，通过走访关联证人，调查核实相关鉴定材料，也是确保鉴定材料真实性的必要方式。但对一些意义不明的辅助性检查项目（器质性精神病除外），如量子共振检测等，受制于科学发展水平，检测结果或报告内容的病因性指向并不明确，难以单独作为鉴定的有效依据。

判断鉴定标准是否被严格遵守，主要应参照ICD－11有关精神疾病分类和诊断标准，不仅要审查精神障碍诊断名称是否准确，还应审查精神病理状态是否符合诊断标准。有研究表明，[1]司法实践中许多鉴定意见前后不一主要是因为疾病诊断不同，因疾病诊断不同而改变鉴定意见的占75%。[2]有司法精神病鉴定罔顾精神疾病分类和诊断标准，采用的诊断术语不规范，甚至自创诊断名称或标准，比如，经常把诊断不清楚或者并非精神病性障碍的情况，归为精神分裂症、抑郁症等"口袋病"；将偏执型人格障碍、人格特征突出等，误诊为"妄想性障碍"；自创"应急障碍"术语，实为"急性应激障碍"；企图采取简单化方法，如采用非专业人员自编的问卷代替诊断标准等。

4. 鉴定论证与推理合乎逻辑规则是判断鉴定意见证明力的关键性因素。通常情况下，如果鉴定论证充分、逻辑推理严谨，则鉴定意见具有较高的证明力。逻辑学是关于论证和推理的科学，无论是生物学要素的诊断还是心理学要素的判断，鉴定论证均需要有充分的依据，且论证要有详细的分析说明，具有条理性和逻辑性。

科学过程的本质是归纳推理，在司法精神病鉴定过程中，逻辑推理至关重要，科学证言通常呈现出一种演绎性的三段论格式。[3]司法精神病鉴定过程实际上就是两次演绎推理的过程，是典型的三段论。在生物学要素的判断中，鉴定人以精神医学鉴定标准为大前提，以个体精神状态为小前提，将标准运用于个体事实而推导出被鉴定人是否患有精神疾病的结论；在心理学要素的判断中，鉴定人以刑事法律为大前提，以生物学要素及其对行为的影响为小前提，进而推导出被鉴定人行为时的辨控能力。在这个过程中，无论是事实推理还是事实认定中的小前提，均是从已知事实到未知事实的过程，均应遵循演绎推理的逻辑规则。逻辑规则对事实推理的确定性和一致性具有重要的程序保障作用，如果推理的前提是正确的，那么严格遵循逻辑规则所得出的结论通常也是正确的。

通过逻辑规则形成对法官心证的内在约束，有利于提高对司法精神病鉴定意见认证的可预测性和客观性。逻辑规则虽然不是强制性规定，但作为法官认知的思维过

---

〔1〕参见纪术茂、高北陵、张小宁主编：《中国精神障碍者刑事责任能力评定与司法审判实务指南》，法律出版社2012年版，第30页。

〔2〕参见李从培：《司法精神病学鉴定的实践与理论——附各类鉴定案例97例分析讨论》，北京医科大学出版社2001年版，第103页。

〔3〕参见［美］爱德华·J. 伊姆温克尔里德：《科学证据的秘密与审查》，王进喜等译，中国人民大学出版社2020年版，第4页。

程，对法官心证产生影响。遵循逻辑规则，使得对司法精神病鉴定意见的证据评价具有了因循性和客观性，不同主体遵循同样的逻辑规则，在相同证据事实的基础上所得出的结论也应当是一致的。

在此需要特别指出的是，上述经验法则和逻辑规则仅是就一般情况而言，并不具有绝对意义，尚不足以上升为法律或规范层面，形成统一确定的规则。对司法精神病鉴定意见证明力的认定，只能是在遵循经验法则和逻辑规则的基础上，由法官根据个案情况自由裁量。

（二）自由心证的外部制约

司法精神病鉴定意见作为特定的科学证据种类，其专门知识性、科学性的特征明显，法官囿于专业知识壁垒，单纯依靠普通人的知识、经验和逻辑法则，以“外行”审视“内行”，容易导致心证失范和裁量恣意。为防止法官在“专门性问题”上对鉴定意见的恣意擅断，法律通常要求法官公开心证形成过程，对内心确信的理由加以解释或说明。同时，允许当事人针对心证过程和理由提起上诉。

1. 心证公开的制约。司法公开原则不仅要求诉讼程序公开，而且要求实体裁判公开，要求法官在裁判文书中公开心证形成历程，释明事实认定和证据裁判的理由。心证公开是制约法官自由心证的重要程序性机制，能够对法官心证的“心理活动”形成有效的监督和制约，避免法官心证的恣意，同时也为心证结果的正当性提供有力的辩护。[1]“陈述判决理由是公平之精髓。”[2]心证公开使法官内心确信的过程和理由得以呈现，从而使外界能够知晓法官判断证据证明力的心理活动。

法院对事实问题的裁决需要被正当化，法官应该尽可能最大限度地公开心证历程，尽量减少使用无法明确表达的直觉和理由。当前司法实践中，法院对司法精神病鉴定意见的认证不说理、格式化说理或模糊说理的现象较为普遍，法官心证的历程根本无从体现，这也是司法精神病鉴定为人们所诟病的一个主要原因。判决理由不公开，当事人及社会公众便“知其然而不知其所以然”，无法知晓法官裁判的依据，对心

---

〔1〕 参见汪建成：《理想与现实——刑事证据理论的新探索》，北京大学出版社2006年版，第95页。

〔2〕 ［英］彼得·斯坦、约翰·香德：《西方社会的法律价值》，王献平译，中国法制出版社2004年版，第114页。

证结果产生怀疑在所难免。这就要求法官加强对司法精神病鉴定意见证明力裁量的说理,不迷信“知识权威”,在对司法精神病鉴定意见批判性审查的基础上,运用经验法则和逻辑规则,作出具有说服力的认定。

2. 上诉审的规制。上诉作为程序性救济手段,其实质意义在于纠正初审法院可能存在的错误。上诉审更多的是一种法律审,偏向于对适用法律错误的纠正。而证明力问题属于事实判断问题,通常交由法官自由裁量。对证明力问题,上诉制度的这种纠错功能并不当然有效。因此,上诉审对自由心证的限制并不体现在对证明力的裁量是否“适当”的问题,而是对初审法官认定事实时产生一种观念上和程序上的制约,使其不敢公然违背经验法则和逻辑规则,任意裁判。[1]

法官对司法精神病鉴定意见证明力的认定,是一种通过法律程序产生的法律事实,是一种建立在“正当程序”基础上的自由心证,程序上和实体上均可能存在错误,应当允许当事人通过上诉审,来实现对法官自由心证的制约。如法官对司法精神病鉴定意见证明力的裁量是建立在不可靠、不全面的事实材料的基础之上,裁量的过程没有贯彻直接言词原则等。

---

〔1〕 参见汪建成:《理想与现实——刑事证据理论的新探索》,北京大学出版社2006年版,第95页。

第三节

司法精神病鉴定意见的认证进路

心证形成过程本质上是事实发现的过程。有关心证形成过程的模式,有三种不同观点,即假说检验模式、故事模式、锚定陈述模式。[1] 假说检验模式主张以经验科学的量化方法来对裁决方式予以模式化,故事模式认为事实认定过程是一个构造并比较哪个故事更可靠的过程,而锚定陈述模式主张故事陈述应当符合一般规则和生活中的常识。本书无意就心证形成过程的理论作进一步探讨,仅结合司法实践,在现行司法精神病鉴定体例下,探讨法官对司法精神病鉴定意见认证的进路。

一、司法精神病鉴定意见认证的一般性进路

精神病人刑事责任能力的认证是极为复杂的法律问题,面对专业性极强的司法精神病鉴定意见,法官该如何形成心证,作出判断,并不是不言自明的问题。现有的刑事责任能力评定指南、评定量表等方法和工具,大多是司法精神病学界研究的成果,虽说对法官裁判案件具有重要的借鉴和指导意义,但既然刑事责任能力问题属于法律问题,法学界就应该为司法精神病鉴定意见的认证提供具体可行的思路,而不是仅作一般性的论述,或一味地要求法官"自由心证"。

(一)明确判断标准

判断标准为评定工作的可靠性和有效性提供了基础,有助于减少偏见和异议。为

---

〔1〕 参见秦宗文:《自由心证研究——以刑事诉讼为中心》,四川大学2005年博士学位论文。

确定精神障碍者的刑事责任能力,英美法系国家通过判例先后确立了马克诺顿规则(Daniel McNaghten Rule)、不能控制规则(Irresistible Impulse Rule)、德赫姆规则(Durham Rule)、模范刑法典规则(Model Penal Code Rule)等,[1]而大陆法系国家则主要以成文法的形式直接对影响精神病人刑事责任能力的生物学要件和心理学要件作出规定。我国《刑法》对精神障碍者刑事责任能力的判定,采取生物学要素与心理学要素相结合的"混合标准"。生物学要素主要是从精神病学角度诊断行为人是否属于"精神病人",心理学要素主要是从法学角度分析行为人行为时的辨认能力或控制能力是否缺失或受损。

在此需要明确,就生物学要素与心理学要素而言,何者才是精神病人刑事责任能力的决定性要素?从刑法学角度分析,心理学要素内容与刑法学上的规范责任论的基本构造相适应,[2]这也就决定了心理学要素是评定刑事责任能力的根本性、决定性要素。心理学要素中的辨认能力,实际上就是规范责任论中的"违法性认识可能性",需要行为人知道其行为是非法的;而控制能力实际上就是规范责任论中的"他行为可能性",行为人具有选择他行为的意志自由,却依旧实施该行为,因此值得非难。行为人患有精神病并不一定不承担刑事责任,也就是我们通常所说的"有病但不免责"。但这并不等于说生物学要素不重要,实际上,生物学要素作为心理学要素判断的基础,总是伴随着心理学要素的判断,是心理学要素判断的重要资料。

(二)确定基本思路

理论上,对精神病人刑事责任能力的判断是事实认定问题,通常无法从抽象的责任理论中演绎出具体的判断标准。但这并不等于说无法从临床实践或鉴定经验中提

[1] 马克诺顿规则(Daniel McNaghten Rule):被告人在实施行为时因为精神疾病而缺乏理智,以至于不知道自己正在实施的行为的性质和意义,或者即使知道,却不了解自己正在实施的行为是错误的。不能控制规则(Irresistible impulse rule):被告人因精神疾病以致无法了解行为的性质和意义,或是虽然知道行为的性质和意义,但不知行为是错误的,或是虽然有此知晓能力,但因精神疾病而丧失了控制行为的能力。德赫姆规则(Durham Rule):被告人的非法行为如果是出于精神疾病或精神缺陷的产物时,即不负刑事责任。模范刑法典规则(Model Penal Code Rule):任何人实施犯罪行为时,由于精神疾病或缺陷的结果,以致无法识别自己行为的犯罪性,或者缺乏使自己的行为符合法律要求的实质能力时,对其行为不负责任。

[2] 参见张明楷:《刑法学》(第6版),法律出版社2021年版,第396页。

炼、总结出具有普遍指导意义的“类标准”,就生物学要素而言,目前的精神障碍诊断标准(ICD-11 或 CCMD-3)基本上是统一的,[1]对司法精神病鉴定和审判实践具有普遍指导意义。但就心理学要素而言,由于精神病人的辨控能力受精神疾病性质、病理症状、个体差异、作案类别等多重因素的影响,要想准确把握和具体量化辨控能力的损害程度并不容易,目前尚无统一、客观的标准。[2] 但司法精神病学界一直致力于辨控能力量化评定的研究,先后推出了《精神病人限定刑事责任能力评定量表》《辨控能力的精神医学评定量表》等辅助工具。上述评定量表的辅助运用,在某种程度上改进了以往单纯凭经验进行评定的主观性,为司法精神病鉴定提供了相对客观的评定方法。然而,上述评定量表的信度和效度并没有得到充分的证明,实务中仍存在较大争议,并没有获得普遍的运用。[3] 此外,上述研究主要是从司法精神病学角度展开,量表设置的形式和内容极为专业和复杂,以《辨控能力的精神医学评定量表》为例,该评定量表包括 2 个分量表、3 部分、28 个条目,每个条目又采用 0~4 分的五级评分方式,如此专业、复杂的评定量表,对司法人员而言,恐怕难以有效应用。

司法人员需要的是一个具有普遍适用性和可操作性的司法方案,以确定被追诉者的刑事责任。这一方案应以辨控能力为核心,具有较高的信度和效度,且简明易行。上述司法精神病学界的研究成果虽然不能直接拿来运用,却值得借鉴和吸收,尤其是其通过设置特定的评定因子,并根据评定因子判别系数情况来判断精神病人的辨控能力的研究思路和方法,不失为一种好的进路。

《精神病人限定刑事责任能力评定量表》设置了 18 个评定因子,《暴力案件刑事责任能力评定量表》设置了 15 个评定因子,[4]《辨控能力的精神医学评定量表》设置

---

[1] 参见邱昌建等:《ICD-10(V)在中国司法精神病学中的应用情况》,载《中国心理卫生杂志》2009 年第 6 期。

[2] 参见胡峰、李毅、高北陵:《精神障碍者刑事责任能力评定的思考》,载《中国法医学杂志》2011 年第 6 期。

[3] 参见高北陵主编:《现代司法精神医学——兼论与伦理学相关问题》,北京大学出版社 2018 年版,第 416~429 页。

[4] 《暴力案件刑事责任能力评定量表》设置了 15 个评定因子,其中辨认能力评定因子 8 个:最近半年学习工作能力、最近半年人际关系状况、最近半年怪异行为举止、作案动机、作案预谋及准备过程、环境辨认、对作案性质的认识、对作案后果的认识;控制能力评定因子 7 个:一贯品行、脑器质性损害证据、最近半年暴力攻击行为、最近半年物质使用情况、作案诱因与先兆、作案隐蔽性、自我保护行为。

了28个评定因子。[1] 通过对上述三种相对成熟的评定量表所设置的评定因子进行比对分析,可以从中提炼出共同的、具有高判别系数的评定因子,以此为基础来构建刑事责任能力评定的司法方案。如此一来,所构建的司法方案便具有了一定的信度和效度保障,因为其是建立在司法精神病学界已有研究成果基础之上的。此外,通过比对我们可以清晰地发现,上述评定量表设置的因子部分系生物学因素的判别因子,并不属于法学要素的判别因子。在刑事责任能力的判断中,关于精神障碍这一生物学要素是如何影响行为人的辨控能力的判断是重要的,但对这些事项的判断的确属于精神病鉴定专家的问题。由此,我们可以从法学角度,围绕辨控能力的判断,对上述评定因子重新排列组合,以期为法官提供可行的心证进路。

二、司法精神病鉴定意见认证的具体进路

(一)对辨认能力的识别进路

刑法上的辨认能力是指行为人对涉案行为的是非、对错与违法性的分辨认识能力。规范责任论要求行为人应当具有违法性认识的可能,行为人只有能够辨别行为是否合法,才有按照法律规范行事的能力,否则就难以对其进行刑法非难。如果行为人能够理解其行为的违法性,预见行为的法律后果,则可认定其辨认能力完整;如果行为人对违法行为的性质和法律意义一知半解或一无所知,不能预期或准确预期违法行为后果,则可认定其辨认能力受损或缺失。对此,司法精神病学界也持肯定态度,上述三个评定量表分别将对作案性质的认识/对作案行为的罪错性认识/对作案行为违法性质的认识,纳入辨认能力评定因子。

在此需要指出,“违法性认识”是行为人对自己所实行的具体行为的违法性认识,

---

[1] 《辨控能力的精神医学评定量表》设置了28个评定因子,其中辨认能力评定因子14个:感知觉障碍与案发行为、思维内容障碍与案发行为、思维形式障碍、被动体验与案发行为、怪异、攻击或其他精神病态行为、意识障碍、人际关系、工作或学习能力、生活自理能力、现实检验能力、作案动机、作案对象指向性、作案隐蔽性、对作案行为违法性质的认识。控制能力评定因子14个:兴奋/狂躁、抑郁/焦虑、人格改变/人格障碍、自知力损害、智能障碍、精神科诊断、自我控制能力、精神功能状况、不良行为模式、作案前诱因与前兆、预谋与准备过程、作案行为调试与应变、自我保护、对作案行为违法后果的认识。

而不是一般意义上的或常识性的违法辨认能力。部分限制刑事责任能力人,行为人可能因为精神障碍对其自身的特定行为缺乏违法性认识,但对其他犯罪行为则具有违法性认识的可能。如被害妄想的精神分裂症患者,行为人妄想遭到他人陷害、追杀,其基于妄想内容所实施的故意伤害、杀人等行为可能无违法性认识能力,但对与妄想内容无关的盗窃、放火等其他犯罪行为则可能具有辨认能力。因此,不能因为精神病人对某些或某类犯罪没有辨认能力,就认定其对一切犯罪均没有辨认能力。

围绕刑法学上辨认能力的内涵,借鉴精神病学、心理学等分析方法,对辨认能力的识别作以下路径探索:

首先,着眼于被告人供述或鉴定晤谈笔录,经由言词证据,直接了解行为人对行为违法性的认识。通常情况下,通过询问行为人"怎样看待自己的行为""是否知道自己的行为违法""是否明白自己行为的后果",便可大致了解行为人是否具有违法性认识。不过司法实践中,情况要复杂得多,行为人可能诈病,也可能不配合精神检查,拒绝回答任何问题,加之对行为违法性的认识本身属于心理认识活动,要想作出准确判断,还需要结合行为外在特征、其他客观证据综合作出判断。

其次,结合精神检查所见、案发前日常生活表现、智力量表检测等材料,识别行为人是否存在明显的意识障碍或认识障碍。通常情况下,司法精神病鉴定中的精神检查部分会对行为人的精神状态进行详细的描述,借助于鉴定人对生物学要素的判断,可以识别行为人是否存在对外界环境及自身状态的识别和觉察能力障碍,如睡梦中的谵妄等意识障碍(梦游症),行为人处于明显的意识缺失,对自己的行为没有记忆,不可能对自己的行为有违法性认识。此外,通过智力量表检测可以大致了解行为人的认识水平,同时为了防止行为人伪装自己没有认识能力,可结合行为人案发前的日常生活表现、犯罪过程中的表现等来判断行为人的智力水平。通常情况下,大部分行为人具有正常的认识能力,真正的智力障碍者也不难作出鉴定。但难点在于,部分精神障碍者虽然在某些精神领域存在严重障碍,却保持较为完整的认识能力,不存在意识障碍或认识障碍,通常具有违法性认识的能力,如抑郁症、反社会型人格障碍、偏执型人格障碍等。[1]

最后,分析行为人的作案动机,明确对辨认能力的影响。严格来说,刑法上的辨认

---

〔1〕 参见王建平、张宁编著:《变态心理学》,中国人民大学出版社2009年版,第216页。

能力并不要求对作案动机的认识，而只是要求对行为违法性的认识，但不能据此否定作案动机对行为人辨认能力的重要影响。正如作案动机虽然不属于犯罪构成要件要素，但不能否认作案动机对犯罪主观方面和量刑的影响。行为人的作案动机，不仅可以侧面反映出行为人的意识状态和智力水平，而且有现实作案动机往往意味着有犯罪故意，而故意是犯罪构成的主观要件，可以说作案动机间接影响着犯罪构成。行为人对作案动机的认识其实就是对自己为何要作案的认识，作案动机越现实、越具体，就说明行为人对行为后果的认识越明确，辨认能力相应地也就越强。

在司法精神病学界看来，作案动机是评定责任能力最为重要的因子，“鉴定人员都会仔细了解精神病人的作案动机，将其作为评定精神病人责任能力的最为重要的衡量指标”。〔1〕 在鉴定人员看来，大部分精神障碍者能够认识到杀人、伤害等行为是恶的行为或违法行为，问题的难点在于，行为人虽然认识到自身行为是违法行为，对自身行为的违法性具有认识能力，但由于受幻觉、妄想等精神病理动机的影响和驱动，而实施了危害行为，此时应当如何评定其辨认能力？早在20世纪80年代田祖恩等教授就提出作案动机理论，将精神病人的作案动机划分为现实动机、病理动机、混合动机、不明动机。现实动机是一种正常动机，其他三类则属于异常动机。其指出，在确立生物学因素诊断之后，剖析精神病人的作案动机类型，容易揭示辨控能力的状况。〔2〕 作案动机理论对司法精神病鉴定具有重要的实践价值，已被我国司法精神病学界广泛接受并应用。〔3〕 在此基础上，对作案动机作以下分析：

1. 现实动机。现实动机产生于现实冲突或需要，目的现实、明确，其作案行为完全可以用正常人的犯罪心理进行解释，危害行为与精神病理性活动并无明显的直接联系，一般不影响辨认能力的评定。现实动机是作案动机中最为常见的类型，可以结合案情，查看行为人的作案动机是否有现实因素或基础，是否基于日常工作、生活矛盾或现实需要，如因工作矛盾、邻里纠纷、家庭矛盾等而产生的打击报复心理。

2. 病理动机。病理动机产生于精神病理性症状，多见于妄想、幻觉等认知障碍，目

---

〔1〕 纪术茂、高北陵、张小宁主编：《中国精神障碍者刑事责任能力评定与司法审判实务指南》，法律出版社2012年版，第19页。

〔2〕 参见田祖恩、于庆波等：《精神病人的犯罪动机》，载《中华神经精神科杂志》（后更名为《中华神经科杂志》）1988年第3期；田祖恩、于庆波等：《精神病人的刑事责任能力》，载《法律与医学杂志》1996年第2期。

〔3〕 参见郑瞻培：《司法精神病学鉴定实践》，知识产权出版社2017年版，第61页。

的缺乏现实性，混淆病理现象与现实之间的界限，行为直接为精神病症状所支配或影响，可视精神病症状累及精神活动领域程度而评定辨认能力。如果精神病症状已经累及全部或主要精神活动领域，则可认为辨认能力丧失；如果精神病症状仅是累及部分精神活动领域，而其他领域则相对保持完整，则可视精神病症状累及领域与作案行为的关系而评定辨认能力为减弱或完整。

在此需要强调的是，并不是所有受病理动机支配的危害行为，均是无辨认能力的行为，作案动机不是行为人作案的全部心理因素，也不是判断责任能力唯一的内部因素。传统的动机理论认为，作案动机与责任能力存在简单的对应关系，作案动机为病理动机和不明动机的，无责任能力，[1]但多年的司法精神病鉴定实践表明，如此简单的对应关系缺乏科学性依据，已明显不合时宜。临床心理学和精神病学研究表明，人类精神活动包括认知、情感和意志行为。毋庸置疑，一部分严重精神病患者在发病期的精神活动累及知情意三大心理过程，几乎涵盖精神活动的所有领域，在此病理性动机支配下实施的危害行为，可视为完全丧失了辨认能力。但不可否认的是，还有相当一部分精神病人，他们所患精神病并非所有精神活动领域均发生障碍，通常还保留了部分或某些方面的正常精神活动能力，如部分精神病人仅在认知活动的“思维”领域发生障碍，或伴有或不伴有感知觉障碍，而其他精神活动领域相对保持完整。在此种情况下，不能千篇一律地认为，行为人在精神病理动机支配下实施的危害行为均无辨认能力。司法精神病学界所称的“实质性辨认能力”(Substantial Cognitive Ability)就是适例。[2] 司法精神病鉴定实务表明，有相当一部分精神病患者对自身行为的违法性认识并未减弱或缺失，但引发他们实施作案行为的是精神病理动机，这说明行为人的精神病症状已经累及“动机”领域，行为人的行为是在精神病理动机的驱使下所实施，但尚未累及所有精神活动领域，尤其是未累及“违法性认识”领域，行为人对自身行为的违法性认识能力并未受损。此种情况下，行为人的精神病症状仅是累及认识活动中的某一或某些领域，而其他精神活动领域则保持相对完整，此时不宜评定行为人的辨认能力丧失，不能将“实质性辨认能力丧失”等同于刑法上“辨认能力的丧失”。在大多数情况下，“实质性辨认能力丧失”更加符合刑法上所指的“尚未完全丧失辨控

---

[1] 参见宋建成：《精神病人的犯罪动机》，载《法律与医学杂志》2007 年第 2 期。

[2] 参见高北陵主编：《现代司法精神医学——兼论与伦理学相关问题》，北京大学出版社 2018 年版，第 8～15 页。

能力的精神病人”的情形。

司法精神病鉴定实务表明，偏执型人格障碍、心境障碍、综合失调型人格障碍，甚至部分精神分裂症障碍，都可能出现“实质性辨认能力丧失”的情形，如重度抑郁症患者有强烈的自杀愿望并决定自杀，但想到自己死后孩子无人照顾，决意先杀死孩子再自杀。此时，行为人虽然认识到杀人是违法行为，但由于受病理性情绪和歪曲认知影响，其程式化地对自我、对现实、对环境等产生了病理性的认知，导致行为人对自己的行为丧失了或严重削弱了实质性辨认能力。但对此类基于病理动机导致的“实质性辨认能力丧失”，行为人并不缺乏违法性认识，不宜一律认定为刑法上的辨认能力丧失。

此外，从行为必要性角度分析，行为人在病理动机支配下所实施的危害行为的性质，应当与幻觉、妄想等病理动机内容相适应，呈相对对应关系。如行为人在妄想或幻觉支配下，认为对方正在实施剥夺自己生命的行为，不将对方除掉就会危及自己的生命，因而实施了杀害行为，可以说是精神病症状导致了其意思决定，能够认定为辨认能力丧失或减弱。与此相对，以对方诋毁自己名誉、毁坏财物为妄想、幻觉内容，而决意实施杀害对方行为的，此时妄想、幻觉内容不足以引发杀害行为，只不过是杀害行为的一个契机或引子，并未完全支配行为人的意思决定，原则上应当肯定行为人具有辨认能力。

3. 混合动机。混合动机兼具病理成分和现实成分。行为人的行为多为病理性动机所驱使，但往往介入现实矛盾或冲突，其目的具有一定的现实性，可视病理动机与现实动机的影响程度来评定辨认能力，多表现为辨认能力减弱或完整。

混合动机判断的难点在于如何评判病理动机与现实动机的关系，行为人是在病理动机支配下作案，还是在现实动机主导下作案，需要综合考虑妄想、幻觉内容与现实发生的事情之间的关系来作出判断。如果行为人妄想、幻觉内容是以现实发生的事情为基础，能够得到现实的合理解释，而不是完全与现实脱离的荒谬离奇的想法，则可以说妄想、幻觉等病理动机仅是增强了行为人作案的意思决定，并不能起到支配性或决定性作用，此时认定行为人辨认能力丧失或减弱需要谨慎。相反，如果能够确认行为人的现实动机轻微，作案行为主要是在病理动机驱使下发生的，则可以考虑认定辨认能力丧失或减弱。如在一起故意杀人案件中，被告人性情暴躁，属于易激动性格；与被害人素有积怨，曾发生过多次口角和冲突；被告人患有精神分裂症，伴有妄想症状，妄想被害人背后诋毁自己、排挤自己；案发当天与被害人发生口角后，实施了杀人行为。本案中，被告人与被害人素有积怨，被告人妄想受迫害是因为现实中人际关系的扭曲导致的,没有偏离现实,且妄想的内容并非被害人威胁、攻击自己的生命身体,其妄想性精神障碍仅是增强了对被害人抱有的杀意,对其辨认能力影响有限,可以说被告人的作案行为更多的是基于平素人格的影响,可以考虑认定为辨认能力完整。

(二)对控制能力的识别进路

根据《刑法》第 18 条的规定,刑事责任能力的判断采取辨认能力与控制能力择一判断原则。刑法上的控制能力是指行为人抑制犯罪冲动,控制自己不为刑法所禁止、所制裁的行为的能力。可见,控制能力是指行为人的意思决定能力。

然而,就司法精神病鉴定实践而言,单纯以控制能力受损确定责任能力的情况极为少见。在司法精神病学界看来,鉴定人很难对行为人的意思决定作出判断,行为人到底是"不能"还是"未加控制",缺乏客观的衡量标准。[1] 诚然,行为人内心的意思决定过程难以透过精神病症状直接观察,司法精神病学界之所以得出上述结论,症结在于过度关注行为人的精神病情,普遍认为行为人精神病情的病种、病期和病情轻重是评定控制能力的主要参照因素,而忽视对案情本身的分析。[2] 行为人的内心意思决定过程虽然不易察觉,但行为人基于意思决定而实施的整个作案过程是可以被察觉的,这对于判断行为人的控制能力具有重要的参考价值。因为精神病人在精神病症状的影响或驱使下,其知情意心理系统不能正常发挥机能作用,致使其行为举止与常人有所不同,表现在作案过程中,往往与常人作案存在作案手段、方式等细节上的差异。本书着眼于行为人作案行为,从案件事实本身出发探索对控制能力的认定路径。

1. 作案行为有无犯罪预备。行为人为实施犯罪创造条件或排除障碍,表明其对作案行为有犯罪故意,对行为性质有充分的认识,不仅期待犯罪结果的发生,而且为实现犯罪目的,而积极采取措施。在此情况下,行为人通常具有正常的辨控能力。研究表明,精神障碍者犯罪,无预谋者占 88.6%,临时起意者占 79.6%。[3] 精神障碍者作案

---

〔1〕 参见纪术茂、高北陵、张小宁主编:《中国精神障碍者刑事责任能力评定与司法审判实务指南》,法律出版社 2012 年版,第 16~17 页。

〔2〕 参见何恬:《精神疾病患者辨认和控制能力认定标准的探析》,载《中华精神科杂志》2006 年第 4 期。

〔3〕 参见王彬、胡峻梅等:《涉嫌暴力犯罪精神障碍患者的犯罪学特征分析》,载《法律与医学杂志》2007 年第 1 期。

通常无犯罪预谋,即使有预谋也是与其病理性动机、目的相一致,表现得离奇、不可理解;在作案工具、对象选择上随机性很强,一般"就地取材""随机作案",不加准备;在作案主体上,多为单独作案,通常不会纠集他人,合谋共同作案。

2. 作案行为的时间、地点、现场环境有无选择性。行为人为实现犯罪目的,达到预期的犯罪效果,通常会精心安排和选择作案时间、地点、现场环境。行为人对作案时间、地点、环境有无严格的选择,侧面反映出行为人控制能力的强弱。精神障碍者由于受精神病症状的影响,通常情况下对作案环境不加选择,不避讳,不掩饰,行为有悖常理,令人费解。

3. 作案行为是否紊乱、手段是否残忍。精神障碍者在病理动机的驱使下,行为表现荒诞不经,不合逻辑,有时甚至连精神障碍者自己都不知道自己在做什么。在此情况下,精神障碍者的作案行为往往紊乱无序,首尾不一;作案手段极其残忍,令人悚然。有研究表明,精神障碍者作案时使用菜刀和榔头砍砸、徒手扼颈挖眼的占比为94.2%,且往往存在死后重复打击的行为,甚至在被害人死后还存在侮辱尸体的行为,如挖脑剜心、蒸煮烹食等。[1]

4. 作案后是否有自我保护意识。正常情况下,行为人为逃避法律责任,作案后会极力掩饰、隐瞒犯罪行为,设法为自己辩解、开脱。但精神障碍患者在犯罪后往往无法正确认识其行为的法律性质和严重后果,对其行为后果表现出漠不关心或无动于衷的态度。一般来说,精神障碍者在犯罪之后不加以掩饰,不会隐藏行踪,也不会销毁犯罪证据,到案后大多对自己的作案行为直言不讳。即使有潜逃或辩解,也是计划不周、隐藏不深,辩解缺乏逻辑和条理,令人难以理解。有研究表明,精神障碍者作案后多数没有反侦查行为,占比约为84.6%。[2]

总之,对精神障碍者刑事责任能力的认定是极其复杂的法律问题,如何借助司法精神病鉴定意见来形成法官的内心确信,学界尚无定论。本节从刑事司法的角度,以法官自由心证为进路,尝试提出识别辨控能力的法律方案,以期对司法实践有所助益。

---

〔1〕 参见侯爱国、王军等:《936例凶杀案例司法精神医学鉴定分析》,载《临床精神医学杂志》2010年第4期。

〔2〕 参见王彬、胡峻梅等:《涉嫌暴力犯罪精神障碍患者的犯罪学特征分析》,载《法律与医学杂志》2007年第1期。

结 论

司法精神病鉴定意见是科学证据，也是主观性较强的言词证据。司法人员面对主观性较强的科学证据时，既不能把审查认定证据的权力拱手相让，任由司法精神病鉴定人成为“穿白衣的法官”，也不能刚愎自用，置司法精神病鉴定意见于不顾。法官完全依赖鉴定意见，就会形成鉴定人主导裁判的局面；情绪化排斥鉴定意见，只能使精神病人刑事责任能力这一专门性问题原地踏步。理想的方案是，通过完善司法精神病鉴定意见的审查规则和认证标准，来实现法律和科学的完美结合。

司法精神病鉴定活动是科学性和法律性的统一，司法人员在面对司法精神病鉴定时，要秉持“法律的归法律，技术的归技术”基本原则，保持足够的司法理性，破除对专家权威信任的情结和盲目的依赖。在涉及“精神病”这一生物学要素的判断上，要充分尊重专家意见；在涉及“辨控能力”这一心理学要素的判断上，要切实履行司法职责。而达致这一目的唯一可行的办法，就是构建严格的司法审查程序，完善审查规则和认证标准。

司法精神病鉴定是一种诉讼证明手段，同时也是一种权利保障措施。一方面，司法离不开鉴定，司法精神病鉴定是解决诉讼中精神病人刑事责任能力这一专门性法律问题的必要手段，能够保障诉讼顺利进行。另一方面，司法精神病鉴定旨在保障精神病人的基本权利，其中既有实体法处理上的减免处罚，从宽处理，也有程序法上的权利保障。在对司法精神病鉴定意见的审查与认证研究过程中，要突出对精神病人的权利保障，以权利保障为核心来构建司法审查规则和认证标准。

司法精神病鉴定在维护精神病人权益与防卫社会之间存在较大矛盾。司法文明和社会进步要求对精神病人善待和宽容，对在精神病症状支配或影响下的危害行为减免处罚。然而，精神病人又具有一定的人身危险性和社会危害性，为防卫社会免受精神病人危害，则有必要予以惩戒。如何在惩罚犯罪与保障人权之间进行寻求价值和利益平衡，则是刑事政策不得不予以考虑的问题。

当前，对司法精神病鉴定意见的审查与认证远没有达到完美的程度，我们也深知，精神病问题是一个错综复杂的多学科、多领域交叉问题，要实现对其的准确判断和认定，存在很大的困难。但我们不能放弃探求真理、揭示真相的愿望，这赋予我们司法以方向和意义。“完美的司法是人类不可企及的，但无法达到理想状态，不应当成为我们放弃追求所能够达到的最佳状态之努力的借口。”[1]在实现正义的道路上，没有终点，唯有不停地探索，方可实现相对的公平和正义。

[1] Jerome Frank, *Courts on Trial—Myth and Reality in American Justice*, Princeton U. P. ,1973 ed. , p. 35 – 36.

参考文献

一、中文文献

（一）著作类

1. 陈光中主编:《刑事诉讼法》(第 6 版),北京大学出版社、高等教育出版社 2016 年版。

2. 卞建林、刘玫:《外国刑事诉讼法》,中国政法大学出版社 2008 年版。

3. 何家弘、刘品新:《证据法学》,法律出版社 2019 年版。

4. 卞建林主编:《证据法学》,中国政法大学出版社 2000 年版。

5. 高铭暄、马克昌主编:《刑法学》,北京大学出版社、高等教育出版社 2019 年版。

6. 张明楷:《刑法学》(第 6 版),法律出版社 2021 年版。

7. 何家弘主编:《刑事诉讼中科学证据的审查规则与采信标准》,中国人民公安大学出版社 2014 年版。

8. 林钰雄:《刑事诉讼法(总论)》,中国人民大学出版社 2005 年版。

9. 陆林主编:《沈渔邨精神病学》(第 6 版),人民卫生出版社 2018 年版。

10. 胡泽卿主编:《法医精神病学》(第 4 版),人民卫生出版社 2016 年版。

11. 郑瞻培:《司法精神病学鉴定实践》,知识产权出版社 2017 年版。

12. 张小宁、石美森编著:《司法精神病学》,中国政法大学出版社 2019 年版。

13. 陈立成:《司法精神病学实务研究》,中国人民大学出版社 2012 年版。

14. 赵虎、蔡伟雄主编:《法医精神病司法鉴定理论与实践》,人民卫生出版社 2015 年版。

15. 纪术茂、高北陵、张小宁主编:《中国精神障碍者刑事责任能力评定案例集》,法律出版社 2011 年版。

16. 纪术茂、高北陵、张小宁主编:《中国精神障碍者刑事责任能力评定与司法审判实务指南》,法律出版社 2012 年版。

17. 霍宪丹主编:《司法鉴定学》(第 2 版),北京大学出版社 2018 年版。

18. 郭华:《鉴定结论论》,中国人民公安大学出版社 2007 年版。

19. 张丽卿:《司法精神医学——刑事法学与精神医学之整合》,中国检察出版社 2016 年版。

20. 高北陵主编:《现代司法精神医学——兼论与伦理学相关问题》,北京大学出版社 2018 年版。

21. 刘协和主编:《法医精神病学》(第 2 版),人民卫生出版社 2004 年版。

22. 何恬:《重构司法精神医学——法律能力与精神损伤的鉴定》,法律出版社 2008 年版。

23. 陈卫东等:《司法精神病鉴定刑事立法与实务改革研究》,中国法制出版社 2011 年版。

24. 丛杭青:《陈词证据研究》,人民出版社 2005 年版。

25. 陈杭平:《统一的正义:美国联邦上诉审及其启示》,中国法制出版社 2015 年版。

26. 陈瑞华:《程序性制裁理论》(第 3 版),中国法制出版社 2017 年版。

27. 王进喜:《美国〈联邦证据规则〉(2011 年重塑版)条解》,中国法制出版社 2012 年版。

28. 汪建成:《理想与现实——刑事证据理论的新探索》,北京大学出版社 2006 年版。

29. 苏力:《法律与文学——以中国传统戏剧为材料》,生活·读书·新知三联书店 2006 年版。

30. 李学灯:《证据法比较研究》,台北,五南图书出版公司 1992 年版。

31. 刘玫:《香港与内地刑事诉讼制度比较研究》,中国政法大学出版社 2001 年版。

32. 李从培:《司法精神病学鉴定的实践与理论——附各类鉴定案例 97 例分析讨论》,北京医科大学出版社 2001 年版。

33. 王建平、张宁编著:《变态心理学》,中国人民大学出版社 2009 年版。

34. 张爱艳:《精神障碍者刑事责任能力的判定》,中国人民公安大学出版社 2011 年版。

35. 黄丽勤:《精神障碍者刑事责任能力研究》,中国人民公安大学出版社 2009 年版。

36. 张华:《司法鉴定若干问题实务研究》,知识产权出版社 2009 年版。

37. 周萃芳:《司法认知论》,中国人民公安大学出版社 2008 年版。

38. 张南宁:《科学证据基本问题研究》,中国政法大学出版社 2013 年版。

39. 陈学权:《科技证据论——以刑事诉讼为视角》,中国政法大学出版社 2007 年版。

40. 房保国主编:《科学证据研究》,中国政法大学出版社 2012 年版。

41. 叶自强:《法庭审判中的科学证据》,中国社会科学出版社 2012 年版。

42. 王跃:《刑事诉讼中的鉴定意见质证制度研究》,法律出版社 2017 年版。

43. 江显和:《刑事认证制度研究》,法律出版社 2009 年版。

44. 季美君:《专家证据制度比较研究》,北京大学出版社 2008 年版。

45. 李玉华、杨军生:《司法鉴定的诉讼化》,中国人民公安大学出版社 2006 年版。

46. 夏甄陶:《认识的主——客体相关原理》,湖北教育出版社 1996 年版。

47. 欧阳康:《社会认识论导论——探索人类社会的自我认识之谜》,北京师范大学出版社 2017 年版。

48. 尤洋:《知识社会维度与当代社会认识论研究》,北京师范大学出版社 2022 年版。

(二)论文类

1. 陈光中:《对〈严格排除非法证据规定〉的几点个人理解》,载《中国刑事法杂志》2017 年第 4 期。

2. 樊崇义:《论刑事诉讼法律观的转变》,载《政法论坛》2001 年第 2 期。

3. 陈瑞华:《刑事司法裁判的三种形态》,载《中外法学》2012 年第 6 期。

4. 谢佑平:《刑事诉讼视野中的司法审查原则》,载《中外法学》2003 年第 1 期。

5. 樊崇义、陈永生:《我国刑事鉴定制度改革与完善》,载《中国刑事法杂志》2000 年第 4 期。

6. 何家弘、龙宗智:《证据制度改革的基本思路》,载《证据法论坛》(第 1 卷),中国检察出版社 2000 年版。

7. 张栋:《中国刑事证据制度体系的优化》,载《中国社会科学》2015 年第 7 期。

8. 陈瑞华:《以限制证据证明力为核心的新法定证据主义》,载《法学研究》2012 年第 6 期。

9. 吴洪淇:《刑事证据审查的基本制度结构》,载《中国法学》2017 年第 6 期。

10. 陶焜炜:《刑事证据审查体系的层阶化再造——以规范要素的系统性整合为基点》,载《河北法学》2020 年第 5 期。

11. 王星辰:《法国刑事证据自由原则及其限制》,载《证据法学》2016 年第 6 期。

12. 纵博:《我国刑事证据能力之理论归纳及思考》,载《法学家》2015 年第 3 期。

13. 艾明:《我国刑事证据能力要件体系重构研究》,载《现代法学》2020 年第 3 期。

14. 汪贻飞:《论证据能力的附属化》,载《当代法学》2014 年第 3 期。

15. 孙锐:《刑事证据能力反思》,载《新疆大学学报(哲学·人文社会科学版)》2016 年第 3 期。

16. 刘玫、韩瀚:《刑事诉讼中有"专门知识的人"的诉讼地位、证据效力及质证范围》,载《中国政法大学学报》2016 年第 2 期。

17. 汪建成:《专家证人模式与司法鉴定模式之比较》,载《证据科学》2010 年第 1 期。

18. 陈瑞华:《从"证据学"走向"证据法学"——兼论刑事证据法的体系和功能》,载《法商研究》2006 年第 3 期。

19. 陈卫东、程雷:《司法精神病鉴定基本问题研究》,载《法学研究》2012 年第 1 期。

20. 郭志媛:《刑事诉讼中精神病鉴定的程序保障实证调研报告》,载《证据科学》2012 年第 6 期。

21. 龚卫:《我国刑事司法鉴定启动权的反思》,载《中国司法鉴定》2010 年第 2 期。

22. 胡锡庆、蒋琦:《完善我国刑事鉴定启动权新探》,载《政治与法律》2003 年第 6 期。

23. 王迎龙:《司法精神病辩护中证明模式的反思与完善》,载《证据科学》2016 年第 4 期。

24. 朱广友:《科学证据的基本特征——兼谈法医学鉴定意见的审查》,载《中国司法鉴定》2007 年第 5 期。

25. 阮梅花等:《神经科学和类脑人工智能发展:未来路径与中国布局——基于业界百位专家调研访谈》,载《生命科学》2017 年第 2 期。

26. 邢学毅:《〈加强美国法庭科学之路〉的反响和启示》,载《证据科学》2011 年第 4 期。

27. 姚澜:《司法精神病鉴定证据价值论》,载《行政与法》2009 年第 6 期。

28. 黎鸣:《论信息》,载《中国社会科学》1984 年第 4 期。

29. 邬焜:《哲学信息论要略》,载《人文杂志》1985 年第 1 期。

30. 林山田:《论刑事程序原则》,载《台大法学论丛》1999 年第 28 卷第 2 期。

31. 杨涛:《正当程序视角下精神病鉴定体制的构建》,载《法治论坛》2007 年第 2 期。

32. 徐声汉:《美国司法精神病学的状况》,载《精神医学杂志》2009 年第 1 期。

33. 刘玫:《港澳台地区传闻证据规则及类似规定比较研究》,载《证据科学》2007 年第 Z1 期。

34. 吕盼等:《3720 例刑事责任能力鉴定案例分析》,载《华西医学》2014 年第 8 期。

35. 吕颖等:《精神分裂症患者犯罪临床特征及暴力风险因素分析》,载《临床精神医学杂志》2021 年第 3 期。

36. 陆强:《刑事案件司法精神医学鉴定 1394 例分析》,载《广西医学》2014 年第 10 期。

37. 张金响、翟爱玲、陈景清:《245 例完全责任能力司法鉴定案例特点分析》,载《精神医学杂志》2009 年第 5 期。

38. 刘春香等:《社区精神病患者暴力行为的多角度观察及预防对策的分析》,载《精神医学杂志》2010 年第 1 期。

39. 侯爱国等:《936 例凶杀案例司法精神医学鉴定分析》,载《临床精神医学杂志》2010 年第 4 期。

40. 金金等:《精神病症状维度评定量表中文版的效度和信度》,载《中国心理卫生杂志》2020 年第 11 期。

41. 王新清:《论刑事诉讼当事人辅助制度》,载《中国法学》2014 年第 5 期。

42. 陈瑞华:《刑事辩护制度四十年来的回顾与展望》,载《政法论坛》2019 年第

6 期。

43. 程衍:《"有专门知识的人"制度的域外介绍——以大陆法系国家和地区刑事诉讼程序为视角》,载《中国政法大学学报》2016 年第 2 期。

44. 宋英辉、李哲:《直接、言词原则与传闻证据规则之比较》,载《比较法研究》2003 年第 5 期。

45. 陶然:《论专家在精神病司法鉴定拒绝启动中的参与效能》,载《行政与法》2020 年第 7 期。

46. 吴小军:《庭前会议的功能定位与实践反思——以 B 市 40 个刑事案件为样本》,载《法学杂志》2020 年第 4 期。

47. 傅郁林:《先决问题与中间裁判》,载《中国法学》2008 年第 6 期。

48. 万毅、林喜芬、何永军:《刑事证据法的制度转型与研究转向——以非法证据排除规则为线索的分析》,载《现代法学》2008 年第 4 期。

49. 胡思博:《民事裁定分类研究》,载《时代法学》2012 年第 5 期。

50. 季卫东:《法律程序的意义——对中国法制建设的另一种思考》,载《中国社会科学》1993 年第 1 期。

51. 林钰雄:《论鉴定留置制度》,载《月旦法学杂志》2004 年第 113 期。

52. 裘树祥、李庚强:《刑事鉴定留置制度:比较及启示》,载《公安教育》2014 年第 2 期。

53. 张杰:《精神疾病司法鉴定留置本土化改革路径探究》,载《中国司法鉴定》2020 年第 5 期。

54. 万毅、陈大鹏:《论鉴定留置的若干法律问题》,载《中国司法鉴定》2008 年第 1 期。

55. 郭锴:《论强制医疗程序中"临时保护性约束措施"立法完善——以大陆法系地区为借鉴》,载《河南师范大学学报(哲学社会科学版)》2016 年第 6 期。

56. 赵芳:《"第二手猜想"的正当性回归——以刑事审判为中心探析人民法院鉴定职权配置》,载《山东审判》2010 年第 2 期。

57. 陈光中、陈学权:《强制采样与人权保障之冲突与平衡》,载《现代法学》2005 年第 5 期。

58. 涂欣筠:《新社会防卫论及其对我国刑事政策的启示》,载《理论探索》2017 年第 2 期。

59. 向静:《社会安全视野下的严重精神障碍者智能管控研究》,载《中国刑警学院学报》2019 年第 3 期。

60. 江勇:《论以精神病鉴定羁押制度替代强制医疗前临时保护性约束制度》,载《西部法学评论》2013 年第 3 期。

61. 汪庆华:《法律保留原则、公民权利保障与八二宪法秩序》,载《浙江社会科学》2014 年第 12 期。

62. 刘权:《目的正当性与比例原则的重构》,载《中国法学》2014 年第 4 期。

63. 吴忻颖:《精神障碍者的刑事责任能力判断与司法精神鉴定——以德国法及实务为借镜》,载《月旦医事法报告》2021 年 10 月。

64. 胡峰、李毅、高北陵:《精神障碍者刑事责任能力评定的思考》,载《中国法医学杂志》2011 年第 6 期。

65. 侯国云、么惠君:《辨认控制能力不等于刑事责任能力》,载《中国人民公安大学学报(社会科学版)》2005 年第 6 期。

66. 林红:《我所 2011 年—2015 年毒品所致精神障碍刑事责任能力评定结果分析》,载《基层医学论坛》2016 年第 25 期。

67. 蔡伟雄:《毒品所致精神障碍者刑事责任能力评定问题探讨》,载《中国司法鉴定》2006 年第 5 期。

68. 张钦廷等:《毒品所致精神障碍者刑事责任能力评定存在问题及对策》,载《中国司法鉴定》2018 年第 3 期。

69. 张盛宇等:《毒品所致精神障碍者刑事责任能力评定现状调查》,载《法医学杂志》2014 年第 6 期。

70. 张钦廷等:《法医精神病鉴定内容架构及评定要点解析》,载《中国司法鉴定》2020 年第 1 期。

71. 谢澍:《刑事司法证明中的专门知识:从权力支配到认知偏差》,载《法律科学(西北政法大学学报)》2018 年第 4 期。

72. 施俊尧:《从刑事审判实务析释鉴定问题》,载台湾《刑事科学》1992 年第 55 期。

73. 刘伟、唐玉冰、刘小林:《刑事案件精神病鉴定的诊断与既往精神病诊断的一致性》,载《临床精神医学杂志》2019 年第 3 期。

74. 亢明:《司法精神病鉴定的诊断问题》,载《临床精神医学杂志》2010 年第 5 期。

75. 万毅:《论瑕疵证据——以“两个〈证据规定〉”为分析对象》,载《法商研究》2011 年第 5 期。

76. 陈瑞华:《论瑕疵证据补正规则》,载《法学家》2012 年第 2 期。

77. 李学军、刘静:《瑕疵证据及其补救规则的适用》,载《清华法学》2020 年第 5 期。

78. 李昌林、王景龙:《论可补救的排除规则》,载《现代法学》2013 年第 6 期。

79. 陈邦达:《美国科学证据采信规则的嬗变及启示》,载《比较法研究》2014 年第 3 期。

80. 吴景钦:《刑事精神鉴定报告的证据能力与证明力之探讨》,载《台湾法学杂志》2020 年第 394 期。

81. 高滢等:《1369 例司法精神病学鉴定诊断与临床诊断的一致性分析》,载《法医学杂志》2020 年第 3 期。

82. 张卫平:《认识经验法则》,载《清华法学》2008 年第 6 期。

83. 王亚新:《刑事诉讼中发现案件真相与抑制主观随意性的问题——关于自由心证原则历史和现状的比较法研究》,载《比较法研究》1993 年第 2 期。

84. 郑未媚:《自由心证之基本要素——以刑事诉讼为中心》,载《证据科学》2008 年第 2 期。

85. 邱昌建等:《ICD-10(V)在中国司法精神病学中的应用情况》,载《中国心理卫生杂志》2009 年第 6 期。

86. 胡峰、李毅、高北陵:《精神障碍者刑事责任能力评定的思考》,载《中国法医学杂志》2011 年第 6 期。

87. 田祖恩、于庆波等:《精神病人的犯罪动机》,载《中华神经精神科杂志》(后更名为《中华神经科杂志》)1988 年第 3 期。

88. 宋建成:《精神病人的犯罪动机》,载《法律与医学杂志》2007 年第 2 期。

89. 王彬等:《涉嫌暴力犯罪精神障碍患者的犯罪学特征分析》,载《法律与医学杂志》2007 年第 1 期。

二、译著文献

1.［日］中田修等:《司法精神医学——精神病鉴定与刑事责任能力》(上册),林秉贤、彭华译,天津科学技术出版社2008年版。

2.［美］爱德华·J. 伊姆温克尔里德:《科学证据的秘密与审查》,王进喜等译,中国人民大学出版社2020年版。

3.［新加坡］何福来:《证据法哲学——在探究真相的过程中实现正义》,樊传明等译,中国人民大学出版社2021年版。

4.［美］西尔维亚·斯诺维斯:《司法审查与宪法》,谌洪果译,北京大学出版社2005年版。

5.［美］爱德华·S. 考文:《司法审查的起源》,徐爽译,北京大学出版社2015年版。

6.［英］R. 布来克本:《犯罪行为心理学:理论、研究和实践》,吴宗宪等译,中国轻工业出版社2000年版。

7.［美］道格拉斯·沃尔顿:《法律论证与证据》,梁庆寅等译,中国政法大学出版社2010年版。

8.［德］克劳思·罗科信:《刑事诉讼法》,吴丽琪译,法律出版社2003年版。

9.［法］贝尔纳·布洛克:《法国刑事诉讼法》,罗结珍译,中国政法大学出版社2009年版。

10.［美］乔恩·R. 华尔兹:《刑事证据大全》(第2版),何家弘等译,中国人民公安大学出版社2004年版。

11.［俄］K. Ф. 古岑科主编:《俄罗斯刑事诉讼教程》,黄道秀译,中国人民公安大学出版社2007年版。

12.［英］约翰·斯普莱克:《英国刑事诉讼程序》,徐美君、杨立涛译,中国人民大学出版社2006年版。

13.［美］爱伦·豪切斯泰勒·斯黛丽、南希·弗兰克:《美国刑事法院诉讼程序》,陈卫东、徐美君译,中国人民大学出版社2002年版。

14.［美］米尔伊安·R. 达玛什卡:《司法和国家权力的多种面孔》,郑戈译,中国政法大学出版社2015年版。

15.［日］谷口安平:《程序正义与诉讼》(增补本),王亚新、刘荣军译,中国政法大学出版社 2002 年版。

16. [美]杰瑞·L. 马肖主编:《行政国的正当程序》,沈岿译,高等教育出版社 2005 年版。

17. [美]本杰明·J. 卡多佐:《法律的成长——法律科学的悖论》,董炯、彭冰译,中国法制出版社 2002 年版。

18. [英]格尔德、哈里森、考恩主编:《牛津精神病学教科书》(第 5 版),刘协和、李涛译,四川大学出版社 2010 年版。

19. [美]理查德·A. 波斯纳:《法律的经济分析》,蒋兆康译,中国大百科全书出版社 1997 年版。

20. [日]上野正吉等编著:《刑事鉴定的理论和实践》,徐益初等译,群众出版社 1996 年版。

21. [美]罗纳德·J. 艾伦、理查德·B. 库恩斯、埃莉诺·斯威夫特:《证据法:文本、问题和案例》(第 3 版),张保生、王进喜、赵滢译,高等教育出版社 2006 年版。

22. [美]米尔吉安·R. 达马斯卡:《比较法视野中的证据制度》,吴宏耀等译,中国人民公安大学出版社 2006 年版。

23. [美]米尔建·R. 达马斯卡:《漂移的证据法》,李学军等译,中国政法大学出版社 2003 年版。

24. [美]菲利普·坎德利斯、罗伯特·温斯托克、理查德·马丁内斯:《法庭伦理学与专家证人》,杨天潼译,中国法制出版社 2013 年版。

25. [美]戴维·H. 巴洛(David H. Barlow)、V. 马克·杜兰德(V. Mark Durand):《异常心理学》,杨霞等译,中国轻工业出版社 2006 年版。

26. [英] J. C. 史密斯、B. 霍根:《英国刑法》,马清升等译,法律出版社 2001 年版。

27. [日]西田典之:《日本刑法总论》(第 2 版),王昭武、刘明祥译,法律出版社 2013 年版。

28. [韩]李在祥:《韩国刑法总论》,韩相敦译,中国人民公安大学出版社 2005 年版。

29. [美]美国精神医学学会:《精神障碍诊断与统计手册》(第 5 版),张道龙等译,北京大学出版社、北京大学医学出版社 2015 年版。

30. [英]彼得·斯坦、约翰·香德:《西方社会的法律价值》,王献平译,中国法制出版社 2004 年版。

31. [美]罗伯特·E. 赫尔斯(Robert E. Hales)等主编:《精神病学教科书》,张明园、肖泽萍主译,人民卫生出版社 2010 年版。

32. [法]勒内·达维德:《当代主要法律体系》,漆竹生译,上海译文出版社 1984 年版。

33.《俄罗斯联邦刑事诉讼法典》,黄道秀译,中国民主法制出版社 2021 年版。

34.《法国刑事诉讼法典》,罗结珍译,中国法制出版社 2006 年版。

35.《德国刑事诉讼法典》,宗玉琨译注,知识产权出版社 2013 年版。

36.《日本刑事诉讼法》,宋英辉译,中国政法大学出版社 2000 年版。

37.《美国联邦刑事诉讼规则和证据规则》,卞建林译,中国政法大学出版社 1996 年版。

38. [英]H. L. A. 哈特:《法律、自由与道德》,支振锋译,法律出版社 2006 年版。

39. [美]本杰明·卡多佐:《司法过程的性质》,苏力译,商务印书馆 2013 年版。

40. [美]亚历克斯·斯坦:《证据法的根基》,樊传明、郑飞等译,中国人民大学出版社 2018 年版。

41. [美]乔纳森·科恩:《证明的自由》,何家弘译,载《外国法译评》1997 年第 3 期。

42. [美]约翰·J. 凯博思奇:《证据法典化、统一立法与分别立法》,封利强译,载《证据科学》2008 年第 2 期。

43. [日]桥爪隆:《日本刑法中对责任能力的认定》,赵新新译,载《财经法学》2021 年第 1 期。

44. [英]丹宁:《法律的正当程序》,李克强等译,法律出版社 1999 年版。

45. [美]肯尼斯·R. 福斯特、彼得·W. 休伯:《对科学证据的认定:科学知识与联邦法院》,王增森译,法律出版社 2001 年版。

46. 美国国家科学院国家研究委员会:《美国法庭科学的加强之路》,王进喜等译,中国人民大学出版社 2012 年版。

三、外文文献

1. Ariane Bigenwald, V. Chambon, *Criminal Responsibility and Neuroscience: No*

Revolution Yet, Frontiers in Psychology, 2018.

2. Gray K. G., *Review of Criminal Responsibility and Mental Illness*, by F. A. Whitlock, The University of Toronto Law Journal, 1963.

3. John Hardwig, *Epistemic Dependence*, The Journal of Philosophy, Vol. LXXXII, No. 7 (Jul., 1985).

4. John Hardwig, *The Role of Trust in Knowledge*, The Journal of Philosophy, Vol. 88, No. 12 (Dec., 1991).

5. Hume D., *An Enquiry Concerning Human Understanding* (2nd ed.), L. A. Selby-Bigge, Ed. Oxford: Clarendon Press, 1966.

6. Thomas L. Hafemeister, *Insanity Defense Variations and Alternatives for Addressing the Criminal Responsibility of a Defendant with a Mental Disorder*, Criminal Trials and Mental Disorders, 2019.

7. Coady, C. A. J., *Testimony: A Philosophical Study*, Oxford: Clarendon Press, 1992.

8. Peter Lipton, *The Epistemology of Testimony*, Studies in History and Philosophy of Science, Vol. 29, No. 1, 1998.

9. Elizabeth Fricker, *Against Gullibility*, in B. K. Matilal, & A. Chakrabarti, eds., *Knowing from Words*, Kluwer Academic Publishers 1994.

10. Strawson P. F., *Knowing from Words*, in B. K. Matilal, & A. Chakrabarti, eds., *Knowing from Words*, Dordrecht: Kluwer, 1994.

11. Fricker E, *Telling and Trusting: Reductionism and Anti-reductionism in the Epistemology of Testimony* (*Review if Coady, Testimony: A Philosophical Study*), Mind, 1995.

12. Audi R., *Epistemology: A Contemporary Introduction to the Theory of Knowledge*, Routledge, 1998.

13. Mark Jayes, Rebecca Palmer, Pamela Enderby, *An Exploration of Mental Capacity Assessment Within Acute Hospital and Intermediate Care Settings in England: A Focus Group Study*, Disability and Rehabilitation, 2017.

14. Douglas Walton, *Argulmentation Methods for Artificial Intelligence in Law*,

Berlin, Springer, 2005.

15. Richard O. lempert, *A Mordern Approach to Evidence*, West Group, 2000.

16. UK Public Acts: Mental Health Act 2007, https://www.legislation.gov.uk/ukpga/2007/12/contents.

附录 调研报告《精神病人依法治理问题研究》

精神病人依法治理问题研究[1]

一、引言

近年来,精神疾病高发多发,精神卫生问题备受关注,特别是部分严重精神障碍患者实施自伤自残、袭击他人、损毁财物或危害公共安全等案事件时有发生。据有关部门不完全统计,2014年至2020年5月,某市共发生精神障碍患者肇事肇祸案事件1054起,包括故意杀人、故意伤害、损坏财物、寻衅滋事、妨害公务、放火等。从主体特征来看,涉案精神障碍患者以中青年为主,普遍文化水平不高,从侵害对象来看,精神障碍患者肇事肇祸行为的发生随机性强,受自身病发、外部刺激等影响,侵害的对象一般较为随意,往往针对不特定人群。精神障碍患者对行为及其后果往往缺乏足够的控制能力,部分严重精神障碍患者肇事肇祸手段极其残忍,人身危险性大,对群众安全感以及社会治安、公共安全的危害大,易形成社会恐慌。

与此同时,从保障基本民生的角度看,精神障碍患者治理不仅是一个公共安全问题,更是一个民生问题。精神障碍患者因自身限制难以保障其个人权益,个别地方发生的强制收治案例引起患者及其亲属的强烈质疑。侵害严重精神障碍患者权益的事件时有发生。患者及其家庭多数情况下都是弱势困难群体,更需要社会的关怀和救助。精神障碍已经超越了一般疾病的范围,带来了法律规制和社会治理难题。

目前,国家越来越重视精神卫生相关工作,各地在精神卫生服务、加强严重精神障碍患者管控等方面,采取了不少措施,取得了一定的效果。但精神障碍的治理实践还存在不少难题,一些部门对预防精神障碍患者暴力犯罪的重视不足,管控职责落实尚未完全到位;精神障碍患者收治等环节尚未完全理顺;精神障碍患者的合法权益保护

[1] 此课题系北京市法学会2020年法学研究课题。

机制尚不够健全。党的十九届四中全会提出加强系统治理、依法治理、综合治理、源头治理,把制度优势更好地转化为治理效果;要加强和创新社会治理,建设更高水平的平安中国。这为加强精神障碍患者治理工作指明了方向。精神病暴力犯罪防控、精神障碍患者权益保障等是一项复杂的系统工程,必须采取一套符合我国国情的、系统有效的防控监管对策,加强系统治理和综合治理;必须坚持运用法治思维和法治方式,积极运用法治手段破解工作中的难题。

需要说明的是,其一,医学范畴内对罹患精神病的人员称谓为"精神障碍患者",《精神卫生法》更多的是关注精神障碍患者的实际权益,在界定精神障碍方面使用广义的概念;但《刑法》《刑事诉讼法》《治安管理处罚法》等法律仍保留"精神病人"的称谓。本书正文以采用"精神障碍患者"表述为主,也采取广义概念,同时不排除使用"精神病人""精神疾病"等表述。相对而言,精神障碍患者治理实践中更值得关注的是严重精神障碍患者,这也是容易发生肇事肇祸问题的群体。按照我国《精神卫生法》的规定,严重精神障碍是指疾病症状严重,导致患者社会适应等功能严重损害、对自身健康状况或者客观现实不能完整认识,或者不能处理自身事务的精神障碍。传统意义上,严重精神障碍患者主要包括精神分裂症、分裂情感性障碍、偏执性精神病、双相(情感)障碍、癫痫所致精神障碍、精神发育迟滞伴发精神障碍六种严重精神障碍的确诊患者。2018 年 5 月,国家卫生健康委员会发布的《严重精神障碍管理治疗工作规范》又将严重精神障碍患者的范围扩大至"已经发生危害他人安全的行为或有危害他人安全危险的",经诊断,病情评估为严重精神障碍患者的,不限于上述六种疾病。其二,所谓"肇事肇祸"则是实践中约定俗成的表述,所谓肇事主要是指经法医精神病鉴定或者医疗机构医学专业诊断结论、病情评估确认的患者发生违反治安管理处罚法等法律法规应予以行政处罚的行为;肇祸主要是指触犯《刑法》应予追究刑事责任的行为。

二、精神障碍患者肇事肇祸防控相关法律政策现状

(一)相关法律法规情况

近年来,国家和社会对精神卫生问题越来越重视,相关立法不断健全,精神障碍患者肇事肇祸的防控政策也不断完善。2012 年通过、2018 年修改的《精神卫生法》是精神卫生领域的基础性法律,为发展精神卫生事业、规范精神卫生服务、维护精神障碍患者合法权益提供了基本的法律框架。《治安管理处罚法》《刑法》分别规定了对精神病

人违反治安管理、违反《刑法》的处罚原则,2012 年修订的《刑事诉讼法》与《刑法》规定相衔接,确立了依法不负刑事责任的精神病人的强制医疗程序,进一步完善了精神障碍患者涉刑事司法处遇机制。《人民警察法》《民法典》《民事诉讼法》《残疾人保障法》法律法规中均有涉及精神障碍患者的法律条文。

除此之外,该领域相对重要的法规政策文件还有《中国精神卫生工作规划》(2002 年)、《全国精神卫生工作体系发展指导纲要》(2008 年)、《关于进一步加强精神卫生工作指导意见》(2004 年国务院办公厅转发)和《精神卫生法》(2012 年颁布,2013 年开始施行,2018 年修正)。2006 年以来,公安部要求在全国范围内开展重性精神病患者摸底统计工作,对于重性精神障碍患者要求加强监督、督促送院治疗。当时的卫生部也与公安部协同,推动全国性的重性精神疾病监管治疗。2009 年,财政部、卫生部、人口和计划生育委员会联合出台的《关于促进基本公共卫生服务逐步均等化的意见》,首次将重度精神障碍患者的综合管理纳入国家保障范畴,列为九大类的公共卫生服务保障项目之一。在上述法律法规框架内,精神障碍患者工作得到党委、政府和相关司法机关的高度重视,精神卫生服务能力有了长足进步,对严重精神障碍患者的救治救助明显加强。

(二)精神障碍患者肇事肇祸防控的困难

精神障碍患者肇事肇祸行为的发生及难以控制与两个方面的因素相关:

一方面,精神障碍这一特殊的疾病因素。精神疾病的致病因素尚未被完全揭示,总体上具有发病突然、迁延反复、难以治愈、难以预防等特点。由于精神障碍患者的认识和意志控制相对减弱,甚至存在幻觉、妄想、思维障碍等精神性症状,精神障碍患者发生危险行为甚至犯罪行为的概率客观上比普通人更高,某些精神疾病如精神分裂症本身就具有较强的外部暴力倾向。有些精神障碍患者症状一直相对稳定,但因外部因素诱发或刺激突然发病,导致发生肇事肇祸行为。与此相联系的,是社会上庞大的发病基数。据统计,各类精神疾病共有 400 余种,其中精神分裂症、妄想性障碍、分裂情感性障碍、双相(情感)障碍、癫痫所致精神障碍、精神发育迟滞伴发精神障碍六类具有较高危险的精神疾病被国家卫健委定义为重性精神疾病。从部分地区精神疾病流行病学调查结果估算,我国各类精神障碍患者人数在 1 亿人以上,重性精神障碍患者达 1600 万人。除了纳入部门视野的在册重性精神障碍患者外,未在册的一般精神障碍患者数量相当庞大,难以准确统计。

另一方面，是相对脆弱的防控链条。目前，医学技术发展水平尚无法对患者的发病情况进行精准预测。有的精神障碍患者一旦发生病情反复或突然发作就容易失控。不少精神障碍患者暴力犯罪案件，案发前嫌疑人虽已被确认有精神障碍，但难以建立针对性的预防暴力犯罪机制，大部分精神障碍患者未发病期间实际处于上学、上班等正常生活状态，日常防控难度较大。此外，精神障碍患者发生肇事肇祸行为与普通人发生违法犯罪行为相比，一般人可通过法制教育、思想或行为矫正等方式加以改造，促进其回归社会。而对肇事肇祸精神障碍患者，一般性的教育改造措施难以奏效，消极的改造效果也是重要原因。

（三）精神障碍患者肇事肇祸防控的主要政策

从地方层面看，北京市于 2006 年 12 月通过了《北京市精神卫生条例》。针对多发的肇事肇祸问题，不少地方也出台了专门的针对性、防控性的地方性法规规章，如武汉市曾出台《严重危害社会精神病人强制医疗实施办法》（已废止），宁夏、陕西、湖南郴州、江苏盐城等地分别制定了肇事肇祸等严重精神障碍患者服务管理实施办法。近年来，依托社会治安综合治理工作机制，各地围绕防范严重精神障碍患者肇事肇祸、加强严重精神障碍患者救治救助等工作，加强统筹，先后落实了监护人看护补贴、严重精神障碍患者免费服药等一系列具体政策，主要进展包括以下方面：

1. 完善责任分工机制。有的地方提出了预防为主、防治结合、重点干预、广泛覆盖、依法管理的方针，建立健全了政府领导、部门合作、社会参与的工作机制，与此同时，在法律法规基础上，进一步明确精神障碍患者肇事肇祸行为方面的职责分工。

2. 明确监护人补助政策。由于严重精神障碍患者的家庭负担更重，严重精神障碍患者的监护人履行监护职责的经济压力也很大。各地根据本地经济发展水平，对严重精神障碍患者的监护人给予适当补助，对于改善严重精神障碍患者的生活情况，解决严重精神障碍患者的监护和看护问题具有重要意义。补贴金发放的依据是严重精神障碍患者监护人履行监护职责的情况。具体内容包括：一是合理确定补助对象。依法明确监护人并将患者监护人确定为补助对象，由镇（街道）和患者监护人签订监护协议，依法明确双方权利义务，实施补助监护。要求监护人切实履行监护职责，负责对患者进行日常生活管理，按照医嘱督促其按时服药、接受随访或者治疗。二是明确经费补助标准。按照各地标准确定补助标准，各镇（街道）可根据监护对象难易程度进行上下浮动。三是明确发放程序。依法认定并审核补助监护经费，由监护人提出申请，村(居)委会申报,镇(街道)审核,综治、公安、民政、卫健、残联等部门共同认定后,由镇(街道)统一发放。表1为部分地区针对严重精神障碍患者监护人的补贴情况。

表1 部分地区针对严重精神障碍患者监护人的补贴情况

地区	文件	具体内容
北京市	《严重精神障碍患者监护人申领看护管理补贴的暂行办法》(京卫疾控〔2015〕116号)	监护人须履行办法第3条规定的看护管理责任,经社区个案管理小组认定,且被监护人未发生肇事肇祸行为时,方可领取补贴。每月200元,全年最高2400元。符合认定条件者可足额领取
广东省广州市越秀区	《越秀区严重精神障碍患者监护补助管理办法(试行)》(2017年6月27日)	根据监护人在"守护App平台"上传的监护记录,后台自动生成的历史监护记录可作为政府发放监护补贴的有效依据
广东省佛山市南海区	《南海区严重精神障碍患者监护工作及补助发放暂行办法(征求意见稿)》(2020年7月31日中共佛山市南海区委政法委员会发布)	高风险患者监护人每人每年监护补助5000元、协助监护人每人每年1000元,一般风险患者监护人每人每年2000元的标准,由镇(街道)民政部门根据监护小组进行年度认定或即时认定的(协助)监护人实际履责时间,计算年度应发补助金额
浙江省	《浙江省严重精神障碍患者监护补助和看护补贴实施办法》(浙卫发〔2020〕46号)	监护补助是指对具有危险性评估等级风险的患者的监护人有效履行监护责任给予的补助。监护补助标准:Ⅰ类患者每人每月150元,Ⅱ类患者每人每月400元;看护补贴标准:每人每月200元。各地可结合实际,对补助范围和发放标准进行适当调整

3.做好精防基础工作和救治管控措施。建立公安、卫生健康、民政等部门之间的信息共享机制,相关部门协调做好精神障碍患者的发现、送诊、控制工作,并对相关信息实行动态管理。落实强制医治场所,分别结合实际,确定由地区精神病专科医院负责收治。规范收治环节管理,围绕送诊、收治、接回三个主要环节,做好收治工作。强化日常管控措施。发现患者有肇事肇祸倾向,落实报告、协调处置等工作。

从实践来看,精神障碍患者的监护照看与肇事肇祸的防范控制涉及监护人、属地社区、基层公安机关、精神病医院等多方主体,部门属地权责分割,在协同配合方面是一个动态过程,由于密集的人口往来和流动等因素,使得防控工作链条客观上存在不少空白和风险。实践中,除一部分精神障碍患者为卫生健康部门、公安部门造册掌握、纳入日常管控范围外,有相当一部分肇事肇祸案事件发生后,才通过查证发现涉案人员为精神障碍患者。如何某某以危险方法危害公共安全案，造成多人伤亡，案发后经鉴定该人为精神障碍患者、无刑事责任能力。因此，在加强监护看护与防控上，仍然需要填补薄弱环节。

三、严重精神障碍患者的监护和看护

（一）严重精神障碍患者监护和看护的现存问题

在各种因素中，精神障碍患者尤其是严重精神障碍患者的监护看护是肇祸肇事防控的关键环节。按照规定，监护人履行监护职责，保护严重精神障碍患者的合法权益。但是，从课题组调研访谈和实际案例来看，包括严重精神障碍患者在内的精神障碍患者的监护和看护存在以下突出问题：

1. 弱监护、无监护。从调研组在某城区的调研情况看，严重精神障碍患者弱监护、无监护的问题突出。弱监护问题主要存在两种情况：一种情况是监护人没有监护能力。公安工作人员介绍了一个案件：一对六旬夫妇的儿子是严重精神障碍患者，老夫妻对儿子居家看护，但是由于年老体弱，常常阻止不了处于青壮年的儿子发病时的行为，最后儿子发病将自家房屋烧毁。另一种情况是监护人不愿意履行监护职责。如有的精神障碍患者只有旁系亲属，该旁系亲属并不愿意很好地履行其监护职责。不仅如此，严重精神障碍病程长且复发率高，患者家庭经济负担重，相当数量的严重精神障碍患者生活质量较低。

无监护问题，主要发生在没有家属、没有固定住处的严重精神障碍患者身上。有的患者家庭关系不和睦，拒不履行监护义务，甚至任由患者自生自灭。当地公安机关安置救助的精神异常人员，每年数量在3000人左右，基本处于无人监护状态。对于处于无监护状态的严重精神障碍患者，安置责任落到了当地公安和卫健部门的身上，但是往往救助资金不够安置费用。从调研情况看，这方面政府经费保障和财政投入客观上难以覆盖。

2. 严重精神障碍患者监护和看护社区工作缺失。《严重精神障碍管理治疗工作规范（2018年版）》对此作出了较为详尽的规定，要求明确职责并充分发挥各级卫生健康行政部门、精神卫生防治技术管理机构（以下简称精防机构）、精神卫生医疗机构、基层医疗卫生机构的作用，探索建立精神卫生医疗机构、社区康复机构、社会组织和家庭相互支持的精神康复服务模式，建立“对口帮扶”制度，由网格员、基层医疗卫生机构负责精神疾病防治的工作人员（以下简称精防人员）、派出所民警、残疾人专职委员、家属、志愿者等组成患者关爱帮扶小组，就具有暴力风险、家庭监护能力弱或无监护能力、病情反复或不配合治疗等情况的患者应当记录并书面报告。同时，要求根据患者病情稳定程度，设置每2周到每3个月不等的随访，所有患者至少每半年面访一次，如有需要对其提供相应的帮助与协调。但由于各地医疗资源及社区执行水平分配不均，该规范以及《精神障碍社区康复服务工作规范》很难落地执行。据有关卫健部门工作人员介绍，目前该区没有针对严重精神障碍患者的日间照顾机构，也没有专门照顾严重精神障碍患者的社工，各个街道也没有发展出专门照顾严重精神障碍患者日常生活的社工工作。

3. 近亲属侵犯严重精神障碍患者合法权益。精神障碍不仅对患者，而且对近亲属、家属等都造成一定负担。有的家属具有强烈的病耻感，对精神疾病的危险性认识不足，很多家属在发现患者有明显的发病征兆后，不及时报告社区精防医生，也不主动送患者就诊，甚至故意隐瞒，不愿患者接受治疗。还有的近亲属监护人甚至侵犯精神障碍患者合法权益，近年来发生的江苏朱某某案、广州何某某案、深圳邹某某案都较为典型。2006年10月21日，在母亲和哥哥的安排下，邹某某被人带走，强行送入广州白云心理医院接受非自愿治疗。在此之前，邹某某曾经与律师签订授权委托书，授权律师在邹某某丧失自由的情况下代为行使特定的民事权利。但律师持授权委托书前往医院要求探视时，却遭到拒绝，医院明确表示出院仍要经过其近亲属的同意。此案虽然发生在《精神卫生法》修改前，但在实践中，精神障碍患者的近亲属出于经济利益或者其他原因损害精神障碍患者合法权益的情况，仍时有发生，精神障碍患者在家中遭到长期拘禁、冻饿、虐待、打骂等案件屡见不鲜。

（二）域外精神障碍患者监护和看护的相关制度

精神障碍患者的监护和看护是一个世界性的难题，世界上其他国家对于精神障碍患者的监护和看护有相关的制度建构，可以为我国严重精神障碍患者的监护和看护实践提供有益经验。

1. 精神障碍患者意定监护制度。意定监护是指基于当事人的意思表示而成立，并就监护人的选定、监护事务与监护（代理）权限等，由当事人自己决定的委任监护契约。意定监护制度主要适用于精神障碍患者和老年人的监护实践。

普通法上的意定监护制度于1954年以持续性代理契约的形式出现于美国的弗吉尼亚州。此后，英国、新西兰、澳大利亚、加拿大等国也纷纷建立了持续性代理制度。

根据《美国持续性代理权授予法》，本人一般通过书面形式指定自己的持续代理人，持续代理人的代理权不受本人行为能力、精神障碍的影响。在大陆法系国家，德国最先在其民法典中规定了“任意性措施”，旨在补充法定监护，属于意定监护措施。日本于1999年颁布了《任意监护法》，日本的“任意监护制度”规定精神障碍患者在具有完全判断能力时，根据本人的真实意思任意选任自然人为其监护人并与之签订委托监护协议，将精神障碍患者的民事事务（如生活、入院、治疗、财产管理等事务）部分或全部授权给任意监护人。该任意监护人并不限于法定监护人，而是任意自然人，只要其具有担当的条件。

精神障碍患者意定监护制度具有正当性。首先，绝大多数精神障碍患者具有民事行为能力。因此，大多数的精神障碍患者在正常情况下都是具有完全民事行为能力的，是可以在自愿的情况下通过协商签订意定监护协议书的。精神障碍与自知力、行为能力的关系如图1所示。

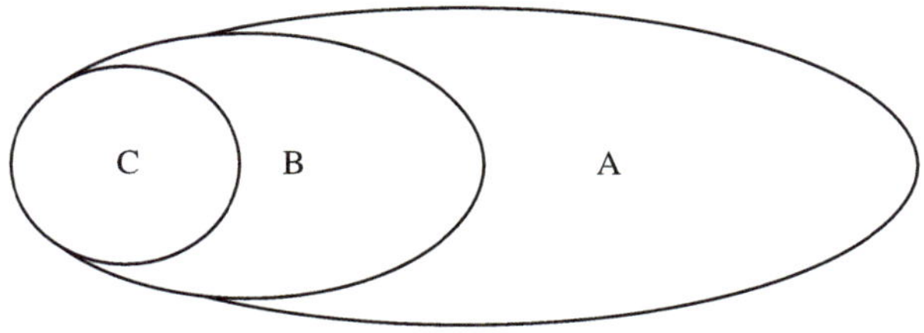

A.精神障碍患者　B.无自知力的精神障碍患者　C.无行为能力的精神障碍患者

图1　精神障碍与自知力、行为能力之关系图

其次，意定监护制度体现尊重严重精神障碍患者自主决定权。我国是联合国《残疾人权利公约》的缔约国，该公约第12条明确要求各缔约国应该承认残疾人在法律面前的平等地位，应该采取一切措施保障残疾人享有平等权利。该公约第19条确认残疾人的独立生活和融入社区的权利。联合国《残疾人权利公约》的规定，体现了对残疾人（包括精神障碍患者）从替代决策到支持决策的变化。替代决策，是指如果某人缺乏法律所要求的作出特定决策的心智能力，那么他人仍可以根据此人的最佳利益为他作出决定。支持决策，是指应该支持和鼓励残疾人自己去作决定，并必须给予他们所需要的支持，以确保他们有充分的实施法律行为的能力。精神障碍患者的意定监护制度，允许精神障碍患者在具有完全民事行为能力时，从自己的亲属范围内或者亲属范围外选定意定监护人，帮助自己处理行为能力丧失时的事务。意定监护更加体现尊重本人的自我决定权。意定监护也因此得到世界范围内越来越多国家的承认。

2. 精神障碍患者医学预嘱制度。医学预嘱是指人在意识清楚时签署一份文书来事先表达出自己在生命末期的医疗意愿。也可以预先指定医疗代理人，帮助执行医疗预嘱的内容。因此，精神障碍患者可以在具有完全民事行为能力时，签署一份意定监护书，指定意定监护人帮助实现自己的医学预嘱意愿。

不少国家对精神障碍患者的医学预嘱制度作出了规定。美国蒙大拿州设立了精神健康护理预先指令制度，规定有能力的成年人、16 岁以上未成年人，可以执行精神健康护理预先指令，允许他们作出明智的、合理的对未来的医疗判断。这里的“能力”指的是理解健康护理的显著好处及风险，理解给予的健康护理的替代途径，理解医患沟通并作出决定。加拿大安大略省的《健康照护同意法》认为，丧失决定能力的精神患者的代表人必须根据患者事先的意愿作出决定，患者事先意愿的效力高于患者丧失决定能力时对所同意医疗的抵制，即尽管丧失决定能力的患者存在抵制，根据代理人或代表人的同意，如果有助于改变严重损害，可以进行医疗干预。荷兰的医疗契约法也有类似规定，根据该法，如果有可能消除严重损害，患者的代表人可以同意对患者进行强制治疗。2016 年 1 月 6 日，我国台湾地区正式颁布通过了“病人自主权利法”，规定包括“极重度失智与其他经公告疾病”的患者都有权利通过预立医疗决定自主选择接受或者拒绝医疗。

当今信息网络技术发展迅速，美国纽约州、俄勒冈州、西弗吉尼亚州和加利福尼亚州都进一步尝试建立医学预嘱电子注册处。电子医学预嘱书具有很多优点。首先，医学预嘱需要保持更新。医学技术和治疗手段的进步，以及患者自身信念的变化，都可能会导致患者改变医学预嘱的内容。电子医学预嘱能够使患者更加便利地改变自己医学预嘱的内容。其次，纸质版的医学预嘱容易丢失和错位，在紧急情况下不容易查询。如果在医疗危机期间无法立即获得这些信息，患者的愿望可能无法实现，可能会提供不必要的治疗，患者及其亲人可能会遭受痛苦。而电子医学预嘱的储存更加安全，可以在医疗机构之间共享，可以随时随地通过网络查询，解决了危急情况下不能及时获得患者医学预嘱意愿的问题。

精神障碍患者医学预嘱制度建立的目的是保障精神障碍患者的医疗自主权，以最大限度地尊重精神障碍患者的医疗意愿，由精神障碍患者自己选定的人担任其监护人。其制度建设实践，对于我国精神障碍患者监护和看护制度的完善有很大的借鉴意义。

3. 域外精神障碍患者认证社工制度。认证社工是指经过培训与认证的社会工作者。英国精神障碍患者的近亲属一直扮演着保护人的角色，但近年来，逐渐开始由“认证社工”（Approved Social Worker，ASW）取代近亲属法定角色并担任保护人。在英国所谓的“最近亲属”，是指配偶、子女、父母、兄弟姊妹、祖父母、孙子女、伯叔舅姑姨、侄甥子女。“最近亲属”依前列顺序的先者为近。若同级者，以年长者为近。通常与患者同住或照顾患者生活的亲属，则这些亲属的顺序优先。英国申请精神障碍患者强制住院鉴定或强制住院治疗，必须由患者的“最近亲属”或“认证社工”申请。之所以引入“认证社工”，是立法部门考虑家属通常会对强制病患住院感到不安，而希望由第三方“认证社工”来负此责任。因为如果由最近亲属提出强制鉴定或住院的要求，将会使其产生罪恶感，并会破坏家属与病患的关系，而“认证社工”就没有这种心理负担。

当患者由“最近亲属”申请强制住院，医院会告知所属地的社会服务机构。该机构会派“认证社工”探访患者后，提供给医院有关患者社会环境的报告。“认证社工”为患者申请强制住院，必须告知其“最近亲属”可能会采取的处理方式。除特殊情况外，“认证社工”与“最近亲属”共同咨商后，才能申请以医疗为目的的长期住院。在提出任何一个住院申请时，“认证社工”必须用适宜的态度与患者面谈。

无论患者与“认证社工”洽商与否，“最近亲属”可以对当地的社会福利机构提出反对，阻止患者住院。患者住院 72 小时后，“最近亲属”有权申请让患者出院。但若主治医师已完成确认患者为精神障碍患者且会有伤害自己或别人的危险，“最近亲属”在 6 个月内不得申请出院。但是，“最近亲属”可以向心理卫生复审法庭提出异议，一般法律还是希望由家属照顾患者，也相当尊重家庭成员的意见，除非患者病情非常严重才会驳回家属申请出院的请求。

（三）严重精神障碍患者监护和看护的制度创新

1. 意定监护制度的运用。《民法典》生效之前，《民法通则》第 17 条规定了精神障碍患者监护人的认定。笔者绘制出《民法通则》时代，精神障碍患者监护人认定的示意图，如图 2 所示。

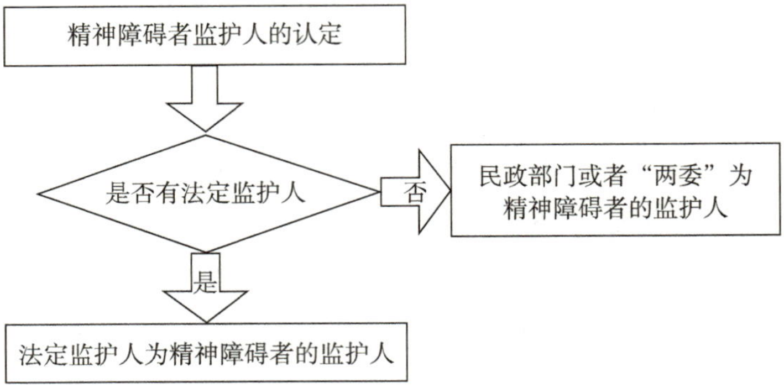

图 2　《民法通则》中精神障碍患者监护人的认定

2021 年 1 月 1 日《民法典》正式生效。《民法典》关于精神障碍患者监护人认定的法律规定主要是第 28 条、第 32 条和第 33 条。根据上述规定绘制出《民法典》时代，精神障碍患者监护人认定的示意图，如图 3 所示。

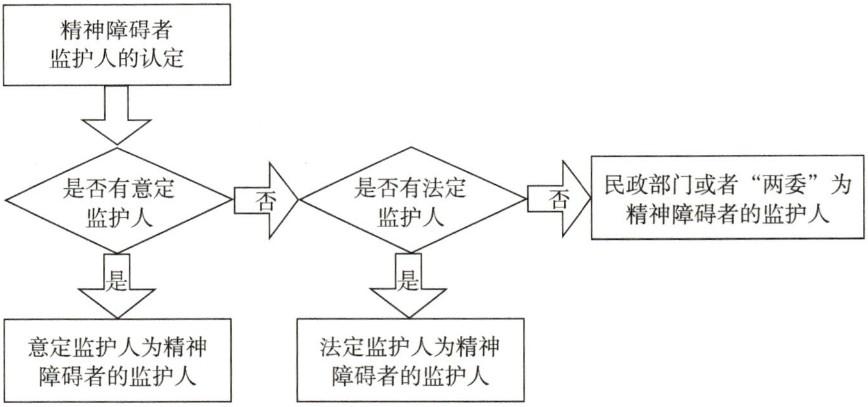

图 3　《民法典》中精神障碍患者监护人的认定

相较而言，新生效的《民法典》突破性地规定了意定监护制度，这是我国在严重精神障碍患者监护和看护方面的制度创新。精神障碍患者在具有完全民事行为能力时，可以通过协商签订意定监护契约确定意定监护人，意定监护制度体现了尊重精神障碍患者医疗自主权的理念。

仍以邹某某案为例，邹某某在具有完全民事能力时，其与律师基于双方自主合意签订了委托监护协议。如果可以认定邹某某签订委托书时精神状态正常，具有完全民事行为能力，即可确认意定监护协议有效，律师可以基于此成为邹某某的意定监护人。

需要指出的是，这一制度的有效落实，需要一系列的支撑，在精神障碍患者的近亲属之外按照其意愿选择监护人，在监护责任的持续落实、加强监督管理方面等，仍需要配套的制度设计，以防止侵犯精神障碍患者的合法权益，同时避免漏管失管问题。

2. 医学预嘱的运用。为最大限度地尊重精神障碍患者的医疗意愿和自主决定权，很多国家规定了精神障碍患者医学预嘱制度。我国目前没有法律明确规定精神障碍患者的医学预嘱制度，医学预嘱制度总体上还处于社会倡导阶段，主要是一些社会组织和专家学者在社会中宣传推进。[1] 但《民法典》中意定监护制度的规定，为精神障碍患者医学预嘱制度的构建提供了一个落脚点。按照《民法典》第 33 条的规定，具有完全民事行为能力的精神障碍患者，可以在自己的亲属范围内或亲属范围外指定意定监护人，在自己丧失民事行为能力时履行监护和看护义务，帮助落实自己的医学预嘱意愿。参照域外相关实例，医学预嘱的设立应为要式行为，采用书面形式，由本人签字确认，同时必须有一名精神科医生作为见证人签字。见证的内容：确保该精神障碍患者在签署时，具有完全民事行为能力，完全出于自愿，在作出决定时获得足够的医学信息，了解可能的治疗方案。此外，医学预嘱书应该明确有效期间，以确保其内容最为符合精神障碍患者最新、最真实的医疗意愿。

相较而言，在数字化革命的背景下，电子医学预嘱具有易更新、易查询、普及率高、储存安全、更方便识别身份信息等优点，结合当前信息化发展情况，部分电子政务、电子商务平台已有健康码、社保查询、政务服务平台等社会服务小程序，可以此为依托在条件成熟时增设电子医学预嘱系统。

3. 引入认证社工制度。在家庭与政府之间，社会力量在参与严重精神障碍患者的监护和看护工作中的作用应当得到重视。域外严重精神障碍患者的精神保健、非自愿入院的评估和申请、日常照顾等，都有社会工作者的身影。在这方面，可考虑通过购买服务、提供专项资金等形式，引入经认证的专门的社会工作者。为了规范认证社工的工作，相应的法规应明确规定“认证社工”所要求的知识、经验和培训水平，以更好地对其作出评价和督察。经认证的社会工作者的加入，一方面能够使严重精神障碍患者

---

[1] 如 2009 年我国成立的“选择与尊严”公益网站；2013 年民政部门批准成立了“北京生前预嘱推广协会”；2019 年我国卫生法学会、我国老年学和老年医学学会安宁疗护分会和我国医师协会——北京大学患者安全与医患关系研究中心联合发布了《医学预嘱书》和《医疗选择代理人委托授权书》示范文本专家共识(2019 年第 1 版)。

获得更专业、更全面的照顾和看护，另一方面也能减轻严重精神障碍患者监护人的监护和看护压力。同时，也有助于精神科医生资源不足问题的缓解。相较于严重精神障碍患者肇事肇祸带来的损失，事前的“认证社工”看护体系的建设花费相对更少。

4. 利用信息化的手段强化监护效果。当今信息技术迅速发展，在严重精神障碍患者监护和看护的过程中，引入信息化的手段，可避免传统方式之不足。我国一些地区已经尝试在严重精神障碍患者的监护和看护过程中，引入信息化的手段，以达到更好的效果。如广州市越秀区为精神障碍患者开发了“守护 App 平台”。[1] 通过守护平台实时、动态的监护，改善了患者的药物依从性问题，极大地降低了精神疾病复发和患者肇事肇祸的概率。同时，根据精神障碍患者监护人上传的监护记录，后台自动生成的历史监护记录还可作为政府为精神障碍患者监护人发放监护补贴的有效依据。推广严重精神障碍患者的信息化监护看护平台，将监护人、精神科医生与严重精神障碍患者三方通过信息化的平台联系起来，实现患者信息的及时分享与反馈，有利于优化严重精神障碍患者的监护和看护效果。

四、精神病司法鉴定与审查问题

通过精神病司法鉴定对被鉴定人真实精神状况进行判定，再确定相应的法律处分，对于保护被鉴定人权利意义重大。以刑事程序为例，从普通刑事被告人到精神病刑事被告人的转化涉及一系列具体程序机制，包括精神病鉴定的启动程序、鉴定程序、质证程序、辩护及采信等。因此，对涉嫌违法犯罪的疑似精神障碍患者依法进行司法鉴定，是处置肇事肇祸精神障碍患者极为重要的环节。由于精神病司法鉴定直接影响案件走向，实践中围绕精神病司法鉴定发生的争议尤为突出。“重复鉴定”“多头鉴定”甚至围绕鉴定问题发生缠访缠诉屡见不鲜，一些重大案件中围绕鉴定问题发生争议甚至影响侦查、审理走向也很突出；而被追诉方围绕鉴定“做文章”现象不可忽视。表 2 梳理了部分与精神病鉴定相关甚至引起巨大争议的重大案件。

---

[1] 守护 App 平台是广东省家庭医生协会积极配合中央及广东省各项文件精神，协助广东省精神卫生中心以“互联网 + 精神卫生”为切入点开发的全国首个精神卫生云服务平台。守护 App 平台独有的三大提醒功能让严重精神障碍患者失管、漏管问题可以得到有效解决：当监护人未能如期上传监护记录时，平台将分别对监护人以及责任医生发出提醒；当监护人提交的患者信息显示为不稳定时，责任医生操作页面提示框中会自动弹出不稳定患者的个人信息，系统马上提醒责任医生作出处理，预防意外事件的发生；当医生给出了处理意见，系统会第一时间通知监护人。

表 2 近年来部分涉精神病司法鉴定重大案件情况

案件	简要案情	相关争议及案件结果
昆明“2·25”东风广场特大车祸案	2006 年 2 月 25 日驾驶轿车制造特大车祸，造成 4 人死亡、4 人重伤等严重后果	鉴定意见为作案时患急性应激性精神病，限制刑事责任能力；判处死缓
邱某华案	2006 年 7 月 14 日晚因与道观管理人员发生矛盾将 10 人杀死，逃亡途中再酿血案	少数学者公开呼吁对邱某华进行精神病鉴定，但法庭未采纳；判处死刑
杨某案	2008 年 7 月 1 日闯入上海某公安分局用利刃袭警造成 6 死 4 伤	警方委托作出司法鉴定，但围绕鉴定主体资格、鉴定程序、意见受到质疑；被判处死刑
刘某和案	2009 年 2 月 5 日砍伤邻居数人并致 1 人死亡	公安、检察未提请精神病鉴定，但潮州市中级人民法院办案法官发现疑点后启动鉴定，为数十年来第一起因精神障碍患者杀人而无罪的案件
邓某娇案	2009 年 5 月 10 日拒绝 3 名官员提出的洗浴服务，后用水果刀将邓某某刺死、黄某某刺伤	经鉴定有心境障碍，具有部分刑事责任能力；判决免予刑事处罚
南京“6·20”宝马车祸案	2015 年 6 月 20 日，王某某驾车发生恶性交通事故致 2 人当场死亡、1 人受伤	初次评定案发时患急性短暂性精神障碍，为限制刑事责任能力；因意见引发质疑后重新鉴定，仍评定为限制刑事责任能力；判处 11 年有期徒刑
黄某川案	2018 年 6 月 28 日在上海某小学门口砍伤 3 名小学生及 1 名成年人，造成 2 人死亡	患有精神分裂症，经公安机关委托鉴定，具有限制刑事责任能力；判处死刑

（一）精神病司法鉴定管理存在的问题

1. 精神障碍患者司法鉴定内容有待明确，相关规定存在矛盾。立法上，《精神卫生法》对于已经发生危害他人安全或存在危害他人危险的严重精神障碍患者，如果其本人或监护人提出异议，也可以委托取得资质的鉴定机构进行鉴定，但此处的鉴定仅称为医学鉴定。《司法部关于认真贯彻落实精神卫生法做好精神障碍医学鉴定工作的通知》规定，此类精神障碍医学鉴定的包括两项内容：被鉴定人是否患有严重精神障碍、被鉴定人是否需要住院治疗。从司法精神病鉴定的角度来说，有关部门规章、规范性文件的规定有不明确、不一致的问题。根据《精神疾病司法鉴定暂行规定》规定，刑事案件中的精神疾病司法鉴定包括以下三项内容：一是对被鉴定人患有精神疾病的事实和种类进行鉴定，评估其实施危害行为时的精神状态，两者之间有无因果关系，评定刑事责任能力等级；二是通过对被鉴定人在诉讼过程中的精神状态评定其是否具有诉讼能力；三是确定被鉴定人是否具有服刑能力，给出采取何种法律措施的建议。

而2016年司法部司法鉴定管理局发布的《精神障碍者刑事责任能力评定指南》规定，刑事责任能力评定包括医学和法学两个要件，医学要件指是否存在某种精神障碍，法学要件系精神障碍对被鉴定人的辨认能力和控制能力是否产生影响及影响程度，且需要鉴定人对被鉴定人的精神状态进行医学诊断和精神评定，基于被鉴定人的辨认或控制能力的损害程度评定责任能力等级。在地方性行业规范中，北京司法鉴定业协会《司法精神病学法律能力鉴定指导标准》将司法精神病的鉴定事项涵盖了刑事责任能力、民事行为能力、受审能力、服刑能力、服教能力、诉讼能力等多种类法律能力的评定。司法部2020年发布的《法医类司法鉴定执业分类规定》规定法医精神病鉴定包括精神状态鉴定、医疗损害鉴定、危险性评估、精神障碍医学鉴定以及与心理、精神相关的其他法医精神病鉴定等，其中刑事类行为能力鉴定就包括刑事责任能力、受审能力、服刑能力等具体种类。对此，《刑法》《刑事诉讼法》《治安管理处罚法》等法律没有明确作出规定或要求。

在先后发布且现行有效的不同部门发布的不同位阶的法律法规中，关于精神疾病鉴定的内容及范围要求各有不同。这种鉴定内容和范围的有限性以及规范之间的模糊、重合与冲突，将对精神障碍患者肇事肇祸所引发的司法案件中的程序正当以及处理结果的公正性产生负面影响。而司法实践中，在对刑事责任能力作出鉴定之外，几乎很少有对被鉴定人受审能力、服刑能力作出的司法精神病鉴定。在裁判文书网公开可查案例中，以北京市为例，刑事案件中就精神病人受审能力鉴定的案件数量非常有限，对于服刑能力的鉴定尚无一件。[1] 据部分办案法官反映，对于经鉴定为限制刑事责任能力，同时不具备受审能力的被告人，检察机关仍起诉到法院，导致案件只能中止审理。

2. 精神病鉴定机构和鉴定人员管理问题。1996年《刑事诉讼法》第120条规定，对人身伤害的医学鉴定有争议需要重新鉴定或者对精神病的医学鉴定，由省级人民政府指定的医院进行。但该规定的鉴定主体范围过于狭窄，实践中已经不限于此类医院。由于90%以上的精神病人鉴定在侦查阶段启动，公安机关作为鉴定委托单位，其在执法中的首要依据并非司法鉴定管理条例，而是《公安机关执法细则》等公安系统内部的行为规范指引。《公安机关执法细则》（第3版）规定，对精神病的鉴定，由省级人民政府指定的医院、公安机关的安康医院或者其他有资格的精神病医院进行。近年来，虽然我国对于司法鉴定的管理在不断加强和完善。司法鉴定机构必须符合《司法鉴定程序通则》《全国人大常委会关于司法鉴定管理问题的决定》《司法鉴定机构登记管理办法》的要求，并经省级司法行政机关登记、审查、核准后，向社会公告，向司法部备案。鉴定人员也必须具备相应的资质，并在执业证上载明可以开展法医类精神障碍鉴定的业务范围。然而，并非全部鉴定机构和鉴定人员都能够完全满足有关规定。

根据北京市裁判文书网公开可查案例，作出刑事责任能力鉴定数量较多的机构范围，已经超出了司法行政机关掌握的具有法医精神病鉴定资格的10家机构范围。上述关于精神疾病鉴定机构规范和业务开展并不能完全统一，这就导致接受委托作出鉴定意见的机构，可能不具备司法鉴定上的要求和资质。出于“做大做强”和市场利益驱动，在鉴定人水平参差不齐的现实下，部分鉴定机构存在追求鉴定数量、压缩鉴定时

[1] 如陈某某涉嫌妨害公务罪一案，2018年7月陈某某在因其他违法行为在北京市朝阳区看守所羁押期间，无故殴打同监室人员，后不服民警管理将两位民警打伤。在对其后行为涉嫌妨害公务罪一案的侦办过程中，经鉴定系精神分裂症，实施犯罪行为时受病理症状支配，无刑事责任能力，直至其被收入北京市公安局强制管理处进行临时性保护后，经诊治有了一定恢复，诊断评估报告中记载其因未接受有效监管和治疗才导致了本案案发。可见，肇事肇祸精神病人如不能得到有效专业治疗，可能会引发更严重的后果，尤其是限制行为能力人经审判后，除符合保外就医法定条件，仍需在看守所或监狱继续服刑，即具有人身危险性，也不利于精神病人的权利保护。

间等不规范问题,影响了司法鉴定的质量。[1]

(二)司法精神病鉴定程序问题

1. 司法精神病鉴定的启动程序问题。大陆法系国家因实行职权主义诉讼模式,具有由法官或司法机关掌握鉴定启动权的传统。我国《刑事诉讼法》规定,公安机关、检察院、法院均有精神病鉴定启动权,司法实践中,绝大多数的精神病鉴定由公安机关在侦查阶段主动启动,检察院、法院只有补充鉴定的启动权,由于公安机关在先期介入案件侦查、调查过程中会与行为人接触较多,检察院和法院办案人员更多是对于卷宗材料的审核,检察院和法院的办案人员很少会主动启动精神病鉴定;而被害人、被告人及近亲属只有申请鉴定及重新鉴定的权利,但最终决定权仍在司法机关。这一制度安排有利于增强精神病司法鉴定程序适用的严肃性,具有保障诉讼效率、避免权利滥用等优势,但将是否启动鉴定程序完全交由办案人员根据案情在主观认知、感受基础上决定,对保障被追诉方权益方面略显不足。

与鉴定程序启动方面存在的问题紧密联系的是精神病辩护问题。可能患有精神疾病的人员具有使自己不受刑事法律制裁的权利,这就给司法程序中的精神病辩护留下了空间。当前,辩护方主要通过提出精神病司法鉴定的申请以及对办案机关委托出具的精神病司法鉴定意见提出重新鉴定申请等方式开展精神病辩护。[2] 实践中,律师以犯罪嫌疑人具有疑似精神疾病症状、曾服用或正在服用精神类药物、具有家族精神病史等提出精神病辩护的不在少数。但办案机关在合理怀疑的标准把握、辩护意见的采信等方面尺度把握不一,规范性不足。如前文所述刘宝和案件,侦查阶段未启动的情况下,法院经独立判断后自行启动本身是极罕见的,从中也反映出司法精神病鉴定程序的启动缺少程序规范和操作标准的问题。办案人员应对专业问题时知识支撑不足,面对外部压力往往说理不充分,从而可能引发对司法公信的质疑。

2. 重新鉴定的启动。犯罪嫌疑人、被告人不仅难以依申请启动精神障碍鉴定,在司法机关主动启动并委托鉴定得出鉴定意见后,当事人申请重新鉴定的难度也很大。

---

[1] 实践中曾发生鉴定机构与外部“黄牛”内外勾结,通过虚报夸大伤情等级方式骗取赔偿的案例。2018年9月,上海华东政法大学司法鉴定中心原主任闵银龙与鉴定工作人员因涉嫌保险诈骗罪被刑事拘留,随即上海司法局开展司法鉴定行业治理。

[2] 在司法机关没有主动启动的情况下,辩护人如不能提供病史证明或其他证据材料,大概率会遭到拒绝,尤其在案件性质较为恶劣,受害人及家属情绪较大,社会反映较为强烈的案件中,办案机关会受到社会舆论影响,更加难以启动精神疾病鉴定。

尽管在刑事诉讼的侦查、审查起诉和审判阶段，被鉴定人在鉴定意见接收后均有提出异议申请重新鉴定的权利，仍然很难真正启动重新鉴定。尤其在庭审过程中，法官在主持刑事案件庭审过程中必须向被告人及其辩护人示明并发问，“被告人有权申请通知新的证人到庭，调取新的物证，申请重新鉴定、勘验、检查，你是否听清，是否申请?”尽管许多法官会认为，申请重新鉴定是被告人的法定权利，而实践中驳回重新鉴定申请的概率却非常高。其中的原因一方面是基于对司法机关委托鉴定得出结论的高度信赖，另一方面也基于对诉讼效率的考虑，后者还涉及精神障碍患者临时羁押或临时约束性保护措施的执行情况。如果案件由上一个诉讼阶段移交到下一个诉讼阶段的办案机关，也有部分办案人员会基于申请启动重新鉴定，但这也会导致“多头鉴定”“重复鉴定”的情形出现。在(2016)京02刑初117号甄某某故意杀人案中，案件中出现了三份对被告人甄某某的精神障碍鉴定，且鉴定意见均不相同，第一份意见评定甄某某为限制刑事责任能力，第二份意见评定其为完全刑事责任能力，第三份意见认为其作案时精神受损，不宜评定刑事责任能力。由于我国司法鉴定机构之间不存在隶属关系，鉴定意见彼此之间均是独立且具有同等法律效力的证据，如果出现类似情况，不仅给司法机关作出公正的案件裁量造成一定困难，还可能会造成不良的社会影响，从而影响司法的严肃性与稳定性。

3. 鉴定程序的问题。第一，根据《司法鉴定程序通则》规定，该类鉴定应当由两名或在疑难复杂时需三名以上鉴定人共同完成鉴定，实务中，虽为多位鉴定人签名，但鉴定意见主要由一位鉴定人独立作出的情况较为普遍。

第二，原则上，在对被鉴定人进行精神障碍测评的过程中，应当通知委托人或被鉴定人的近亲属或监护人到场见证。实务中的通常做法是，委托机构的案件承办人将被鉴定人和卷宗材料全部移交给鉴定机构，而后由被鉴定人独立接受医疗诊断和鉴定问询。尤其在刑事案件中，犯罪嫌疑人或被告人如果处于被羁押或被采取临时性约束措施强制医疗的状态，为了保障侦查、审查起诉、审判程序的独立性、公正性，司法机关并不允许家属见到行为人本人，更无法保证其监护人到场见证。类似规定的出台显然是为了保障被鉴定精神障碍患者的权益，但执行和落实情况不尽理想。

第三，鉴定期间和鉴定时间不够科学。目前，对于精神疾病鉴定的时间期限要求为，鉴定机构在书面委托书正式生效起的30个工作日内完成，情况特殊复杂的可以延长30个工作日。这里所说的期限指的是自委托机关委托鉴定机构后，直至签收鉴定意见报告的最长时间周期。然而,除器质性精神障碍患者可以通过仪器检测外,绝大多数的精神障碍患者只能凭借专业鉴定人员的经验、观察作出主观判断,一些精神障碍患者的病情只是间歇性发作,如果不是通过一段时间的医学观察和临床诊断,可能无法对其病情作出准确的判断。而现实情况是,被鉴定人的鉴定过程类似于日常在医院问诊,几小时检查问询鉴定完毕,鉴定人结合医学诊断结果以及司法机关提供的卷宗材料作出撰写鉴定意见,整个过程无须占用过多时间。

4. 鉴定意见质量问题。与其他种类鉴定相比,精神病作为鉴定对象本身存在复杂性。除少数器质性精神病会导致被鉴定人生理结构发生变化外,大多数精神病难以通过医学仪器或其他手段进行客观准确检测。与通常使用的化验、检验等客观性较强的诊断手段不同,精神病司法鉴定主要依赖鉴定专家的倾听、观察、测试、阅读被鉴定人病史材料等手段作出结论,具有很强的主观性。鉴定对象的复杂性与鉴定手段的非客观性,导致精神病司法鉴定在科学性、规范性程度上相对欠缺,实践中也最容易发生争议。鉴定意见的作出,除基于被鉴定人方提供的本人或家族病史以及临床精神状况检查的医疗诊断证明外,很大程度上依赖于委托鉴定方的司法工作人员向鉴定机构提供的卷宗材料,其中包括侦查人员的讯问笔录、证人证言、被鉴定人亲友等对其作出的评价,上述材料均系记录人根据自己的思想进行加工整理的结果,未必如实反映被记录人的真实意思,且公安机关作为调查或侦查人员往往会在制作笔录时带有其先入为主的意见。鉴定人必须根据这些外部信息对行为人行为时的辨认、控制能力作出回溯性推理,因而这些信息是否准确客观,都会给鉴定意见的客观性带来诸多变数。目前,司法行政部门出台并完善了《精神障碍者刑事责任能力评定指南》等操作指引,但即使同一标准下,不同鉴定人员的认识差异也会导致鉴定意见差异。在这种情况下,精神病鉴定甚至被认为属于重大恶性犯罪人员可以仰仗的为数不多的“救命稻草”,如2000年黑恶团伙主犯杨某勇在杀人后,通过虚假的精神病鉴定企图逃脱罪责,后被查证属于伪造精神病鉴定。[1]

5. 司法精神病鉴定意见的审查。在我国,司法机关对于司法鉴定人鉴定意见的采信率达90%以上,关于精神障碍患者刑事责任能力的决定权几乎控制在司法鉴定人

---

〔1〕 当然,实践中司法人员及时借助司法鉴定,有效识破犯罪嫌疑人伪装精神病人伎俩的相关案例也不在少数。

的手中。实践中,鉴定意见书的全文通常包括案情摘要、被鉴定人自然情况、鉴定人员检查所见、相关材料摘抄、检查情况分析说明、鉴定意见六大主要部分。多年来,司法实务中通用的鉴定意见都会包含两个部分加一个总结性结论,即被鉴定人是否存在某种精神障碍或患有某种精神疾病,案发时对自己的行为是否具有辨认能力和控制能力,从而得出是否具有刑事责任能力及等级评定结果。司法鉴定作为证据的一个种类,应当由办案人员进行实质性审查。对精神病司法鉴定意见的审查、质证,具有通过司法程序对鉴定人员的专业性权力进行制约和约束的价值。

在精神障碍患者肇事肇祸的案件中,裁判人员需要在鉴定意见之上作出其是否不负刑事责任能力的判断,而刑事责任能力的判断标准主要包括行为人在案发时对自己的辨认能力和控制能力两个方面。所谓辨认能力,是指行为人对自己的行为是否触犯法律、是否存在社会危害性能够进行辨识,对自己的主观目的、行为动机、实行手段、可预见的后果是否具有清晰的认识和阐述。所谓控制能力,是指行为人所实施的行为是否受辨认能力所影响,意志和情绪是否可以控制。司法部《精神障碍者刑事责任能力评定指南》中对辨认能力和控制能力给出了 18 项评定标准:作案动机、作案前先兆、作案的诱因、作案时间选择性、地点选择性、对象选择性、工具选择性、作案当时情绪反应、作案后逃避责任、审讯或检查时对犯罪事实掩盖、审讯或检查时有无伪装、对作案行为的罪错性认识、对作案后果的估计、生活自理能力、工作或学习能力、自知力、现实检验能力、自我控制能力。《司法精神病学法律能力鉴定指导标准》将辨认能力和控制能力分为完整、受损、丧失三级。其中,辨认能力的评定标准包括 5 项:是否具有明确的现实动机、是否明确违法行为目的、是否理解违法行为的性质、能否预见违法后果、能否理解法律意义;而控制能力的评定标准包括 3 项:行为人对作案时间、地点、对象、工具进行选择,能否对于周围环境采取应对行为,行为过程中能否采取有效的自我保护。

在笔者所接触的精神障碍患者鉴定意见书中,通常对于被鉴定人的检查过程只有简单的描述,大部分内容均来源于对外部信息及案卷材料的摘抄。由于缺乏对鉴定过程的详细描述,同时也由于办案人员往往缺乏相关领域的专业知识,对于鉴定意见的依赖程度相当高。《刑事诉讼法》的修改完善了证人、鉴定人出庭制度,确立了有专门知识的人出庭制度,有利于落实直接言词原则、强化控辩质证能力,完善了鉴定意见的审查采信的程序机制。但实践中,同一案件出现不同结论的鉴定意见的情形并不鲜见，由于不同鉴定机构、鉴定人之间不存在隶属关系，鉴定意见均是独立的，尤其在出现先后两份鉴定意见结论不一致甚至结论完全相反时，这类案件的出现会给办案人员带来极大困扰，无论是被害人还是被告人，双方都可能因为得不到理想结果而不断对鉴定意见乃至案件裁判提出异议。

精神病鉴定意见的司法审查属于刑事司法领域中对于专门意见的证据审查，其应当接受法官的司法审查及最终评判，并不受司法裁判者审查之豁免。尤其在精神障碍患者刑事责任难以评定的情形出现时，如何进行审查认定更是对于司法裁判人员的高度考验。以(2017)湘10刑初25号唐某某故意杀人案为例，唐某某吸毒后声称有人害他，持刀砍伤自己后，朝被害人陈某不同部位乱砍致其死亡。鉴定意见为唐某某被诊断为新型毒品所致精神障碍，刑事责任能力不予评定。最后法官结合案件事实及其他证据，认定被告人唐某某虽因吸食毒品导致精神障碍，但吸食毒品系自愿，不影响对其刑事责任能力的认定。由此可见，该案虽然基于专家在精神障碍领域的专业知识所作出的意见结论，鉴定意见结论与法律后果应该相互分离，对于精神障碍患者的刑事责任能力审查认定不能完全依赖于鉴定结论。

(三)精神病司法鉴定之完善

一是明确和规范对法医类精神疾病鉴定的规定。建议统一精神疾病鉴定项下对刑事、民事、治安案件的责任能力以及受审、服刑、诉讼能力的鉴定尺度和标准，尽量明确鉴定范围、鉴定内容、鉴定对象、适用范围。在鉴定内容方面，对刑事责任能力鉴定、诉讼能力鉴定、服刑能力鉴定、被鉴定人危险性四类鉴定种类作出较为系统、全面、统一的鉴定标准要求，以保障办案规范。

二是在鉴定启动方面，明确启动精神疾病司法鉴定的条件，满足一定条件的申请应当启动。尤其被鉴定人方提供证据证实其曾经患有精神障碍相关症状，家族成员患有精神疾病史，该证据应包括但不限于诊断证明、证人证言等。应当要求对驳回启动请求的理由予以说明，对于当事人启动鉴定和重新鉴定的申请，若不予批准，可以设置满足一定条件下的救济方式，允许对启动请求的结果进行上诉或复议式救济。

三是规范精神疾病司法鉴定程序。在司法鉴定的程序和期限方面，设置一定的留观期，并就该过程予以详细记录，将相应的诊断书、检查报告、病历一并归入鉴定报告的主文部分，从程序上保障鉴定意见的准确性。

四是强化司法人员对鉴定意见的实质审查。精神障碍患者鉴定意见中，被鉴定人的精神状态和患病种类更多要求医学知识判断，但对意见的审查需要办案人员依照职权作出判断。通过规范鉴定过程，完善鉴定人、有专门知识的人出庭等制度落实等，避免高度依赖的弊病。

五是加强司法精神病鉴定管理保证鉴定质量。加强鉴定管理和监督制约。完善准入与退出机制，严把鉴定人、鉴定机构入口关，细化完善精神病鉴定机构及鉴定人登记管理办法，严格准入审批。加强行业监管，对不符合条件的鉴定人员、机构取消资质，打击利益驱动下盲目追求量、忽视质的情况，提升精神病鉴定行业的公信力。

五、精神病人强制医疗与强制治疗

2012 年修改后的《刑事诉讼法》确立了对依法不负刑事责任的精神病人的强制医疗程序，规定了强制医疗的适用对象、决定主体、审理程序、决定的定期评估与解除以及法律监督等方面的内容。强制医疗的启动需要三个构成要件：一是行为人系不负刑事责任的精神病人，二是实施了暴力行为，三是具有人身社会危险性。根据《刑事诉讼法》及司法解释规定，刑事强制医疗的启动方式有三种：一是由公安机关制作强制医疗意见书并移送检察院审查启动；二是检察机关在审查起诉中发现，向人民法院提出申请；三是人民法院在审判阶段自行发现，可主动启动强制医疗审理程序。作为一种刑事诉讼特别程序，精神病人强制医疗程序是兼顾精神病被告人权利保障和社会安全秩序的重要机制，对实施暴力行为已构成犯罪但系不负刑事责任的精神病人，通过对其采取强制性约束保护措施，改善精神病人的精神状况，矫正其行为方式，减少或防止其对公共安全或公民人身安全产生威胁或造成危害。

（一）精神病人强制医疗程序问题

经统计，2017 年至 2021 年 5 月，某市法院共计审理强制医疗案件 238 件，其中解除强制医疗 86 件，违法事由多为故意杀人、故意伤害、妨害公务、寻衅滋事、放火、以危险方法危害公共安全等严重暴力违法行为。[1] 查询有关公开裁判文书可见，强制医疗的申请人均为基层检察机关，98% 以上的违法行为人在案发后 24 小时内被采取刑拘等强制措施；90% 以上的被鉴定人经精神病鉴定为无刑事责任能力后，于同日被释放并被采取临时保护性约束措施；75% 以上的案件因个人隐私不公开开庭审理。解除

[1] 2017 年以来，该市强制医疗管理处（安康医院）累计收治强制医疗病人 140 人，采取临时保护性约束措施的共计 201 人，累计解除强制医疗 64 人，累计解除临时保护性约束措施人员 49 人。

强制医疗案件中,95%以上的申请人被收治安康医院;法院收案后,90%以上的案件通过书面审查结合询问被申请人的方式非公开开庭审理或审查;约15%的案件曾经多次申请解除,由法院审查后作出继续强制医疗的决定。从调研和听取意见情况来看,强制医疗程序的适用存在的问题集中在以下几个方面:

1. 临时保护性约束措施的适用问题。《刑事诉讼法》规定,在法院决定强制医疗前,公安机关可以对实施暴力行为的精神病人采取临时保护性约束措施。《公安机关办理刑事案件程序规定》《人民检察院刑事诉讼规则》亦分别对临时保护性约束措施作出了相关规定。临时保护性约束措施针对的对象是法院决定强制医疗前的暴力行为实施精神病人,由公安机关负责采取措施,检察机关负责监督。从定位上看,临时保护性约束措施既不是惩罚也不是普通的羁押措施,而是为了在保护他人的同时更好地对精神病人进行治疗。但关于临时保护性约束措施的实施场所,以及采取临时保护性措施前的场所,实践中均有所不同。部分强制医疗被申请人被羁押在看守所,部分被送入医院就医,也有人直接被送入强制医疗机构。[1]

根据规定,执行临时保护性约束措施必要时,公安机关才可以将精神病人送入精神病医院接受治疗。以北京市为例,强制医疗案件裁判文书显示,多数案件未列明临时保护性约束措施的实施场所,从实际情况看,有的精神病人被送入当地安康医院,有的被送入其他精神病医院接受治疗。严格而言,安康医院应属于强制医疗的收治机构,根据规定只有在法院作出强制医疗决定后,才能依据相关法律文书接收精神病人。

此外在时间期限上,《刑事诉讼法》仅对人民法院审理强制医疗案件的期限作出了规定,期间为1个月,但没有对公安、机关和检察院办理相关案件的期限作出规定,更没有对采取临时保护性约束措施的时间、期限,何时启动措施,何时转出,如何衔接等做以明确统一,故实践中存在部分案件办理中采取临时保护性约束措施时间过长的问题。因此,临时保护性约束措施的适用期间和执行场所、费用承担等均有待进一步明确。

2. 案件审理容易流于形式的问题。一方面,《刑事诉讼法》规定强制医疗案件应当组成合议庭进行审理,法院审理强制医疗案件时,应当通知被告人的法定代理人到

---

〔1〕 不能排除被取保候审的被申请人具有一定的社会危险性,对他人或社会造成威胁和危害,以及被羁押于看守所的被申请人的身体精神状况未必适合羁押的情形。

场,却并没有要求被申请人必须出庭。北京市《关于强制医疗程序的实施办法(试行)》进一步规定,“被申请人要求出庭,法院经审查其身体和精神状态认为可以出庭的予以准许”。实践中,被申请人出庭案例很少,与此同时,经常出现办案人员无法联系法定代理人,或者法定代理人经通知因在外务工、路途遥远等客观原因,或基于不愿监管承担责任的心理,拒绝到庭的情况。另一方面,《刑事诉讼法》并未规定法院审理强制医疗案件需要通知被害人或其近亲属参加,实践中上述人员也常常不到庭,也不一定听取被害方意见。这样就造成庭审相对形式化的问题。法官在会见询问被申请人,开庭审查查明案件基础事实,审查精神病人鉴定意见结论和其他证据材料基础上,作出是否需要强制医疗的决定。其中对鉴定意见的法庭调查和质证相对弱化。为了避免部分被申请人通过该方式逃避法律追究,司法机关必须对这类案件进行实质性审理,尤其对鉴定意见和被鉴定人的刑事责任能力要进行实质性审查。此外,《刑事诉讼法》规定强制医疗案件审限为1个月,没有明确是否能够延长审限,实践中对需要补充查证事实的案件来说,审限十分紧张。在精神病人与非精神病人共同犯案时的分案处理、法定代理人与诉讼代理人的诉讼权利等方面也有具体适用规则完善问题。

3. 被害方权利保障相对弱化的问题。实践中,强制医疗案件均从刑事案件转化而来。由于强制医疗案件系刑事诉讼中的特别程序案件,法院只需审理被申请人是否符合强制医疗的条件,原刑事案件该如何处理,是继续审理,还是撤销案件,法律法规尚未规定。北京市《关于强制医疗程序的实施办法(试行)》中规定公安机关对符合强制医疗条件的精神病人应当依法撤销刑事案件。从实务上来看,一旦从刑事案件转化为强制医疗案件,刑事案件不再审理;很多强制医疗法律文书中亦没有采用“撤案”的说法,而是“被申请人经鉴定为不负刑事责任能力后被释放,同时采取临时性保护约束措施”。尽管暴力实施行为人不负刑事责任,但行为给被害人或家属造成的伤害和损失客观存在。对此,法律没有规定强制医疗程序中的民事调解部分,被害人或被害人家属的经济损失问题无法在强制医疗案件中得到解决;法律也没有对强制医疗案件中的刑事附带民事诉讼与民事自诉进行衔接规定。在多地司法实践中,刑事转化为强制医疗案件的被害人赔偿问题,只能由被害人或被害人近亲属向法院另行提起民事诉讼来解决,带来了诉讼成本的增加,也由此造成了被害人权利保障的弱化。从结果上来看,多数被害人家属实际上得不到赔偿,这势必造成被害人及其家属的情绪难以得到抚慰、社会矛盾激化。

4. 解除强制医疗的条件难以把握的问题。《刑事诉讼法》第306条规定,强制医疗机构应当定期对被强制医疗的人进行诊断评估。对于已不具有人身危险性,不需要继续强制医疗的,应当及时提出解除意见,报决定强制医疗的人民法院批准。被强制医疗的人及近亲属有权申请解除强制医疗。《关于强制医疗程序的实施办法(试行)》规定了审理申请解除强制医疗案件时应当审查是否附有对被强制医疗的人的诊断评估报告的要求。从理论上,如果说申请强制医疗的案件应当严格审查,对于曾作出严重暴力行为不负刑事责任行为人的解除强制医疗,审核更应当严格。

强制医疗执行机构会根据诊疗情况及日常表现是否有暴力倾向等情况作出评估,诊断评估报告的内容往往侧重于被强制医疗人员病情情况,对病情痊愈或稳定程度进行评估。在诊断评估报告的基础上,有的法院会要求强制医疗机构提供第三方的诊断意见,但相关条件、如何委托都没有明确规定。法官通过会见约谈被申请人,了解其情绪的稳定性和对自己违法行为的认识程度,一些较为负责的法官还会约谈被申请人的主治医师,对其病史、现状以及未来的复发可能性进行充分了解。在审查重点上,法院在认定是否解除强制医疗时,除了评估被申请人的病情本身,需要更多考虑"有无继续危害社会可能"。由于人身危险性的评估存在操作难度与认知差异,法院会将家属或监护人是否具备对其严加看管和送交医疗的条件和能力作为审查参考的重要标准。

实践中,被强制医疗的人的法定代理人多为父母,本身年纪偏大,兄弟姐妹往往不愿承担监管责任,如何督促法定代理人履行监护义务并无强制性手段,一旦监护人不履行监护义务、精神病人脱管,就可能造成潜在或现实危害。基于以上考虑,法院在作出解除强制医疗的决定时就会特别慎重,一些案件经法院审查后认为不满足解除条件,仍需继续强制医疗的,还出现了多次申请解除,多次不予批准的情形。从操作层面来看,所有的解除强制医疗决定书中都会要求监护人严加看管、定期服药、复查,如遇紧急情况及时就医,这就造成了监护情况与强制医疗措施解除的强相关。从解除强制医疗的情况来看,多是病情不复杂、造成危害后果不严重、监护到位的被强制医疗人。如果被申请人没有监护人,很难被解除强制医疗。客观上造成解除强制医疗较难的状况。

以近年来因被申请人故意杀人行为被强制医疗的相关案件为例,精神病人肇事肇祸案件中,大多数被害人为精神病人亲属或其周边的人。尽管行为人因故意杀人等严重暴力行为被强制医疗,但强制治疗的期间与其行为可能面临的刑期并无直接关联。

解除强制医疗系根据医院评估结果、被申请人个人状态及其家属监管能力所决定的。在曹某被解除强制医疗案中，诊断评估意见为“如坚持服药复发率几乎为零”。在郭某被强制医疗案中，由于其早年患有精神疾病被保外就医，因为没有得到持续的治疗和监管，又实施了新的暴力行为，这也反映出强制医疗面临着监督缺位、救济困难、判断标准不好掌握等问题（见表3）。

表3　近年来部分强制医疗案件决定及解除情况

序号	案件名称	简要案情	是否开庭	鉴定意见	决定强制医疗及解除
1	杜某某故意杀人被强制医疗案	2016年3月，杜某某臆想母亲是日本人，父亲是他人姥爷，以掐脖子的方法将亲生父母在家中杀害	公开开庭	杜某某被诊断为精神分裂症，实施违法行为时受精神病性症状影响，实质性辨认能力丧失，评定为无刑事责任能力	2016年9月7日法院决定对其强制医疗；2018年9月21日北京安康医院提出解除强制医疗，法院于10月19日决定继续对杜某某强制医疗；2019年4月3日安康医院再次提出解除强制医疗，2019年4月30日解除强制医疗
2	安某故意杀人被强制医疗案	2018年3月，安某怀疑妻子与他人有不正当关系将其在睡梦中杀害	不公开开庭审理	安某被诊断为器质性精神障碍，实质违法行为处于妄想状态，丧失辨认与控制能力，评定为无刑事责任能力	2018年8月29日房山区人民法院决定对其强制医疗
3	范某故意杀人被强制医疗案	2015年5月，范某持水果刀割伤叔父的颈部，致其颈部外伤	因个人隐私不公开开庭审理	经鉴定为精神病人，经法定程序鉴定依法不负刑事责任	2015年12月15日决定对其强制医疗，2017年2月15日北京安康医院作出强制医疗解除意见书，2017年4月11日由于家庭监管能力有限，法院决定继续强制医疗
4	高某故意杀人被强制医疗案	2012年6月，高某在菜地大棚将自己的亲弟弟杀害	解除强制医疗案件为审查	高某被诊断为精神病人，经法定程序鉴定依法不负刑事责任	2013年3月25日海淀区人民法院决定对其强制医疗，2016年4月22日北京安康医院申请对其解除强制医疗，5月20日解除强制医疗

续表

序号	案件名称	简要案情	是否开庭	鉴定意见	决定强制医疗及解除
5	曹某故意杀人被强制医疗案	2015年7月，曹某因情感问题持管制刀具扎伤男朋友屈某致其重伤二级	解除强制医疗案件为审查	曹某被诊断为癔症型精神病，无刑事责任能力	2016年4月26日决定对其强制医疗，2017年12月27日北京安康医院作出强制医疗解除意见书，2018年1月23日海淀区人民法院决定对其解除强制医疗
6	郭某故意杀人被强制医疗案	郭某于1986年7月因故意杀人被判处无期徒刑，1995年因患有精神疾病被保外就医，2016年10月持锤子将李某锤打致死	公开开庭	郭某经诊断为偏执性精神障碍，实施违法行为时受精神病理因素支配丧失辨认、控制能力，评定为无刑事责任能力	2017年1月14日通州区人民法院决定对其强制医疗

5. 强制医疗执行的管理规范问题。目前，法律尚没有统一强制医疗的执行机构，部分地区建立了强制医疗机构。2016年公安部曾发布《强制医疗机构条例（征求意见稿）》。该条例对被强制医疗人员增加了很多人性化规定，例如，被强制医疗半年以上，在满足一定条件的基础上可以请假回家；扩大了被强制医疗人员的解除范围，如其因年老、疾病导致生活不能自理而不具备人身危害性的精神病人，强制医疗机构应当向法院提出解除强制医疗申请等，体现了进步之处。目前，北京市强制医疗机构（安康医院）管理的主要依据是《北京市精神卫生条例》《北京市公安局强制治疗措施管理办法》《北京市关于强制医疗程序的实施办法（试行）》。从调研看，实践中对于强制医疗机构对被强制医疗人员的日常治疗、管理等问题存在规定不清晰、标准不明确的问题。在强制医疗执行过程中出现特殊情况，如入院时出现危及生命安全的其他疾病、患有严重传染性疾病、怀孕或者哺乳自己不满1周岁婴儿的，强制医疗机构不能收治、是否应提请法院改变决定等程序，目前并没有明确规定。强制医疗执行中能否保外就医，目前未予明确。调研中，强制医疗机构出于减轻监护责任、避免在监管场所内死亡等角度，建议对于符合条件的强制医疗人员设立保外就医制度，但也需要考虑出所后的监管衔接问题。

从完善程序规则、促进精神病人强制医疗程序规范适用的角度看，建议从以下几个方面予以完善：

1. 规范临时保护性约束措施的适用，加强程序衔接。在《刑事诉讼法》规定的基础上，进一步规范临时保护性约束措施的适用，明确临时保护性约束措施的适用对象、期间、执行场所和衔接等问题。由于精神病司法鉴定意见作出前只能将被鉴定人称为疑似精神病人，因此，临时保护性约束措施只能适用于鉴定意见作出后至强制医疗决定作出期间。对于具有精神病史以及明显为精神病人的违法行为人，可在案发后尽快送医接受治疗。对此可以借鉴一起案发后次日送医的案例。[1] 被申请人熊某于2018年5月因怀疑他人是平时辱骂自己的人，对被害人实施殴打造成轻伤一级，熊某于当时被公安机关抓获，次日被送至北京回龙观医院接受治疗。熊某于2018年9月经鉴定被诊断为精神分裂症，实施违法行为时受精神疾病影响丧失实质性辨认能力，评为无刑事责任能力，经治疗病情缓解具有受审能力。鉴定意见作出次日，公安机关将熊某释放并送至北京市安康医院采取临时保护性约束措施，本案中，临时保护性约束措施的适用严格遵循了法律规定，同时，公安机关依法保障了行为人治疗利益，相关程序适用与司法鉴定形成了有效衔接。

2. 完善强制医疗案件的审理方式。加大强制医疗案件的实质化审理力度，完善配套支持保障机制。建议对强制医疗程序中的被鉴定人，在进行刑事责任能力鉴定的同时，也要鉴定其受审能力，除经鉴定没有受审能力外，必须出庭接受合议庭的审查，以推动被申请人出庭接受调查。加大对精神病司法鉴定意见的实质审查力度，尽可能要求法定代理人出庭，更加注重听取被害人及其家属意见。

3. 加强对被害人及其家属的权益保障。我国刑事案件正是因为通过对于违法犯罪行为人判处刑罚的方式对被害人及其家属进行精神告慰，故除违法犯罪行为直接给被害人及其近亲属造成的经济损失外，并不支持被害方关于精神损害赔偿的诉讼主张。强制医疗案件，由于精神病人不负刑事责任无须服刑，且此类案件中因精神病人生活环境、经济条件等诸多原因，被害人及其近亲属获得经济损失赔偿难度大，获赔数额小，执行难度高，一旦精神病人在接受一段时间治疗后被解除强制医疗，且解除程序不会听取被害人及其家属的意见，很可能对被害人及其家庭在精神和经济上造成很大

[1] (2018)京0108刑医6号。

的困扰。建议考虑在强制医疗案件中适用刑事附带民事诉讼，参照普通刑事案件，根据被害人及其近亲属的诉讼请求，对精神病人不法行为造成的经济损失在同案中审理认定，以减少其诉讼成本的增加。同时，加强相关工作与司法救助机制的衔接。

4. 规范和完善解除强制医疗的适用机制。依法依规定适用强制医疗的解决程序，完善强制医疗机构的诊断评估意见制度，规范第三方诊断意见出具的条件、委托程序。规范有无“继续危害社会可能”的评估考察和论证。对缺少监护人但病情稳定，不具有人身社会危险性的病人，强制医疗执行机构可以在申请解除强制医疗的同时要求人民法院依法为该人指定监护人，并在解除医疗后由司法机关会同民政部门落实后续监管治疗。在强制医疗的期限上，不妨根据行为人违法行为的严重程度，设置不同的考验期，肇事行为越严重，考验期设置应当相应越长。加强检察机关的监督，在解除医疗程序，建议增加检察人员派员参与审理或审查的规定，同时加强对临时性保护措施时间过长，强制医疗和解除强制医疗流于形式等问题的监督，推动同步审查和实质监督。

（二）精神障碍患者强制住院治疗制度

精神障碍患者的送诊收治既是重要的精神卫生服务，也是预防肇事肇祸的重要环节。除了作为刑事诉讼特别程序的精神病人强制医疗程序外，《治安管理处罚法》第13 条规定，精神病人在无法辨认或控制自己行为时违反治安管理的不予处罚，应当责令其监护人严加看管和治疗。2018 年修订的《精神卫生法》第 28 条、第 29 条、第 30 条等为精神障碍患者的诊断治疗提供了明确的法律依据。精神障碍患者的住院治疗实行自愿原则，但对已经发生伤害自身或危害他人安全或对自身或他人产生危险的严重精神病人，法律作出了强制住院治疗规定，由此确立了针对精神障碍患者的非自愿住院治疗原则。《精神卫生法》针对需经监护人同意的非自愿住院治疗和强制住院治疗这两种非自愿住院分别设置了不同的程序。[1] 在这里，法律综合考虑了保障社会整体秩序的需要以及当事人的健康与合法权益之间的平衡，对于强制住院治疗的条件进

[1] 对于发生伤害自身、危害他人安全的行为，或者有伤害自身、危害他人安全危险的疑似精神病人，其近亲属、所在单位、当地公安机关应当立即采取措施予以制止，并将其送往医疗机构进行精神障碍诊断。对于已经发生危害他人安全的行为的，或者有危害他人安全的危险的精神病人应当对其实施住院治疗；对经诊断认为需要住院治疗的，由公安机关通知精神障碍患者的监护人或者近亲属办理住院手续。对无法通知到精神障碍患者监护人、近亲属的，或者监护人、近亲属拒绝办理住院手续的，公安机关可以先行办理，并由医疗机构在病历中记录。与此同时，《人民警察法》规定公安机关的人民警察在严重精神障碍患者发生危害公共安全或者他人人身安全等情形时，可以对其采取相应的人身约束性保护性措施。

行了一定的限制。

1. 医疗机构的权力与判断标准问题。从理论上,关于严重精神障碍患者的非自愿拘押和治疗一直以来是医学界、法律界争论的焦点。[1]《精神卫生法》关于“经诊断认为需要住院治疗的”规定,使得医疗机构被赋予了对有关精神障碍患者住院治疗的决定权。目前,精神病学界对精神病的病因和发病机制认识尚不充分,精神疾病除了少数器质性病症外,大多只能通过鉴定人或医生的主观判断作出意见或诊断。在临床医疗中,处于发病阶段的严重精神障碍患者常常否认自己有病并拒绝接受医疗服务。

实践中,由于严重精神障碍患者容易肇事肇祸,出于维稳的考虑,为了防止严重精神障碍患者造成严重的事故,医疗机构事实上采取“危险性标准”将严重精神障碍患者划定在需要强制干预的范围内作为强制收治的标准,但医疗机构如何判断精神病人肇事肇祸或对他人或社会产生危险面临操作难题。目前,民政、卫生、公安、部队、残联等多个系统都有自己的精神病院,这种“危险性”原则的适用缺乏明确而统一的程序指导。至少从医学标准上看,严重精神障碍患者并不一定满足危险性标准。如果因严重性而认定其危险性,可能涉及对严重精神障碍患者权益的侵害。被纳入精神疾病患者的统计名单涉及影响其正常生活、学习、工作等一系列后果承担,如果患者没有及时提出异议或未能及时通知家属,甚至没有家属,被决定强制治疗后该如何救济,都涉及合法权益的保障问题。不仅如此,医疗机构既作为强制治疗的决定者,又作为医疗服务的实施者,这种多元角色的责任承担同样也需要监督制约。

2. 公安机关介入诊断收治的条件与操作标准有待细化。《精神卫生法》明确了公安机关在特定情况下具有将疑似精神障碍患者送往医疗机构进行精神检查的法定职权,符合条件的,公安机关可以先行为精神障碍患者办理住院手续。调研中部分公安民警反映,对于疑似精神障碍患者送往医疗机构进行诊断的条件是发生伤害自身、危害他人安全的行为或者有此类危险,但实践中部分疑似精神障碍患者发生随意损坏公私财物、扰乱社会秩序的行为,这些行为并不一定危害自身或者直接威胁他人人身安全。对于此种情形公安机关一般可以要求近亲属或所在单位制止并将其送医院诊治,但是在无法联系近亲属或近亲属拒绝的情况下,公安机关能否直接将当事人送医院诊

[1] 苏联曾因滥用非自愿拘押和治疗而受到国际上的批评,西方国家也存在对严重精神障碍患者漫长甚至终身监禁的案例。

治存在争议，实践操作也不尽一致。与此同时，对于触犯《刑法》经鉴定为限制行为能力的、违反治安管理处罚法的无责任能力或限制责任能力的行为人，是送往普通医疗机构，还是送往强制医疗机构等存在有待规范之处。在近年来涉精神障碍患者相关案例中，公安人员遭到精神病人攻击受伤的案例非常多。[1] 对于公安机关在涉精神障碍患者治安出警处置过程中的救助、送诊行为，实践中存在一定的诉讼风险。

3. 强制收治住院出院运行不够顺畅。目前强制收治程序规范性不强。在精神障碍患者送诊救治的问题上，立法偏向于强调近亲属、所在单位的监护责任。一般的精神障碍患者治疗，以当事人或监护人自愿治疗为主，但收治实践中，精神障碍患者与近亲属、监护人的利益可能出现偏离，比如，由于家庭监护责任过重，社会救助严重不足，加之精神卫生资源较为紧张，[2] 容易出现“该收治的不收治”问题；实践中医疗机构对送治人（家属）负责、漠视“病人”权利的现象较为突出。在近亲属由于情感淡漠、利益冲突等原因将当事人送进精神病院时，即容易将一部分“非自愿治疗”作为“自愿治疗”处理。在出院环节，客观上存在“谁送诊、谁接走”的出院规则。有的家属在患者病情没有完全稳定的情况下，出于经济等因素，执意接领患者出院或者放弃治疗，导致精神病迁延恶化，引发肇事肇祸风险。由于涉及精神障碍患者、近亲属或监护人、公安机关、医疗机构、康复机构等多方主体，实践中出于床位紧张、责任规避等复杂因素，在精神障碍患者住院、出院方面，协调成本较高。

对精神障碍患者的强制住院治疗具有限制人身自由的特征，其适用应当强调对精神病人的治疗权益保障，同时具有维护社会安全的考量。在精神病人的收治实践中，精神卫生资源相对紧张的情况下，精神患者本人、监护人或近亲属、执法机关、医疗机构等多方主体往往存在诸多矛盾与冲突之处，不仅给维护社会稳定带来了阻力，也不利于精神病人的救助救治。为了更好地实现维护社会安全和治疗精神病人的目的，在强制住院治疗制度的运行中，重点从以下方面予以完善：

1. 细化强制住院治疗的操作界限，进一步明确权责边界。强制住院治疗对精神病

---

[1] 以（2019）京 0105 刑医 5 号为例，朝阳分局工作人员在区救助管理站内执行公务时，陈某某将民警孙某打伤致轻微伤，将民警郑某头面部打伤致轻微伤，将派出所保安员韩某右手拇指第一指节咬断致重伤。

[2] 某直辖市精神科医师与常住人口比例约为 5.18 人/10 万人，与发达国家为 10.50 人/10 万人的水平相比差距较大。全市精神专科医院病床总数仅 1 万余张且常年处于满员状态。

人的人身自由进行约束,但其目的在于更好地治疗。在“经诊断认为需要住院治疗”的诊断操作中,有必要将临床治疗标准与社会安全标准适度分离,尊重临床医疗机构的专业诊断,通过病例积累等形式加强对于住院治疗必要性的规范,逐步加强明确、专业和统一的程序指导。与此同时,对于公安机关介入住院治疗、救治救助的权责进行进一步规范,降低执行中发生争议的个案协调成本。

2. 完善权利保障机制。无论是司法机关的强制医疗还是医疗机构的强制住院,都必须符合程序正当的要求,从而防止权力滥用或人身自由遭到剥夺。在强制住院治疗的运行程序中,应加强患者的权利保障,完善听取本人意见,同时及时通知家属或者监护人。保障患者在被决定强制治疗后能有相应救济渠道。完善在没有家属或监护人情况下的程序运作,依照《民法典》相关规定,落实意定监护制度。

在制度完善方面,有必要加强系统性、整体性的考量,加强强制医疗程序执行与强制治疗制度的运行衔接。现有强制医疗程序适用对象仅指案发时无法控制和辨认自己能力完全不负刑事责任的精神病人,但对于实施暴力行为的限制刑事责任能力精神病人,或在案发时具有刑事责任能力,却不具备受审能力、诉讼能力、服刑能力等情形,同样具有人身危险性和社会危害性。实践中,实施暴力行为的限制刑事责任能力精神病人案件目前按照普通诉讼程序处理,从精神病司法鉴定角度来看,限制刑事责任行为和无刑事责任行为的界限相对模糊,限制刑事责任能力的精神病人的人身危险性并不一定比无刑事责任能力人员低,相反可能更具暴力倾向;如果对这些人员通过普通监狱执行刑罚,并不一定具有针对性的治疗、改造效果,此类人员重返社会仍面临执行效果难以评估的问题。有论者指出,目前的强制医疗程序适用范围存在相对狭窄的问题,有必要在综合考虑社会秩序、精神卫生服务资源、强制执行效果等多方因素基础上予以调整完善。

对此,一些地方明确,除《刑法》规定的无刑事责任能力的精神病人外,行为人触犯《刑法》经鉴定为限制行为能力的、违反《治安管理处罚法》的无责任能力或限制责任能力以及无受审或服刑能力的在押人员,均可以由办案公安机关送入安康医院进行强制医疗。[1] 参照《强制医疗所条例(送审稿)》,强制医疗所要求接收入所需要以法院的强制医疗决定书和强制医疗执行通知书为依据。按照《公安机关执法细则》

---

〔1〕《北京市精神卫生条例》规定。

规定,发现违法嫌疑人患有精神病,危害公共安全或者他人人身安全的,可以使用警绳、手铐等约束性警械,采取保护性措施。需要进行鉴定的,应当及时鉴定。需要送往指定的单位、场所加以监护的,应当报请县级以上公安机关负责人批准,并及时通知其监护人。公安机关执法过程中如发现疑似患有精神疾病的违法行为人肇事肇祸,若其行为没有达到刑事犯罪的程度,但违反了《治安管理处罚法》,或对他人人身安全产生伤害或严重威胁,公安机关会将其送入可以提供保护性约束措施的场所对其进行救治(见表4)。由此,在精神卫生医疗资源有限的现实状况下,强制医疗的适用需要考虑强制医疗机构的管理对象是否应适度扩张的问题,也需要从执行层面加强与救治救助、入院治疗的机制衔接。从强制医疗程序的严重性质、强制医疗能力以及对人身自由及相关权益的影响综合考虑来看,扩张精神病人强制医疗程序的适用范围仍需谨慎。

表4　各类人员适用程序情况

人员	适用程序
实施暴力行为已构成犯罪系不负刑事责任的无刑事责任能力精神病人	强制医疗程序—强制医疗机构执行
实施暴力行为的限制刑事责任能力精神病人	普通刑事程序,事实上由办案机关送入安康医院进行强制医疗
违反《治安管理处罚法》的无责任能力或限制责任能力人员	有必要的强制住院治疗,公安机关送入可以提供保护性约束措施的场所救治

六、严重精神障碍患者的权益保障问题

(一)严重精神障碍患者的权利保护内容

在防范严重精神障碍患者肇事肇祸行为的同时,对精神障碍患者的权益保护也应当是精神卫生工作的重点。从《精神卫生法》立法精神上看,除了要发展精神卫生事业,规范精神卫生服务,更重要的是维护精神障碍患者的合法权益,促进在社会形成对精神障碍群体友好尊重的氛围,这也是各国在精神卫生方面发展的趋势。目前,我国《精神卫生法》没有像俄罗斯、葡萄牙、巴西等国家在精神卫生立法中专章规定精神障碍患者的权利,实践中,严重精神障碍患者的权益保护重视不够、效果不彰。从理论上看,严重精神障碍患者作为社会特殊弱势群体,享有同其他公民相同的政治、经济、文化和社会权利以及一些特殊权利,各国关于精神卫生法规定精神障碍患者享有的权利

保护主要内容：

1. 人格尊严、人身和财产安全权。《保护精神病患者和改善精神保健的原则》中提到精神障碍患者和作为精神障碍患者而接受治疗的人都有权得到人道待遇、尊严受到尊重。在现实生活中，严重精神障碍患者往往会受到社会大众的偏见和歧视，甚至遭到人格侮辱，他们难以融入社会，其合法权益也难以得到保障和落实。严重精神障碍患者作为社会的特殊弱势群体应当同其他社会公众一样享有作为人的基本权利，其享有的权利内容是基于其作为人的自然属性与社会属性所应当享有的基本人权，其次才是作为精神卫生服务对象即患者所应当享有的权利，若将严重精神障碍患者作为"非人化""客体化"的存在将会对社会秩序造成严重的损害，我们应当保障严重精神障碍患者的人格尊严、人身和财产安全权不受侵犯。

2. 知情同意及获得治疗权。知情同意是医疗活动中的一项基本规则，是患者积极行使医疗自主决定权的重要体现，欠缺患方的知情同意，其医疗行为就失去了合法基础。充分对患者进行权利告知、患者行使知情同意权是医疗行为正当性的基础性条件。"每个人都是自己利益的最佳判断者"的自主观念是知情同意权产生的理论基础，医疗知情同意权规则不仅是维护患者生命健康权的有效武器，更体现了对患者个人自主和尊严的尊重。正如苏力教授所言，医疗知情同意从来不是可有可无的手续，它是治疗的重要组成部分，是其正当性和合法性的基础。患者的知情同意权是指患者在就诊过程中有知悉自己的病情、医疗机构及其医务人员所制定的医疗方案、将要采取的医疗措施以及可能存在的风险等信息，并作出是否同意实施医疗方案、措施的权利。患者的知情同意权可以体现在两个阶段，第一阶段是知情权，第二阶段是同意权。前者是后者的前提和基础，后者则体现了前者的意志和价值。然而严重精神障碍患者的知情同意权确有其特殊性，其自主性和理性判断能力因疾病而受到部分损害或丧失。《精神卫生法》第39条规定了医疗机构及其医务人员在制定诊疗方案时向患者或者监护人的告知义务。显然，在这一条文中并没有要求要获得患者或者监护人的同意（除法律明确的一些特殊治疗除外），也没有规定医务人员要与患者或者其监护人协商制定治疗方案和治疗方法，这无疑是对患者权利的一种侵害。当严重精神障碍患者不具有意思表达能力和知情同意能力时建立一种代理人制度能够帮助其更好地维护合法权益。在患者为严重精神障碍患者的情形下，为更好地维护或者实现其权利，《民法典》第1219条明确了患方的同意为第一顺位，同时也将有权代理患方同意的代理人范围由原来的“患方家属”缩小到“患方的近亲属”。代理人范围虽然限缩,但应当注意无论是《民法典》出台前的代理人范围还是《民法典》出台后的代理人范围,代理人都必须以患者的最佳利益为出发点和落脚点来行使同意权。

鉴于严重精神障碍疾病的特殊性,其治疗往往需要一个漫长的过程,获得治疗权是保障严重精神障碍患者的一项基本权益。但是我国《精神卫生法》对如电休克、绝育等特殊治疗措施并没有具体的规定,在实践中利用约束、隔离等保护性医疗措施惩罚严重精神障碍患者的例子时常发生,因此需要多方主体对严重精神障碍权利进行保护。

3. 隐私权。《欧洲人权公约》第 8 条指出要尊重个人私人生活与家庭生活的权利。《残疾人权利公约》第 22 条规定,精神残疾人的隐私应当同样受到尊重。出于治疗疾病的需要,患者必须向医师如实陈述自己的病史以及诊断疾病的个人信息,这是患者基于其隐私支配权而作出的对隐私的有限放弃,在此情形下,医师必须平等地保护患者的健康和康复资料。《马德里宣言》第 6 条明确了医疗机构在治疗过程对患者秘密隐私的保护职责,隐私信息只能用于改善患者的病情,同时禁止精神科医生将患者隐私用作个人隐私使用或者获得商业和学术利益。这是对精神科医生保护患者隐私的禁止性规定。《民法典》将隐私权作为一项具体人格权进行保护,在诊疗活动中,严重精神障碍患者出于治疗疾病的目的向医师如实陈述病史及诊断疾病所需的个人资讯,这对严重精神障碍患者的诊疗、康复、治愈具有积极作用。与患者隐私权相对应的就是医疗机构及其医务人员的保密义务,不泄露患者隐私已成为我国医护界必须遵守的职业道德规范。《民法典》第 1226 条也规定了医疗机构及其医务人员应当对患者隐私和个人资讯保密的义务。严重精神障碍患者作为社会特殊弱势群体,无论是在医学领域还是在法学领域,都应当对严重精神障碍患者的隐私资讯、隐私空间以及隐私行为加大保护力度。同样《精神卫生法》将行政部门依法履行职责作为公开严重精神障碍患者隐私权的例外情形,其对严重精神障碍患者的隐私权保护范围过窄,不利于严重精神障碍患者的权利保护。

4. 平等的学习和劳动就业权。严重精神障碍患者作为社会极特殊的弱势群体,其劳动权和教育权应当受到法律平等地保护和社会应有的尊重。劳动权的产生和发展与人们的生存权息息相关,但是二者之间不是包含与被包含的关系,劳动权在人类文明发展史上已经具有其独特的独立性特征。劳动权是一项发展中的权利,其内容随着社会变革、社会变迁而日益丰富,其范围随着社会政策和社会立法而不断扩展。公民想要获得良好的生存和发展条件离不开劳动权的行使。平等地学习和接受教育是对患者尊严的维护,是对患者基本人权的保护,是自由平等思想在严重精神障碍患者权利保护当中的体现。严重精神障碍患者的平等学习和劳动就业权的享有和行使离不开其自身特定的精神健康状况。

5. 医疗保障权和社会救助权。严重精神障碍患者属于社会的特殊弱势群体,其主要监护责任在于家庭,需要家庭长期照顾,这导致家庭在严重精神障碍患者的诊疗、康复过程中身心负担过重。为了解决严重精神障碍患者家庭因病致贫和因病返贫问题,需要国家和社会为严重精神患者及其家庭提供较为广泛的社会救助。《精神卫生法》对患者的严重精神障碍患者的医疗保障权进行了规定,这对于维护严重精神障碍患者的医疗权与健康权具有重要的意义。

6. 诉权和获得赔偿权。诉权是严重精神障碍患者维护自身合法权益的有效途径。严重精神障碍患者应当享有接受公正审判和正当程序的权利,严重精神障碍患者或者其监护人、近亲属认为行政机关、医疗机构或者其他有关单位和个人侵害患者合法权益,可能给严重精神障碍患者带来损害的,可以依法提起诉讼,并要求侵权一方承担相应的责任。目前,我国的《精神卫生法》并没有根据社会问题提出解决的因应之道,没有规定完整的、科学的权利救济途径,不能实现程序法追求的公平正义的价值取向。

(二)严重精神障碍患者权益保护现状与障碍

1. 严重精神障碍患者权利保护现状。改革开放以来,我国医疗卫生事业不断发展,在精神卫生方面也取得了进步。精神障碍患者在就诊的渠道、专业的诊疗和护理等方面都取得了很大改善,我国精神病院的医疗模式朝着科学化、规范化、理性化方向发展,政府将严重精神障碍患者救治纳入公共卫生服务规划。《精神卫生法》自2013年5月1日起施行以来,将我国的精神卫生工作纳入法治化的轨道,在发展精神卫生事业,规范精神卫生服务,维护精神障碍患者的合法权益上发挥了重要的作用,这是加强和完善精神障碍患者权利保护方面一项里程碑式的成就。但是我国严重精神障碍患者的现状仍不容忽视:一是严重精神障碍患者总量大。我国疾控中心发布的数据显示,我国严重精神障碍患者数量整体呈现上升和年轻化趋势,精神分裂症占比较大。截至2018年年底,在册严重精神障碍患者599.4万人,男性占比51%,女性占比49%,18~59岁患者占比74.56%,精神分裂症占比73.81%,贫困占比60.37%,下岗或无业占比13.05%。

二是社会公众对严重精神障碍患者接受度低。由于各个地区经济、文化水平的差异,各地对精神障碍的教育、预防、治疗水平的参差不齐,社会公众对严重精神障碍的认知率和接受程度低,部分患者及其家属对严重精神障碍具有病耻感,不愿主动就医积极接受治疗,这给严重精神障碍患者的治疗和康复带来了极大的阻碍。

三是精神卫生服务体系尚不健全。北京安定医院曾参与的一项国际性研究报告显示,我国精神疾病存在巨大的"治疗缺口"——需要治疗却没有寻求或者未能获得治疗的患者所占比例极高,在我国,有92%的严重精神障碍患者没有接受治疗。有的严重精神障碍患者情绪压抑、愤懑,于是将攻击他人作为一种宣泄手段,有的严重精神障碍患者会出现幻听、幻觉,或者出现思维、推理误判,产生攻击行为,这种行为在发生时不受控制,针对的对象除了严重精神障碍患者家属外,还有精神科医生面临着极大压力,许多医学生毕业后不愿选择此科室工作,心理需求的爆发式增长与专业医生数量、质量不足成为我国精神健康工作中的一大难题,同时,严重精神障碍患者需要漫长的治疗和观察,大部分的患者依从性并不好,随访工作难度大。我国目前为了减少精神障碍患者的病情波动,提倡将严重精神障碍患者分为急性期、巩固期、维持期三个阶段治疗,急性期在医院治疗、巩固期在康复机构、维持期回到社区。但现实情况是医院的床位、医生数量明显不足,这对维护严重精神障碍患者的生命权以及健康权带来了极大的挑战。

四是严重精神病患者回归社会难度大。精神障碍患者如何回归社会也是一个复杂的问题,一旦患者被贴上严重精神疾病的标签,其病情以及行为就会被无限放大,即使在后期严重精神障碍患者能够痊愈,也不容易被社会群体接纳。目前,我国规定了严重精神障碍发病报告管理机制,然而精神障碍患者入库容易出库难。与解除强制医疗案件不同,强制医疗机构往往由于法律明确规定以及医疗容纳条件所限,需要定期主动对被强制医疗精神障碍患者进行检测并申请解除。然而未被强制医疗却被纳入重性精神疾病信息管理系统的患者,符合什么样的标准可以从系统中移除,如果误被列入管理系统该如何救济,有待设立相关机制予以明确。

五是严重精神障碍患者家庭监护责任过重,社会救助严重不足。精神疾病占社会疾病总负担的20%~25%,精神障碍患者的主要问题是药物依从性差,不按医嘱服药导致90%的复发率,很多严重精神障碍患者因为病情反复、长期服药,其目光呆滞、表情怪异，常常伴随的有心血管脑疾病和肿瘤，很多精神障碍患者陷入了恶性循环，《精神病学》（医学高级版）第十三章自杀行为与危机干预内容中论述，10%以上的严重精神障碍患者选择自杀来结束自己漫无边际的痛苦，这成为我国自杀人群总数中的大部分，或者任由百病袭击，突发死亡。在一些偏远地区，人们缺乏对精神疾病的了解，对于严重精神障碍疾病的患者，其家属往往限制其人身自由，将其锁禁、遗弃。治疗精神障碍药物价格昂贵，即便目前我国已将精神障碍患者治疗费用纳入医保报销，但家庭及个人负担依旧非常沉重，无论是贫困家庭还是“小康家庭”都承担着巨大的经济压力，根据WHO的推断，2020年我国精神疾病负担已经上升至疾病总负担的25%，2021年至2030年，精神疾病将导致我国的经济增长缩水超过9万亿美元。

六是医疗资源分布不均。精神卫生服务总量资源总量不足且分布不均衡是我国医疗服务体系的现状之一，我国精神卫生资源因地区经济发展水平差异呈现分布不均的特点，主要资源分布在省会城市和东部发达地区，中西部地区以及贫困地区精神卫生资源匮乏，县级精神专科医院开展精神障碍和心理健康服务能力严重不足。

七是特殊弱势群体保护力度不足。我国未成年人、老年人、少数民族族裔、宗教信仰者等严重精神障碍患者的权利保护在精神卫生法中没有针对性的条款进行相应的保护，同样，妇女产后是精神障碍爆发的高危阶段，在分娩后的第一周，50%～75%的女性会出现轻度抑郁症状，10%～15%会患产后抑郁症，产后1个月内抑郁障碍的发病率是非分娩女性的3倍。然而在实践工作中，伤害未成年人、老年人、少数民族族裔等严重精神障碍患者权益的事件屡见不鲜，对产后妇女的精神状况也缺乏足够的重视和保护。

2. 严重精神障碍患者权利保护存在的障碍。(1)严重精神障碍患者的隐私权易受到侵害。隐私是一个非常宽泛的概念，取决于社会介入个人事务中的程度。隐私包括领地隐私、身体隐私、信息隐私和通信隐私。精神障碍患者的隐私权利常常会受到侵害。我国《精神卫生法》对精神障碍患者的隐私权保护作出了多项规定，但实践中仍存在侵犯严重精神障碍患者隐私权的问题。例如，《精神卫生法》规定对严重精神障碍患者实施发病报告制度、国务院的卫生行政部门与其他部门联合建立信息共享机制等。目前，精神卫生发病报告制度以及精神卫生信息共享机制坚持的是“只进不出”规则，也就是说，一旦曾经精神障碍患者信息被临床记录或者电子病历数据库记录在案，即使是日后康复，其信息也不会被消除。目前，社会普遍存在对严重精神障碍患者的歧视和偏见，其信息一旦在未经其授权的基础上被有关部门、组织共享，患者的隐私权便受到极大侵害，患者的其他权益如劳动和获得报酬权也会受到侵害。

(2)精神卫生相对落后。我国精神卫生医疗机构和专业人数近年来有所增加，根据我国卫生健康统计年鉴的数据，截至2019年年底，我国共有精神病医院1545所，精神病执业(助理)医师有40,850名，较2018年年底增长415人，注册护士有95,791名，较2018年数量减少5491人，与此同时，我国严重精神障碍患者人数却在逐年上升，我国目前仍是每10万人不到3名精神科医生，而世界平均水平是每10万人4名精神科医生、13名护士。发达国家比例则会更高，正如前面提到的美国平均每10万人有13.3名精神科医师，我国精神心理服务仍然面临着巨大缺口。我国目前精神科医生面临着社会认同感差、职业风险度高的特点，精神科医师在执业场所中面临患者施暴的频率较其他科室医师更高，严重精神障碍患者的治疗管理面临着更多的困难。儿童、老年人等专业的精神科医师数量在我国尤其缺乏，高质量、经过培训的临床心理治疗师、心理咨询师、医院社工、职业康复人才更加缺乏，人才紧缺、人员不足已经成为严重影响我国精神卫生事业发展的紧迫问题，同时我国严重精神障碍患者治疗率偏低，规范服药率仅为41.8%，严重精神障碍患者的健康权甚至生命权都受到了极大的挑战。

(3)权利救济机制不完善。由于严重障碍患者缺乏自知力以及客观判断能力，我国实行了一种“家长式主义”的非自愿住院治疗制度，目的是保障严重精神障碍患者的利益而对其加以必要的限制措施。《精神卫生法》第30条、第35条规定了严重精神障碍患者的非自愿住院治疗制度。严重精神障碍患者非自愿住院治疗途径多样，其涉及的不仅仅是医疗问题，更多的是法律与社会问题。《精神卫生法》虽然设定了非自愿住院医疗的条件，但是没有规定完善的非自愿住院治疗的程序机制，缺乏审慎、必要的法律程序保障。严重精神障碍患者在医疗机构中，其合法权益也时常遭到侵害。权利救济途径的完善在一定程度上也代表了法治文明程度。对非自愿住院患者目前不仅要立足于程序法上完善对强制住院治疗程序的设计以及监督救济机制的完善，更要关注实体法上对严重精神障碍患者权益的维护。

(三)严重精神障碍患者权利的法治保障措施

严重精神障碍患者的权利保护是一项系统的法治工程。要正视并分析目前严重精神障碍患者权利保护救助现有制度和社会实践中存在的不足，积极探索对严重精神障碍患者权利保障和救助从保卫社会安全模式向尊重人权医疗模式转变的法治化路径,从而最终形成以患者权利保护为中心,由国家负责、依托于社会、政府兜底的社会化和开放性的权利保障救助体系,从而切实提升对严重精神障碍患者在治疗管理、康复、回归社会等方面的综合法律治理能力。

1. 立法保障。目前,我国在严重精神障碍患者的权益保护的法律制度在总体上呈现出层次低、数量少的特点,针对精神卫生法治建设不全面、缺乏顶层设计的局面,国家应当适时修订完善《精神卫生法》,系统完善规定精神障碍患者的权利;及时出台相应的配套行政法规,落实法律规定的行政部门依法履行职责与有关部门、组织建立信息共享机制等安排。在《精神卫生法》配套的法律规范中明确精神卫生机构的管理人员应确保有适当的程序和制度以保护患者的隐私,建立有效制度保证,只有得到授权的人才可以使用患者临床记录或其他数据记录如电子病历数据库等。将严重精神障碍患者的非自愿住院程序纳入法制轨道中,完善和细化权利告知制度,按照法定程序对严重精神障碍患者或者监护人、近亲属进行详细的权利内容告知;细化限制严重精神障碍患者行使权利的条件,避免在实践中滥用这些情形对严重精神障碍患者的合法权利构成不正当侵害。

2. 行政监督。精神障碍患者强制住院治疗程序设计是各国精神卫生立法的关键,也是保障精神障碍患者权利的重要一环。在严重精神障碍患者强制住院治疗过程中,需要行政机关加强对医疗机构的监督。《精神卫生法》规定了卫生行政部门在严重精神障碍患者收治过程中的监督机制。对医疗机构及其医务人员的诊疗行为进行严格监督,进而充分维护严重精神障碍患者权益。如果有诊断结论或者病情评估表明,就诊者为严重精神障碍患者,且尚不构成对患者生命安全之足够威胁,医疗机构没有必要进行干预,更不应该实施强制措施和手段以实现“为了治疗而治疗”,而非“为了患者而治疗”。此外,政府在严重精神障碍患者就业方面同样负有一定责任,行政机关应当就用人单位是否存在精神障碍患者就业歧视建立相应的审查机制,在进行充分鉴定的基础上评估精神障碍患者的就业能力和是否可以胜任现有工作;在对医疗机构或者严重精神障碍患者进行行政执法时,应当注意对严重精神障碍患者的隐私保护;坚持非歧视原则解决严重精神障碍患者的居住问题,为流浪或者没有监护人的严重精神障碍患者建立如适合长期居住的供养之家等居住场所,为精神障碍患者提供一个服务平台和适于必要的医疗或社会康复的救助性居住地。严重精神障碍患者权益的维护离不开行政救济，对于强制医疗正义秩序的维护必须依赖程序法的实施；县级以上人民政府卫生行政部门可以编印《患者及家属的权利手册》《强制住院指引》给精神医疗院统一使用，并规定工作人员除要当面口头告知患者及家属之权利，还须主动提供书面资料或《患者及家属权利手册》，可以要求患者或者近亲属在权利告知书上签名以确保权利被告知。

3. 司法审查。为充分保护严重精神障碍患者的权利，应当完善法律救济制度和程序。以精神障碍患者生育权等人身权利为例，目前是通过伦理委员会的审查机制对严重精神障碍患者的权益进行保护，但若对严重精神障碍患者实施绝育手术等具有风险的特殊治疗措施，鉴于这些特殊治疗措施往往具有重大性和不可弥补性，应当逐步过渡到法院司法审查的模式，即医院通过"确权之诉"向法院提出对该精神障碍患者实施绝育手术等特殊治疗措施的合法性审查，法院在充分考虑该严重精神障碍患者的状况下，辅之以鉴定和专家辅助人来弥补法官专业知识的欠缺继而通过裁判的方式，作出是否实施特殊治疗措施的裁定，以加强对精神障碍患者权利的司法保护。

4. 社会保护。精神障碍患者的社区化治疗已成为世界精神卫生服务的发展趋势，应考虑建立社区精神卫生服务制度来充分保护严重精神障碍患者的权益。《"健康中国 2030"规划纲要》提出要加强严重精神障碍患者报告登记和救治救助管理。按照《严重精神障碍管理治疗工作规范(2018 年版)》，精神卫生机构不仅要开展院内康复，也要对社区康复提供相应的技术指导，形成医疗机构—社区康复机构间的良好衔接。原国家卫生计生委于 2015 年发布《全国精神卫生工作规划(2015—2020)》，指出我国未来需积极推行"病重治疗在医院、康复管理在社区"，鼓励引导社会资源提供精神障碍患者社区康复服务。在该规划的指导下，一些城市社区大力开展医院社区一体化治疗模式及"同伴支持"项目，即由经过筛选、评估和培训的康复良好的严重精神障碍患者在社区为其他病友提供服务，以期帮助病友早日改善社会功能、回归社会，取得了积极良好的效果。在这些有益探索的基础上，需不断完善形成统一的行业标准，同时要明确社区康复机构主体部门、机构的职责以及社区康复提供的具体服务内容，推动建立医疗机构—社区—家庭监护三者协作平台，提升严重精神障碍患者权益保护水平。

与此同时，要加大宣传力度，普及精神障碍相关医学常识和法律常识，鼓励人们正确认知心理和精神障碍性疾病。社会环境对精神障碍患者的歧视、不友好，亦会导致普通人难以正视自己的情绪、心理和行为表现异常，拒不接受医疗帮助，不能及时就医,从而加剧病情,形成恶性循环。加大对于精神障碍患者的福利、帮助救助力度,结合我国实际国情,在方法上实现多元和创新,加强法医精神病学的学科建设,引进社区康复、社会义工等多种形式。只有从人文科学层面提供支持,才能从源头上减少精神障碍患者的发病,营造有利于精神卫生康复的环境,从而实现肇事肇祸的防控、促进精神健康与社会文明。

参考文献

[1]王岳主编:《医事法》,人民卫生出版社 2019 年版。

[2]李霞:《成年监护制度的现代转向》,载《中国法学》2015 年第 2 期。

[3]李霞:《意定监护制度论纲》,载《法学》2011 年第 4 期。

[4]崔建科:《论精神障碍者的民法监护》,山东大学 2007 年硕士学位论文。

[5]睢素利:《对生前预嘱相关问题的探讨》,载《中国卫生法制》2014 年第 2 期。

[6]王岳:《疯癫与法律》,法律出版社 2014 年版。

[7]赵西巨、韩新民:《论精神疾病患者的"预先指示权"》,载《南京医科大学学报(社会科学版)》2004 年第 1 期。

[8]《精神卫生,人权与立法资源手册》,第 77 页。

[9][英]乔纳森·赫林、杰西·沃尔:《医事法里程碑判例》,王岳主译,北京大学医学出版社 2020 年版。

[10]杨立新:《中国〈民法总则〉成年监护制度改革之得失》,载《贵州省党校学报》2017 年第 3 期。

[11]李国强:《成年意定监护法律关系的解释——以〈民法总则〉第 33 条为解释对象》,载《现代法学》2018 年第 5 期。

[12]睢素利:《意定监护让生前预嘱的落实有"法"可依》,载《健康报》2017 年 10 月 5 日。

[13][英]查尔斯·福斯特:《医事法》,刘文戈译,译林出版社 2020 年版。

[14] Judy Thomas, Charles Sabatino, Patient Preferences, Policy, and POLST. Journal of the American Society on Aging, 2017, p. 102 – 109.

[15]王岳:《后现代精神病学对现代精神病学的法哲学反思》,载《中国卫生法制》2013 年第 5 期。

[16]信春鹰主编:《中华人民共和国精神卫生法解读》,中国法制出版社 2012

年版。

[17]苏力:《医疗的知情同意与个人自由和责任:从肖志军拒签事件切入》,载《中国法学》2008 年第 2 期。

[18]孙东东:《自知力缺损精神障碍患者知情同意权的法学理论与实务》,载《中国心理卫生杂志》2013 年第 8 期。

[19]祝彬:《论医疗知情同意权的代理行使》,载《医学与哲学》2013 年第 11 期。

[20]马新福、薛长礼:《劳动权的法社会学论析》,载《吉林大学社会科学学报》2004 年第 2 期。

[21]Fulford K. W. , Smirnov A. Y. , Snow E. , *Concepts of disease and the abuse of psychiatry in the USSR*, The British Journal of Psychiatry, 1993, 162, pp. 801 – 810.

[22]Grob G. , *Abuse in American Mental Hospitals in Historical Perspective: Myth and Reality*, International Journal of Law and Psychiatry, 1980, 3, pp. 295 – 310.

[23] Burti L. , *Italian Psychiatric Reform 20 Plus Years After*, Acta Psychiatrica Scandinavica, Supplementum, 2001, 410, pp. 41 – 46.

[24][英]托尼·霍普:《医学伦理学》,吴俊华、李方、裘劼人译,译林出版社 2010 年版。

[25]谢斌、唐宏宇、马弘:《精神卫生立法的国际视野和中国现实——来自中国医师协会精神科医师分会的观点》,载《中国心理卫生杂志》2011 年第 10 期。

[26]国家卫生健康委员会编:《中国卫生健康统计年鉴 2020》,中国协和医科大学出版社 2020 年版。

[27] World Health Organization, *WHO Resource Book on Mental Health*, Human Rights and Legislation. Geneva, 2005, p. 105.

[28]单美惠:《精神卫生法之国际比较研究》,台湾大学 2004 年硕士学位论文。

[29]戚静:《易肇事肇祸严重精神障碍患者的社会综合管理研究——以陕西省西安市为例》,西北大学 2017 年硕士学位论文。

[30]王茹:《我国〈精神卫生法〉的人文关怀思想研究》,安徽医科大学 2016 年硕士学位论文。

[31]包琪:《我国精神障碍患者非自愿住院制度及其完善研究——基于对〈精神卫生法〉的检视》,吉林大学 2020 年硕士学位论文。

[32]神骥:《精神障碍者人权的法律保障研究》,云南财经大学 2013 年硕士学位论文。

[33]邹展平等:《重性精神疾病患者肇事肇祸情况干预效果评估》,载《中国公共卫生》2014 年第 5 期。

[34]黄海锋等:《严重精神障碍患者肇事肇祸影响因素及应对策略》,载《深圳中西医结合杂志》2016 年第 5 期。

[35]宋远升:《"定病"与"定罪":精神病鉴定专家对刑事法官裁判权的双重挑战》,载《法学论坛》2017 年第 1 期。

[36]陈卫东等:《司法精神病鉴定刑事立法与实务改革研究》,中国法制出版社 2011 年版。

[37]贺红强:《刑事司法精神病鉴定的认证困境与制度路径》,载《证据科学》2020 年第 3 期。

[38]陈卫东等:《刑事案件精神病鉴定实施情况调研报告》,载《证据科学》2011 年第 2 期。

[39]邓思清:《完善刑事强制医疗程序及法律监督制度》,载《国家检察官学院学报》2014 年第 6 期。

[40]陈绍辉:《精神疾病患者强制医疗的证明标准研究》,载《证据科学》2014 年第 2 期。

[41]王君炜:《我国强制医疗诉讼救济机制之检讨》,载《法学》2016 年第 12 期。

[42]高祥阳、王景亮:《强制医疗执行检察监督中的问题和对策——以北京市强制医疗执行检察情况为蓝本》,载《中国检察官》2016 年第 23 期。

[43]施鹏鹏、周婧:《强制医疗程序适用中的疑难问题及对策》,载《人民检察》2015 年第 7 期。